U0453150

本书是作者承担的"稻秸秆（壳）综合利用技术及经济性合作研究"（黔科合外G字［2012］7051号）研究成果

贵州财经大学经济学研究文库

黔冀农村发展比较

蔡承智 / 著

中国社会科学出版社

图书在版编目（CIP）数据

黔冀农村发展比较 / 蔡承智著 . —北京：中国社会科学出版社，2017.12
ISBN 978-7-5203-1287-5

Ⅰ.①黔… Ⅱ.①蔡… Ⅲ.①农村经济发展—对比研究—贵州、河北 Ⅳ.①F327.73②F327.22

中国版本图书馆 CIP 数据核字（2017）第 267170 号

出 版 人	赵剑英
责任编辑	卢小生
责任校对	周晓东
责任印制	王　超
出　　版	中国社会科学出版社
社　　址	北京鼓楼西大街甲 158 号
邮　　编	100720
网　　址	http://www.csspw.cn
发 行 部	010-84083685
门 市 部	010-84029450
经　　销	新华书店及其他书店
印　　刷	北京明恒达印务有限公司
装　　订	廊坊市广阳区广增装订厂
版　　次	2017 年 12 月第 1 版
印　　次	2017 年 12 月第 1 次印刷
开　　本	710×1000　1/16
印　　张	19.25
插　　页	2
字　　数	321 千字
定　　价	85.00 元

凡购买中国社会科学出版社图书，如有质量问题请与本社营销中心联系调换
电话：010-84083683
版权所有　侵权必究

摘　　要

本书介绍了贵州省（黎平县、兴义市、晴隆县）三个农村发展县域案例，对河北省农村医疗人才队伍建设、人口老龄化对农村发展的影响以及秦皇岛市新型城镇化进行了研究，对两省农民增收态势及农业产值因素进行了分析比较。主要内容如下：

一　贵州省黎平县山地产品开发与精准扶贫

山地产品保护性开发是一个较为新颖的课题。山地产品保护性开发过程可以带动山区经济发展，为山区老百姓依托自身优势，实现精准脱贫找到一条突破路径。通过分析黎平县独特山地产品保护性开发与精准扶贫现状，研究近年尤其是"十二五"期间黎平县扶贫开发的成效，并结合黎平县各地利用山地产品开发取得的成功案例，得出黎平县山地产品开发与精准扶贫的关系。结合黎平县域山地特色产品发展现状，得出贫困地区如何找准山地产品发展的优势和劣势，并在此基础上提出对策及措施，得出山地产品保护性开发与精准扶贫的耦合机理。以期依靠山地产品开发实现群众稳定增收，推动农村经济可持续发展。

二　贵州省兴义市特色农业与农村发展

以山地特色农业发展立题，以种植业为研究对象，对兴义市山地特色农业的探索和发展历程进行了研究，开展了实地调查，运用定量分析法，得出农民发展山地特色农业的意愿；运用归纳和演绎、分析与综合以及抽象与概括等方法，对获取的各种资料进行加工，达到认识山地特色农业发展本质、揭示山地特色农业发展一般规律的目标；运用案例研究法，选取山地特色农业发展好的乡镇作为研究对象，系统地研究相关产业发展历史、规模、现状、困境及出路，对相关产业的发展前景进行预测，为相似地域、相似条件的乡镇发展相似产业提供思路。找出影响兴义市山地特色农业发展的主要原因是农民政府、资金和观念等方面的问题，并通过分析，提出走出困境的对策。同时对政府服务功能、农业主体地位、农业企业推动三个方面，结合兴义市山地特色农业的实际进行了论述，旨在为兴义市山地特色农业的发展提供决策参考。

三　贵州省晴隆县农产品电子商务与农村发展

先介绍晴隆县主要农产品种类、规模及特点，分析农产品电子商务发展态势；基于调研数据，指出存在上网销售的农产品种类和数量少、特色农产品未做好品牌宣传、农产品电子商务在线支付使用频率低、农产品"产—销—送"体系不健全、电子商务农产品尚未标准化等问题；这些问题的成因主要有交易主体电子商务观念滞后、农民信息素养落后、农村信息化基础设施薄弱、高素质的农产品电子商务人才缺乏、农产品物流配送落后、产品标准化与分拣工艺流程有待提升；提出了提高农民电子商务意识、加强当地农业网站建设、加快培养农业电子商务人才、加快农产品物流体系建设、促进农产品生产品牌化和标准化等促进晴隆县农产品电子商务发展的对策建议。

四　河北省农村医疗人才队伍建设

虽然河北省加大了对农村地区医疗卫生的投入，但是，在农村医疗人才队伍建设方面，尚有较大的提升空间。与全国部分省份农村平均水平相比，河北省农村医疗卫生事业仍然处于一个较低的水平。基于调研，对河北省农村医疗人才队伍的城乡分布、结构、人员收入、身份、培训等方面进行了全面分析，得出了河北省农村医疗人才队伍建设面临亟须解决的主要问题有：（1）城乡分布不合理、农村服务水平差；（2）队伍老化、后继乏人；（3）学历和职称水平低；（4）员工待遇普遍偏低；（5）员工身份不明确；（6）缺乏有针对性的培训。并从社会因素、经济因素和管理因素三个方面分析了存在以上问题的原因。针对这些问题，着眼于河北省农村医疗人才队伍建设的长远发展，结合实际情况，提出应从完善农村医疗人才的教育与培训制度、实施农村医疗人才激励措施、完善农村医疗人才队伍管理三个方面推进河北省农村地区医疗人才队伍建设。

五　河北省人口老龄化对农村发展的影响

河北省农村人口老龄化问题日益突出，对经济增长和社会发展产生了一系列影响。首先，对河北省农村人口老龄化情况进行了实地调研，为后续研究提供数据支撑。在此基础上分析河北省农村老龄化特点、农村人口老龄化对经济和社会发展的影响，并进行实证分析。如通过统计分析，运用图、表形式直观分析河北省农村老龄化的现状及河北省农村人口老龄化的特点，如老龄化性别及空间差异，老龄化程度超前于经济水平，老年人口社会保障水平低。其次，通过模型实证分析了农村人口老龄化对经济增长的负相关性，并研究人口老龄化对社会发展的相关影响。最后，在以上分析的基础上提出相应的对策建议。

六 河北省秦皇岛市新型城镇化

秦皇岛市经过不懈的努力，城镇化水平不断提高。但总体上看，秦皇岛市的新型城镇化发展仍然存在新型城镇化成果惠及面有局限、产城融合发展不同步、城镇空间布局不合理、生态环境资源整合利用不充分、相关体制机制不健全等问题。因此，以秦皇岛市为主要研究对象，首先，充分认识秦皇岛市新型城镇化发展现状，利用主成分分析法，分析秦皇岛市三区四县的新型城镇化的综合水平，运用比较分析的方法分析各县（区）的新型城镇化综合水平之间的差距。其次，总结出秦皇岛市新型城镇化进程中存在的问题。最后，提出秦皇岛市新型城镇化的发展建议：推进基本公共服务均等化，提高城乡一体化水平；推动产城互动融合发展，增强新型城镇化内生动力；加强规划引领，优化城镇布局空间；提升城镇环境品质，增强辐射带动能力；加快体制机制创新，形成健全制度环境。

七 黔冀两省农民收入比较

农村发展的核心和集中表现是农民增收。通过对1978年以来贵州和河北两省农民增收态势及农业产值因素进行定性、定量分析，得出以下初步结论：贵州省农民收入增长近年来在加快，但与河北省农民收入的差距并未缩小，增收主要依靠稳定种植业产值增长、力促养殖业强劲发展；相比发达省份，贵州省要在2020年与全国同步实现"全面小康社会"建设目标，尚需国家大力扶持。

目 录

第一章 绪论 ··· 1

 第一节 研究背景、目的及意义 ··· 1
  一 研究背景 ··· 1
  二 研究目的 ··· 9
  三 研究意义 ·· 11
 第二节 国内外研究综述 ·· 14
  一 贫困与精准扶贫 ··· 14
  二 特色农业 ·· 18
  三 农产品电子商务 ··· 22
  四 农村医疗人才队伍建设 ·· 25
  五 农村人口老龄化 ··· 30
  六 新型城镇化 ··· 32
 第三节 相关概念及基础理论 ··· 35
  一 相关概念 ·· 35
  二 相关基础理论 ·· 43

第二章 贵州省农村发展县域案例 ··· 56

 第一节 黎平县山地产品开发与精准扶贫 ····························· 56
  一 黎平县山地产品保护性开发与精准扶贫现状 ················ 56
  二 黎平县山地产品保护性开发与精准扶贫的耦合机理 ··· 64
  三 黎平县山地产品保护性开发与精准扶贫的耦合路径 ··· 69
  四 结论与讨论 ··· 77
 第二节 兴义市特色农业与农村发展 ··································· 78
  一 兴义市山地特色农业发展现状 ·································· 78

二　兴义市山地特色农业发展困境及成因 …………… 92
　　三　兴义市山地特色农业发展对策 ………………… 95
第三节　晴隆县农产品电子商务与农村发展 ………………… 100
　　一　晴隆县农产品电子商务发展现状 ………………… 100
　　二　晴隆县农产品电子商务存在的主要问题及成因 …… 118
　　三　促进晴隆县农产品电子商务发展的对策建议 ……… 136

第三章　河北省农村发展与新型城镇化 ………………… 140

第一节　河北省农村医疗人才队伍建设 ……………………… 140
　　一　河北省农村医疗人才队伍现状 …………………… 140
　　二　河北省农村地区医疗人才队伍建设存在的
　　　　问题与原因 ……………………………………… 151
　　三　加强河北省农村地区医疗人才队伍建设的建议 …… 158
第二节　河北省农村人口老龄化对农村发展的影响 ………… 165
　　一　河北省农村人口老龄化现状及特点 ……………… 165
　　二　河北省农村人口老龄化对经济社会发展的影响 …… 177
　　三　河北省应对农村人口老龄化影响经济社会
　　　　发展的建议 ……………………………………… 198
　　四　结论 …………………………………………… 203
第三节　河北省秦皇岛市新型城镇化 ………………………… 204
　　一　秦皇岛市新型城镇化水平评价体系构建及应用 …… 204
　　二　秦皇岛市新型城镇化发展现状与问题分析 ………… 215
　　三　国内外城镇化发展经验及启示 …………………… 219
　　四　秦皇岛市新型城镇化发展对策 …………………… 223

第四章　黔冀农民收入比较 ………………………………… 230

第一节　贵州省农民增收态势 ………………………………… 230
　　一　数据及模型说明 ………………………………… 230
　　二　贵州农民人均年收入增长态势 …………………… 230
第二节　贵州省农业产值与农民收入 ………………………… 240
　　一　数据说明 ……………………………………… 240
　　二　指标确定 ……………………………………… 241

三　变量时间序列数据的平稳性检验 …………………… 241
　　　四　协整检验 …………………………………………… 243
　　　五　格兰杰因果检验 …………………………………… 245
　　　六　回归模型分析 ……………………………………… 247
　第三节　河北省农民增收态势 ……………………………… 250
　　　一　数据及模型说明 …………………………………… 250
　　　二　河北省农民人均年收入增长态势 ………………… 250
　第四节　河北省农业产值与农民收入 ……………………… 261
　　　一　数据说明 …………………………………………… 261
　　　二　指标确定 …………………………………………… 261
　　　三　变量时间序列数据的平稳性检验 ………………… 261
　第五节　黔冀农民收入比较 ………………………………… 264
　　　一　黔冀农民收入差距 ………………………………… 264
　　　二　促进贵州省农民增收的建议 ……………………… 266

附录一　调研问卷 ………………………………………… 269

附录二　问卷题目统计表 ………………………………… 273

参考文献 …………………………………………………… 279

致　谢 ……………………………………………………… 297

第一章 绪论

本章内容包括三个部分：研究背景、目的及意义，国内外研究综述，相关概念及基础理论。

第一节 研究背景、目的及意义

从贵州省黎平县山地产品开发与精准扶贫、兴义市特色农业与农村发展、晴隆县农产品电子商务与农村发展、河北省农村医疗人才队伍建设、人口老龄化对农村发展的影响和秦皇岛市新型城镇化六个方面进行阐述，旨在通过剖析贵州和河北两省农村发展典型案例、认识差异，为对（西部边远山区的）贵州省和（北方发达平原地区的）河北省在农民增收及农业产值因子进行比较分析奠定基础，进而为贵州在2020年与全国实现"同步小康"社会建设目标提供决策参考信息。

一 研究背景

（一）贵州省黎平县山地产品开发与精准扶贫

深化改革和创新性地建立精准扶贫工作机制是提高全国扶贫工作水平和能力的关键办法，是全国扶贫工作不可忽视的重要内容。十八大以来，习近平总书记立足党和国家工作全局，高度重视扶贫开发，多次深入贫困地区调研。2015年1月，习近平总书记的新年首个调研地点选择了云南，习近平总书记强调坚决打好扶贫开发攻坚战，加快民族地区经济社会发展。2015年6月18日，习近平总书记亲临贵州，强调要科学谋划好"十三五"时期扶贫开发工作，确保贫困人口到2020年如期脱贫，提出了"四个切实""五个一批""六个到村到户"，并强调指出，扶贫开发"贵在精准，重在精准，成败之举在于精准"，把脱贫攻坚作为扶贫开发事关全面建成小康社会、事关增进人民福祉、事关巩固党的执政基础、事关国家长治久安、事关国家形象来看待。并明确指出，我国扶贫开发已进入"啃硬骨头"、攻坚拔寨的冲刺期，各级党政要把脱贫工作当成是统揽经济发展全局的第一民生工程来抓。贵州省立足2020年与全国同步实现小康这一目标，提出科学治贫、精准扶贫和有效脱贫三大理念，并贯穿贵州"十三五"发展始终。故"精准扶贫"成为各界热议的关键词。

精准扶贫是在精准识别的基础上，针对贫困家庭的致贫原因，因户制宜和因人制宜地采取有针对性的扶贫措施，消除致贫的关键因素和脱贫的关键障碍。动态管理首先是对所有识别出来的贫困户建档立卡，为扶贫工作提供包括贫困家庭基本状况、致贫原因和帮扶措施等方面的详细信息，为精准扶贫提供信息基础。

因此，目前还处于国家级贫困县的贵州黎平县要脱贫致富，对山地产品保护性开发就是一个不错的选择，这是由黎平县的地理和区位优势所决定的。黎平县地理气候条件优越，绿色林产品和动植物基因丰富，黎平香禾糯、黎平茯苓获中国地理标志。森林覆盖率高达74.6%，负氧离子每立方厘米达2万—8万个，全县有90个传统村落，是全国传统村落最多的县。这些都为优良的山地产品提供了丰富的资源保障。随着经济社会的发展，越来越多的城市人进入吃什么安全的时候，山地产品在城市的需求趋之若鹜。如何对山地产品进行保护性开发应用于产业精准扶贫，实现"真扶贫""扶真贫"这一目标，成为业界和学界亟须解决的问题。因为山地产品保护性开发过程中可以带动黎平县的经济发展，为山区老百姓依托自身优势，脱贫致富找到一条突破路径。对山地产品进行保护性开发，用价值体现山地特色优势，用山地特色产品的产业实施成效来检验扶贫开发工作的成效，把山地产品项目作为发展的载体，始终是做好精准扶贫工作的重要"抓手"和主要发力点，从而推动黎平县的扶贫攻坚工作，为同步实现小康奠定坚实的基础。

(二) 贵州省兴义市特色农业与农村发展

随着经济的发展，对于边远山区来说，土地不再是农民赖以生存的生产资料，传统农业逐步式微，随着农村青壮年劳动力向城市的转移，使原本薄弱的山地农业更加脆弱（王荧，2014）。与此同时，随着人们生活水平的提高，健康理念的提升，对农产品的要求越来越高，绿色、健康、环保、无公害农产品供不应求，山地农业在困境中孕育着勃勃生机，蕴藏着广阔的发展天地。

兴义市地处滇、黔、桂三省接合部，交通便利、风光秀丽、民风淳朴，具有浓厚的苗族、布依族风情。近年来，旅游业发展迅速，兴义市知名度越来越高，正逐步成为人们旅游、休闲、娱乐、购物的天堂，为山地特色农产品打开了广阔的市场。2016年，兴义市紧紧围绕打造"国际山地旅游城市"的战略部署，在2015年的基础上，启动为完善兴义市旅游基础设施的新"十大工程"项目，倾力打造兴义独有的品牌文化、民族文化，以推动兴义市山地旅游业向纵深发展，让群众真正得到实惠。2016年1—7月，全市旅游接待游客1860万元人次，实现旅游综合收入130.8亿元，同比实现了大幅增长。

兴义市属于典型的岩溶山地地区，石漠化、潜在石漠化面积1482.67平方千米，占全市国土面积的50.94%。全市13.83万贫困人口中有11.52万人分布在石漠化、潜在石漠化地区，人地矛盾突出，生存压力大，发展极为艰难。兴义市委、市政府历来高度重视石漠化治理工作，特别是2008年被列入全省55个石漠化综合治理试点县以来，坚持采取工程措施、产业措施并举，切实加大治理力度，石漠化治理取得了阶段性明显成效，探索出了则戎乡的金银花、花椒、中草药产业模式，猪场坪乡的核桃产业模式，泥凼镇的苦丁茶产业模式，马岭镇的经果林产业模式等符合石漠化治理实际的产业治理措施。既为老百姓增加了收入，又使生态环境得到了明显改善。除国家奖补政策外，市级每年安排的5000万元绿化经费，为因地制宜地发展山地特色农业提供了强大的动力。

商机之中、政策之下，依靠旅游产品市场和石漠化治理项目，因地制宜，充分利用现有资源，全力打造兴义市独特的山地特色农业恰逢其时。

(三) 贵州省晴隆县农产品电子商务与农村发展

人类社会迈入21世纪以来，互联网络遍布全球，互联网与市场经济的紧密结合催生了一种新的商业模式——电子商务（朱四海，2009），它是以信息网络技术为手段，以商品交换为中心的商务活动（杜飞轮，2009）；也可理解为在互联网、企业内部网和增值网（Value-Added Network，VAN）上以电子交易方式进行交易活动和相关服务的活动，是传统商业活动各环节的电子化、网络化、信息化（庄贵阳，

2005)。电子商务通常是全球各地广泛的商业贸易活动,在互联网开放的网络环境下,基于浏览器/服务器应用方式,买卖双方不谋面地进行各种商贸活动(陈红英,2009),实现消费者的网上购物、商户之间的网上交易和在线电子支付以及各种商务活动、交易活动、金融活动和相关的综合服务活动的一种新型的商业运营模式。

目前,我国互联网已经从消费领域逐步迈向产业领域,正在对零售、金融、教育、医疗、汽车、能源等行业产生深刻影响。农业作为传统意义上的弱势产业,面临信息不对称、生产效率不高、流通环节过多、生产组织分散、品质安全事故频发等一系列重要和复杂的问题。互联网通过与传统农业的产、供、销的全面融合,可显著提升农业的资源配置效益、生产效率、产品质量和综合效益,真正解决传统农业中面临的一些现实难题(刘文怡,2014)。从发展现状看,互联网与工业融合的焦点,但提升空间有限;与商业的融合最具基础,但竞争异常惨烈;而与农业的融合则最有潜力,机会也最多,但也最复杂。众所周知,未来十年,农业是最具投资潜力和盈利机会的黄金产业,其投资机会绝对不是沿袭传统产业方式,而在于引入工商资本和互联网思维后的新型产业形式。和蒸汽机、电力等技术革命一样,电子商务的思维和技术与传统农业的融合,将会带来农业产业技术的改造和商业模式的重构,这其中孕育着大量的全新商业机会(陈文涛,2015)。

(四)河北省农村医疗人才队伍建设

我国自古以来就是一个农业大国,全国 13.7 亿人口中仍有 7 亿是农村人口,因此,改善农民的生活水平,提高农民的生活质量直接关系到我国的综合实力。直接影响我国的国民素质与国家富强的"三农"问题主要包括我国的农民问题、农村问题和农业问题,而"农民问题"则是核心问题。农民最基本的问题就是农民的健康状况。

20 世纪 50 年代,农村地区的医疗卫生条件十分恶劣,医生和药品都处于严重缺乏的状态,同时,很多流行疾病在农村地区肆意传播。基于此现状,医疗工作的重点就被转移到了农村,也因此时代培养和造就了一大批赤脚医生。《人民日报》在 1985 年 1 月 25 日发表了《"赤脚医生"这一名称将不再被使用,巩固发展乡村医生队伍》一文,自此"赤脚医生"在我国慢慢消失了。随着时代的不断变迁,"赤脚医生"逐步消失,"乡村医生"逐渐崛起,慢慢演变成现在的农村医疗人才队伍。

　　我国医疗事业发展的好坏直接影响到十几亿人民的健康和千家万户的幸福，是我国重大的民生问题。我国要不断提高人民群众的健康素质，在医疗卫生方面，应该注重深化医药卫生体制改革，加快医疗事业的发展，逐步适应人民群众日益增长的需求。改革开放几十年来，在现代化建设事业不断发展的进程中，医疗卫生工作在保障人民基本健康方面发挥了至关重要的作用，我国的医疗人才也为保护和增进广大人民的健康做出了巨大的贡献。社会的发展离不开人才，人才资源是一个国家经济和社会发展的重要资源，医疗卫生人才则是医疗卫生事业和国民健康水平的关键因素。中华人民共和国成立以来，农村医疗人才是我国农村公共卫生政策的主要执行者，也是我国农村地区公共卫生服务的基本构成力量。社区医生与农村医疗人才共同承担着我国基层6亿多农民最基本的医疗、保健、预防等卫生服务的职责，同时还担负着疾病预防等重大医疗卫生事件的处理。因此，农村医疗人才是保障农民基本健康的第一道防线。但同时，我们应该看到，现阶段我国医疗卫生事业的发展还跟不上当今社会快速进步的要求，还不能适应经济建设的发展，医疗保障制度不健全，各地区间的医疗卫生发展还不平衡，农村地区的预防保健工作薄弱，卫生投入不足，资源配置不够合理，医疗人才缺乏，广大人民对医疗卫生的需求同我国医疗卫生的现状相比还存在一定差距，全社会始终没有把医疗工作放到相对重要的位置上。

　　国务院体改办、财政部、国家计委、卫生部、农业部共同签发的《关于农村卫生改革与发展的指导意见》出台后，确定了农村医疗卫生工作是保障广大农民健康的头等大事，是社会主义新农村建设的重要内容，同时也是我国医疗卫生工作的重点。提出要切实保障基层医疗工作的全面落实，同时提出相关的优惠政策和措施鼓励城镇医疗人员或其他医疗人员到农村基层地区服务；加快农村医疗技术人员结构的调整，提高医疗技术人员的整体素质，要坚持东部支援西部、城市支援农村的做法，同时对贫困地区和少数民族地区的医疗工作要加大重视力度，从多方面支援农村地区医疗事业的发展。国务院签发的另一部文件《中共中央、国务院关于卫生改革与发展的决定》中也指出，农村地区的医疗工作是新时期医疗工作的重点。以上两个文件的出台对农村医疗卫生体制改革起到了促进作用，对农村医疗卫生事业的发展起到了推动的作用。2009年我国提出《关于深化医药卫生体制改革的意见》，这个意见设定了改革目标的重点，其中，医疗卫生事业的发展和医疗人才队伍的建设是改革目标的重点内容。2012年11月8日召开的中共十八大就针对医疗卫生方面提出了明确的任务与目标，为农村地区的医疗工作指明了方向，其中，"提高全民健康水平，健全全民医保体系"是十八大提出的目标任务，"健全社区医疗服务体系和农村三级医疗服务网络"是十八大提出的战略目标。2013年1月5日，李克强总理主持召开医改领导小组第十二次全体会议，会议上与18名乡村医生进行座谈，这些乡村医生都来自最基层。李克强总理提出，最基层的医疗卫生服务是整个医疗服务体系的"网底"，不仅不能削弱还要加厚加牢。农村医疗人员是这个"网底"的卫士，要切实帮助他们解决困难，能让他们安心地在基层工作，保障"网底"不破。2015年1月19日，李克强总理在召开的国务院常务会议上提出，要推进深化医药卫生体制改革，加强农村医疗人才队伍建设，切实保障农村居民的身体健康。

目前，我国大部分农村医疗人员原本就不享受国家规定的工资福利待遇，而且受我国经济迅速发展与城镇化建设加快的影响，大量的人口从农村涌入城市，农村的剩余人口不断减少，因此，农村地区的医疗人员原本微薄的收入还在不断下降。2008年10月公布的《关于深化医药卫生体制改革的意见（征求意见稿）》对基层医疗机构提出了"药品零差率销售"的管理办法，对300多种常用药实行零差价率管理。2017年，加大医改力度，加强药品监管。"药品零差率销售"这一医疗体制改革的实行，严重影响了农村地区医疗人员的收入，导致医疗人员收入水平大幅度下降，部分地区医疗人才流失现象严重，这在一定程度上影响了农村地区的医疗工作的开展。本书主要以调查的河北省农村地区医疗人才数量为依据，经过整理分析，同时与全国进行比较，较为系统地分析了河北省农村地区医疗人才队伍建设现状以及农村医疗人才队伍建设存在的问题，并且通过借鉴国际与国内医疗人才队伍发展较为成功的案例，提出了针对农村地区医疗人才队伍建设的可行性建议和对策。

（五）河北省人口老龄化对农村发展的影响

中国是把农业作为重中之重的传统国家，农业经济一直是国家的重点发展目标。目前，中国将近一半人口仍生活在农村，农村范围包括大部分的土地面积，农村发展是中国综合实力提升的前提。提高农民的生活质量直接关系我国的综合实力、直接影响我国的国民素质与国家富强。随着农村老年人口的增加，如何解决这一问题成为重中之重。

中国社会老龄化进程不断加深，经济不发达却步入老龄化社会，物质基础和社会政策均未倾斜，老龄化程度却已处于世界前列，与此同时，高龄化严重加剧了中国老龄化水平。人口老龄化严重影响着社会的发展。由于计划生育政策的实施，中国受到无子、独子老人特殊群体的养老问题的困扰。老年人增加生活安全感是解决老龄化问题的关键。回顾近年来的"两会"调查情况，如2010—2012年，"社会保障"位居榜首；2003—2009年，"社会养老保险"和"社会养老"名列前茅。多年来的调查结果显示，关于"社会保障"的选项有四度高居榜首，说明人口老龄化逐渐成为备受关注的话题。但是，农村老龄化问题应该引起更广泛的关注和重视。我国老龄问题突出的中心在农村。《2014年中国农村养老现状国情报告》阐述了农村老年人经济情况、亲情状况、养老模式、卫生医疗环境及社会养老服务现状，报告结果显示，中国老龄化水平农村高于城市，老年人口绝对数量、增速均高于城市，同时空间差异性农村比较明显。因此，我国人口老龄化问题在农村体现得更为明显。由于农村政府薄弱的经济能力，农村老人社会保障标准远远低于城镇，农村人口老龄化趋势远远严重于城市。

人口老龄化是发展的趋势，深刻地影响着21世纪人类经济与社会发展的各个方面。我国老龄化速度不断加快，养老问题形势越发严重。2015年"十三五"规划将老年人口问题单独成章，并提出"积极应对人口老龄化问题"的观点。十七大报告提出农村养老新制度并进行试点工作，不断推动农村社会保障事业前进。河北省老龄化社会始自1999年，自此至今，老年人口绝对数量不仅增长迅速甚至加速增长，2000—2014年，河北省60岁及以上老年人数量从685万攀升至1172万人，比重也从10.3%升高到15.7%，14年间增长超过5个百分点。当前已处于中等程度老龄化社会。河北省的人口老龄化问题，并不是社会经济发展的自然产物，而是由于人口控制政策使出生率在短时间内快速下降所致。因此，对于河北省的人口老龄化经济支撑十分不牢固，社会经济发展的平均水平落后于人口老龄化程度，未来河北省面临的老龄化问题将很严重。

面对如此严峻的形势，笔者深入研究河北省农村老龄化对经济发展及社会进步产生的不利影响，进一步分析了河北省农村人口老龄化现状及存在问题，找出了制约河北省农村经济社会发展的因素，并提出了在完善人口老龄化趋势的前提下推动河北省农村经济社会发展的对策建议。

（六）河北省秦皇岛市新型城镇化

2012年，党的十八大报告中首次明确提出走"新型城镇化道路"的口号，进一步为我国城镇化发展指明了道路。其要义在于强调走区别于传统的城镇化道路，走一条新的城镇化道路。近年来，随着经济形势的变化和国家战略的调整，中国特色新型城镇化面临着新的挑战和机遇。2013年12月12日，中央专门召开了城镇化工作会议，做出了新型城镇化发展的战略部署，明确了推进新型城镇化的指导思想、主要目标、基本原则和重点任务。2014年3月出台的《国家新型城镇化规划（2014—2020）》对具体措施进行了细化。传统的城镇化强调的是城市的发展，新型城镇化强调的是以人为核心，经济、社会、环境、文化全面转变的城乡一体的发展。国内外的实践证明，找到适合本区域的新型城镇化的发展对策，才能推动社会的全面发展。2014年，中国城镇人口为7.49亿，城镇化率达到54.77%，基本达到世界平均水平。虽然我国的城镇化取得了可喜的成绩，但我们不能忽略的是，人力资源素质较低、城市综合承载能力较差、城镇空间布局不合理，这些因素无疑成为社会的不稳定因素，严重阻碍着经济社会持续、健康、快速发展。只有推进新型城镇化发展，经济社会才能持续、健康发展，广大居民才能共享社会发展的成果。因此，新型城镇化发展是值得我们探索的一个重要课题，具体到秦皇岛市也同样如此。

2014年以来，秦皇岛市城镇化发展成效明显，城镇化水平显著提高。2014年秦皇岛市的城镇化率为52.02%，比2004年41.7%的城镇化率提高了10.32个百分点。但是，秦皇岛市的城镇化率与我国的城镇化率比较，秦皇岛市的数值略低，与建设京津冀世界级城市群特色功能城市的总体要求还不相称，新型城镇化发展进程中还存在城镇空间结构不合理、城市综合承载能力较低等诸多需要着力解决的问题。在京津冀一体化背景下，秦皇岛市新型城镇化工作该如何更好地推进，是关系到秦皇岛市经济社会发展的大事，也是更好地融入京津冀一体化发展战略的关键环节。

目前，京津冀协同发展战略被国家迅速推进，这是国家优化发展区域布局和社会生产力空间结构、打造持久型的经济增长极、形成更具优势的发展方式，做出的重大战略决策。秦皇岛市是河北省的地级市之一，是渤海地区的沿海城市，是首都经济圈的重要节点城市，上述战略，是其在改革开放后千载难逢的发展机遇。要想充分融入京津冀协同发展，从某种程度上来说，探讨新型城镇化发展对于"有资源、有机遇"的秦皇岛市来说显得非常重要。

二 研究目的

（一）贵州省黎平县山地产品开发与精准扶贫

通过研究国内外山地特色产品发展的路径，结合黎平县域山地特色产品发展现状，以农民增收为核心，加快发展方式，促进山地特色产品产业化经营，按照"标准化、规模化、市场化、专业化"的模式，高起点、高标准谋划。从市场主体培育、加工能力提升、示范建设、技术推广等方面推动山地产品开发，通过精准帮扶，围绕山地产品实施项目，加快贫困群众就地就近实现增收。通过理论分析，揭示山地产品发展的一般规律，为山地产品发展提供操作经验；通过对黎平县山地产品发展和贫困地区资源禀赋的现状分析，找准山地产品发展的优势和劣势，并在此基础上提出对策及措施。以期依靠山地产品实现群众稳定增收，推动农村经济可持续发展。

（二）贵州省兴义市特色农业与农村发展

通过研究国内外山地特色农业发展的路径，获取兴义市山地特色农业发展路径选择的启示；通过理论分析，揭示山地特色农业发展的一般规律；通过回顾兴义市特色农业发展的历程，为山地特色农业发展提供操作经验；通过对兴义市山地特色农业发展的现状分析，找准山地特色农业发展的优势和劣势，并在此基础上提出对策及措施。以期依靠山地特色农业推动广大农村地区经济可持续发展。

（三）贵州省晴隆县农产品电子商务与农村发展

通过研究，从技术、市场和经济三个方面全面系统地解析贵州晴隆县农产品供给与需求特点，并利用调查问卷实地调研数据，研究农产品电子商务存在的主要问题及成因，从而丰富了农产品电子商务的理论框架；同时，理论结合实际，分析贵州晴隆县农产品电子商务交易平台、平台经营者、站内经营者、支付系统，从而在实践中为贵州晴隆县农产品电子商务给予接地气的能落地的指导。

(四) 河北省农村医疗人才队伍建设

为了尽早解决农村地区人民看病难、看不好病的问题，结合我国农村地区医疗人才缺乏比较严重，尤其是医疗人才队伍素质不高、能力不强的现状，笔者针对河北省农村医疗人才队伍建设展开研究。深入贯彻党的十七大精神，树立"人才资源是第一资源"的意识，建设一支高素质医疗技术人才队伍，确保医疗事业更好地为现代化建设和人民健康服务，为全面建成小康社会服务。党的十八大成功召开，我们充分认识到"健康是促进人全面发展的重要因素和必然要求"，因此，提高人民健康水平就应该作为我们日常工作的重点，建设一支高水平、高素质的医疗人才队伍，以农村为重点，切实保障广大群众的基本医疗与卫生服务安全有效、方便、价廉。通过详细阐述和借鉴国际上一些可行的经验，充分了解当前河北省农村地区医疗人才队伍的整体情况（包括总量、城乡分布情况、结构特征、收入状况、身份状况等），分析农村地区医疗人才队伍建设现状、存在的问题和原因，并在此基础上提出农村地区医疗人才引进的对策和建议。

(五) 河北省人口老龄化对农村发展的影响

针对人口老龄化，国内外专家学者在理论方面和实践领域均有所获，而且所获颇多。随着研究的不断深入、具体，解决办法将更加全面有效。但我国对老龄化研究尚待深入，对省级农村老龄化的个案研究也不多见。笔者借鉴已有研究文献，针对河北省农村人口老龄化影响进行尝试性分析，提出一些建议以向政策制定者提供参考素材。由于河北省各地市在经济发展水平、人口生育水平、传统文化理念等方面存在不同程度的差别，其老龄化程度也有一定差异。目前，关于河北省农村人口老龄空间差异尚无专项研究，研究成果十分少见，希望本书在空间差异方面具有指引作用。

(六) 河北省秦皇岛市新型城镇化

新型城镇化的提出是以传统城镇化为根基的，它的核心是人的切身利益，而新型城镇化发展问题也逐渐成为学术界的研究热点。推进新型城镇化，是秦皇岛市建设京津冀区域特色功能城市和国际滨海名城的必然要求和基础性任务。因此，探索寻找秦皇岛市新型城镇化进程中所面临的发展问题以及对策，旨在促进该市新型城镇化科学、健康、有序推进。

三 研究意义

(一) 贵州省黎平县山地产品开发与精准扶贫

落实精准扶贫，推进山地产品精准扶贫研究。建立精准扶贫机制，将从粗放式扶贫阶段进入精准扶贫阶段。产业扶持脱贫一直是我国脱贫的重要方式和手段。山地产品开发过程中可以对开发地区的经济有一定的推动作用，所以，我们可以对国家级扶贫开发重点县——贵州省黎平县进行山地产品保护性开发以促进其经济的发展。坚持扶贫开发与山地产品发展相互促进，保护与开发并重，推进精准产业化扶贫，从而使山区贫困群众脱贫致富，这就是本书研究的意义。但是，在对贵州黎平县进行山地产品开发时，我们需要对贵州黎平县山地产品保护性开发进行研究，结合贵州黎平县山地产品资源的特点，形成主题鲜明的黎平县资源产品体系，围绕大扶贫大健康，提升黎平县山地产品开发、旅游竞争力、食品和保健品的销售力，这些在促进黎平县经济发展的同时又能取得良好的社会效益和生态环境效益。本书从黎平县的实际情况出发，提出了山地产品保护性开发助推精准扶贫的对策建议，这对促进贵州黎平县经济建设协调发展具有一定的理论价值和实践意义。

探索出黎平县依托山地特色产品资源，聚焦山地产品的优质和独特性，精准发力，围绕"为什么要研究山地产品保护性开发""怎么实现山地产品产业化精准扶贫"的研究路径，实现村村有山地特色产业，户户有山地特色产品的发展路径，对于改变山区农业结构，调优粮经作物种植比例，增加农民收入，让黎平贫困群众实现脱贫和同步小康目标具有一定的现实意义。

目前，关于山地产品的研究很多，但黎平县干部、群众对山地产品的认识还停留在肤浅的阶段，更谈不上去认识它的潜在价值和强劲的市场竞争力，对引领产业发展路径的研究较少。所以，以黎平为例研究山地产品开发，为推进黎平县山地特色产品发展提供理论依据，具有一定的理论意义。

(二) 贵州省兴义市特色农业与农村发展

山地特色农业是在传统农业的基础上提出的，得到了中央和地方党委政府的高度重视，并立足地方实践做出了许多有益探索，取得了巨大的成就。山地特色农业的发展也成为学术界当今研究的热点之一。随着经济的发展，农民对土地的依赖越来越小，在边远山区，特别是海拔较高，山地坡度较大的省份，如贵州、云南、四川等西部省份，传统农业种植将逐步减少，在退耕还林还草和石漠化治理等政策的引导下，很多农民退出了传统的农业生产，在土地上种上了经果林，或者其他特色农作物。可以判断，传统的农作物种植对于产出量不高的坡地来说，已对广大农民没有什么吸引力，很多农民之所以不再种地，大多是出于一种经济驱动。随着人民生活水平的提高，对山地特色农产品需求量的不断加大，山地特色农业将成为广大山地农民的一条新出路。因此，探索山地特色农业的发展路径具有重要理论价值和现实意义。

（三）贵州省晴隆县农产品电子商务与农村发展

以贵州省晴隆县为例，分析贵州省晴隆县农产品电子商务交易平台、平台经营者、站内经营者、支付系统，结合贵州晴隆县农产品电子商务实际，收集整理历年统计公报等数据资料，从而在实践中为贵州省晴隆县农产品电子商务未来发展提供参考。

深入分析贵州省晴隆县农产品电子商务的影响因素，运用ISM模型廓清影响因素之间的相互关系，从完善农产品的工业化流通标准体系、规模化生产、品牌化运营等方面提出促进农产品电子商务的对策建议。

在厘清电子商务的概念和电子商务的构成要素（商城、消费者、产品、物流）的基础上，分析农产品电子商务存在的主要问题及成因，提出适合山区、山地农业的电子商务的对策建议，从而丰富了农产品电子商务的理论框架。

晴隆县农产品电子商务的发展，对于拓宽晴隆县本土特色农产品销售渠道具有重大作用，它不仅符合现代化农产品销售的商业模式，还能更加促进晴隆县农村社会经济的快速发展，促进晴隆县农民增产增收，提高晴隆县农民的社会经济效益，有利于晴隆县的脱贫致富，有利于社会主义新农村的建设。

目前，晴隆县农产品电子商务平台已经在县委县政府的领导下初步建立，尤其是在晴隆县政府门户网站上设有农产品电子商务板块，并且县政府与阿里巴巴公司签订战略合作协议，正在着手试点一个淘宝村。有鉴于此，在这样的背景下，研究晴隆县农产品电子商务现状、问题及对策有重要理论价值和实践意义。

（四）河北省农村医疗人才队伍建设

加强农村医疗人才队伍建设，提升农村医疗人才的技术水平和能力，关心他们的生活和成长，对于促进基本公共医疗服务均等化、社会公平化，让农村居民获得安全、便捷、价廉的基本医疗服务具有重要意义。

目前，我国存在严重的不平等问题，最大的不平等现状表现在城乡之间，无论从分配结果上看，还是从权利和能力差别上看，都显而易见。这种不平等具体到医疗卫生领域，首先表现为城镇居民与农村居民之间健康水平的差异。

医疗卫生资源是保障人民群众身体健康和良好生活的基本因素，而医疗人才则是关键因素。在医疗卫生发展过程中，医疗人才是一个决定性因素。医疗事业对每一个人都有连续不断的极其重要的关系。因此，医疗事业中的医疗人才更应该得到重视。我国现阶段在医疗卫生方面较为突出的问题是医疗资源与医疗人才匮乏且分配不合理，这对我国医疗事业的可持续发展造成了一定程度的影响。党的十八大提出了"健全全民医保体系"的战略目标，这一战略目标实施的关键在农村，而农村医疗人才队伍建设又是农村医疗事业发展的关键所在。

农村居民就医困难是当今我国农村地区的普遍现状，其主要原因从表面来看是我国医疗方面的高等人才在农村地区严重缺乏，但主要是因为农村地区医疗人才收入状况不佳、工作环境恶劣、社会地位不高、政府投入力度不大等多方面因素，造成医学毕业生或医疗人才不愿意去农村医疗机构就业，导致农村地区医疗人才流失严重。本书研究的成果旨在帮助推进河北省农村医疗人才队伍建设，促进农村社会事业发展。

（五）河北省人口老龄化对农村发展的影响

目前，河北省农村已是老年型社会，更需要在老龄化形势下进一步研究农村人口老龄化对河北省农业经济及乡村政府的压力，以及采取何种相应措施迎接老龄化的挑战，以便促进河北省农业经济水平加速提高，促进社会安定和谐发展。为此，笔者利用调研数据及人口普查数据，研究河北省农村老龄化现状，分析河北省农村人口老龄化的原因；分析农村老龄化现状对河北经济及社会的影响，提出相应的建议。希望老龄化问题引起社会各界及政府的重视。提出的解决意见旨在为实现经济与社会协同、科学发展的目标做出贡献，为政府政策的制定提供参考价值。

（六）河北省秦皇岛市新型城镇化

目前，关于新型城镇化发展问题的研究有很多，但针对河北秦皇岛市新型城镇化发展问题的研究较少。秦皇岛市是一个多生态、多文化、多资源的沿海地区，针对秦皇岛市新型城镇化的发展问题不能简单地套用国内外现有的理论与对策，应在借鉴国外与国内现有研究成果及实践成果的基础上，寻找出秦皇岛市特有的新型城镇化发展问题以及探索出适合秦皇岛市自身发展条件的新型城镇化发展对策。所以，探索秦皇岛新型城镇化发展问题，可为秦皇岛市新型城镇化更好、更快地发展提供理论依据，具有一定的理论意义。

第二节　国内外研究综述

一　贫困与精准扶贫

（一）国外研究综述

贫困是伴随人类发展至今仍需解决的一个世界性难题，"已成为全球各类问题之首"，早在联合国成立之时，"消除贫困"就被写进了《联合国宪章》，在推进反贫困的进程中，各地都做了很好的探索。例如，虽然缺乏有形资产，但如果能凭借网络金融，拥有信贷资本支持，穷人仍然能够从金融市场受惠，摆脱贫困，富裕起来（YongjianLi，2017）。近年来，山地产品越来越受到发展中国家的高度重视，因为山地产品在开发过程中对该开发区的经济有一定的推动作用。如山地产品的地理标签保护，有望根除假冒现象，从而使生产者和消费者均受益，也能间接地促进印度喜马拉雅地区的脱贫及可持续发展（Ghosh，2016）。山地产品涵盖的范围十分广泛，包括旅游业、食品业、服务业等行业，这些行业在快速发展过程中可以带动山地产品开发区的经济发展，这对发展中国家的扶贫政策有一定的助推作用。国外在这方面的研究成果主要如下：

Francisco Sineiro‐García等（2014）通过研究西班牙西北山地农场最近的增长和多元化策略所面临的挑战，认为山地农业的弱点即永久的自然障碍（斜坡、气候和高度），依赖于放牧、土地被遗弃、城市化和旅游业的压力大、可访问性和距离市场低、数字鸿沟等，进而导致了山区的边缘化，大量土地被遗弃和草场退化。面对这样的威胁，欧盟成员国是通过对山地农场单产低的进行补偿，以此来确保山地农业及山地特色农产品的发展。

Emanuele Blasi 等（2015）认为，城郊农业面临多重压力，即推动多元化和多功能性。指出消费者生活在城市但需求却位于山地，如意大利高山地区替代食物链正迅速发展，山上环境使农场很难根据大型零售商的要求生产标准化产品，通过替代食品链，产品的典型性的价值更容易获得市场认可。

S. K. Nepal（2002）定义了山地生态旅游，指出世界各地的许多山区都提高了生态旅游投入用以改善环境退化和不发达的问题。人们普遍认为，这种旅游方式在山区培育负责任的旅游方式，保护野生动物重要的栖息地和生态系统，对当地的文化和传统生活方式的欣赏，并为居住在偏远地区的居民生活提供可持续发展的形式，等等。这对我国当下发展山地经济与精准扶贫具有重要的借鉴意义。

（二）国内研究综述

国内研究成果主要有：

张攀春（2012）认为，要实现山地农业产业化，增加山地农民的经济收入，改善山区农民的生活境况，首先要对山地农业的基本特征有一个正确的认识，在认识上把握山地农业和其他类型农业的区别，才有可能对山地农业产业化有一个正确的认识和实施路径。

汪延明（2015）针对贵州山地特色农产品开发和利用，长期受困于区域外比较优势模式的主导，提出贵州山地特色农产品产业链延伸中注重空间链、企业链、技术链和信息链的延伸。

黄婧等（2015）结合贵州山区传统的农业发展模式，对当前贵州发展山地现代高效农业所面临的挑战进行了探讨，提出立足于山地自然条件下，大力发展立体农业、生态农业和特色农业，利用贵州丰富的民族农耕文化，大力发展休闲农业、乡村旅游业，以及大力发展加工业、培养新型农业主体、加强农业社会化服务体系建设等发展贵州山地高效现代农业的建议。

李玲等（2008）分析了造成贵州省特色农产品生产滞后、经营不能形成一定规模的原因，提出了发展贵州特色农产品的对策和措施。

王天生等（1998）采用宏观与微观研究结合、定量与定性研究结合、纵向与横向研究结合的方法，分析了国内外农产品发展动态，贵州省发展农产品生产的有利因素与不利因素，提出了贵州农产品开发思路、开发的基本原则、不同层次的开发重点及主要对策措施。

张遵东等（2012）系统地梳理和分析了农业旅游产品是贫困地区实现减贫脱贫、升级农村经济结构的重要途径，发现农业旅游的发展的确能带动农民收入的增加，发挥其脱贫致富的功能。

金莲等（2010）从产业化、区域化和生产要素三个方面探讨了特色农业发展模式，为各地选择与其资源禀赋和自身特色相适应的特色农业发展模式提供了理论依据。

潘时常等（2011）认为，近年来，特色农业得到了较快发展，但仍存在诸如特色主导产品少、加工层次较低、科技支撑不足、发展资金匮乏、规避机制不健全等问题，应该着重从加大科技支撑、培植龙头企业、着力推广品牌、完善服务体系建设、拓宽融资渠道、加快人才队伍建设等方面提升特色农业发展水平、推动新农村建设。

孙晓一等（2013）认为，发展特色农业对我国西部的农业结构调整具有重要意义，也是宁夏南部山区生态农业建设的重要途径。在总结宁南山区特色农业发展现状的基础上，提出了发展特色农业的主要效益目标和应注意的问题。提出了区位农业模式和创新组织结构模式相结合、示范农业模式与市场主导模式相结合、工程农业模式与企业带动模式相结合的发展思路。

李玲等（2008）通过对贵州省特色农产品生产发展现状和存在问题的考察，分析了造成贵州省特色农产品生产滞后、经营不能形成一定规模的原因，提出了发展贵州特色农产品的对策和措施。

张耀华等（2013）指出，农产品生产基地的建设需要长期的资金投入，国家涉农资金应向特色农产品和大型农产品基地倾斜，支持特色和大型农产品基地搞好基础设施建设及标准化生产，加强特色和大型农产品基地的环境保护，重点发展大型农产品制种基地，其次应健全农村合作组织。

李玲等（2008）认为，发展特色农产品必须坚持以市场为导向，既要瞄准现实需要，也要着眼于潜在需求；既要占领国内市场，又要开发国外市场。在品种选择上，突出品质特色、功能特色、季节特色，满足市场需求的多样化、优质化、动态化要求。

朱莲英等（2015）认为，绿色安全农产品从田间到市场、到餐桌的供应，抓好源头是关键，适应农业发展方式转变的根本要求，关键是要选好地理环境，构建生态农业体系，发展高效生态经济，从根本上转变农业资源配置方式、生产经营方式等，以取得最大的生态经济整体效益。做大做强品牌战略是现代市场化的要求，只有高质量的名牌产品，才具有巨大的市场获利能力，农业产业化经营才有活力。同时，强调质量安全是现代山地高效农业发展的生命线，品牌战略是现代市场化的要求，只有高质量的名牌产品，才具有巨大的市场获利能力，农业产业化经营才有活力。

那庆兰（2016）指出，在山区经济开发中，不但要立足山区特点认真分析山区经济优势，还要加强对山区现有资源的了解，做到综合利用山区资源，实现资源的综合利用，对山区经济形成良性的促进和推动。从目前山区经济的发展现状来看，山区经济发展有一定的优势，现有的资源可以得到充分利用。除自然资源之外，山区经济开发过程中，还有许多软件资源可以利用。例如，山区的人力资源、文化资源以及其他社会资源。因此，只有认识到资源综合利用的重要性，并采取具体的资源综合利用措施，才能提高山区经济发展质量。

郑艳萍等（2016）指出，传统村落寄托着中华各族儿女的乡愁，保护与发展是当前面临的主要问题。燥石村是中国南方山地传统村落的典型代表，具备发展乡村旅游的基本条件，可以通过旅游扶贫路径促进村落更新发展。为此，可以在原真性、整体性、分类保护和可持续发展四大原则的基础上，通过科学布局村庄空间、改善基础设施和配套服务设施、严格土地保护与开发和保护和传承非物质文化遗存四个方面的措施，促进燥石传统村落的旅游业发展。"十二五"以来，特别是十八大以来，贵州省委省政府认真贯彻落实习近平总书记关于扶贫开发的一系列重要指示精神，把扶贫开发作为贵州最大的民生工程来抓，创新机制，突出重点，整体推进，走在全国前列（黄承伟，2016）；精准扶贫须立足文化自觉，将参与式理论祛魅并用其利，与反腐败和社会建设相结合，与社会治理并进（谭同学，2017）；等等。

从以上研究可以看出，国内外的研究主要体现在国家、省级和地区大环境方面，针对的都是区域化、普遍性问题并提出一般性措施，而针对县域层面的研究较少。

二 特色农业

(一) 国外研究综述

国外学者在特色农业方面做了相关研究。例如，Obasaju Barnabas Olusegun（2014）通过研究理论和实证证据，描述了宏观经济工具，在发展中国家得到广泛应用，特别是在 2000—2010 年。主要发现是，新兴国家像巴西、中国和印度系统的宏观经济工具操作在重启或快速推动经济发展。认为这些国家更加有力的宏观经济政策，正在推动（特色）农业产业化的快速发展。C. Dillon（2015）认为，农业政策对（特色）农业经济和农业环境有着巨大的影响，因此，政府在制定相关农业政策时，要综合考虑政治、经济和社会效果，农业决策是一个综合性的决策，关系重大。

(二) 国内研究综述

国内学者主要从以下几个方面对我国特色农业的发展进行了研究：

1. 基于特色农业的理论研究

刘志民（2002）探讨了特色农业发展的主要经济学理论——比较优势理论、竞争优势理论、技术创新理论和农业产业化理论，在此基础上提出了中国特色农业发展思路。他认为，发展特色农业要将比较优势变为竞争优势，强调技术和观念创新，终极目标是实现特色农业产业化。

杨少垒（2013）认为，我国特殊的人地矛盾、基本制度、区域状况和宏观背景是推进中国特色农业现代化道路的逻辑起点。在此基础上，中国特色农业现代化道路的科学内涵可以概括为：以实现农业机械化、科技化、规模化、产业化和市场化为核心要义，以有效增加农民收入、促进农业可持续发展为基本要求，以利益协调为根本方法。

朱春江（2012）针对当时农业产业集群的研究更注重其功能及个案研究、理论研究较少的情况，以科学发展、和谐理论和可持续发展理论为指导，从生态、低碳、循环经济的视角探析农业产业集群建设发展的内涵，具有一定的理论价值和现实意义。

周灿芳（2008）系统地梳理和分析了我国自 20 世纪 90 年代提出发展特色农业以来的有关学术文献资料，从什么是特色农业、特色农业发展的原则、地方政府在特色农业发展中的作用以及特色农业竞争力等九个方面对特色农业的研究进行了归纳分析，同时对地方发展特色农业的实证研究做了简要总结，并对特色农业的研究方向进行展望。

杨启智（2012）通过对反映生产能力比较优势指数的分析，发现产业综合比较优势由产量比较优势和规模比较优势两者来决定，并以都江堰猕猴桃产业为例，进行了实证分析。在此基础上，提出了增强农业特色优势产业竞争力相关建议。

2. 比较研究

黄小柱（2015）借鉴日本的精准农业、瑞典的循环生态农业、德国的观光农业，得出东部地区推行精准农业，提高土地利用效率；在一线都市及其郊区推行都市农业，再往二、三线城市逐级推进；在以小农户家庭经营为主的中西部地区推行闭环式循环生态农业的启示。

李金叶（2010）通过特色林果业区域适应性分析，将特色林果配置在最适宜的自然生态区域进行经营，从而以特色优异品质获取较高的市场占有率，发挥特色农业的比较与竞争优势，并针对新疆特色林业进行了研究。

3. 宏观性研究

朱贤林（2003）认为，特色农业是以区域资源比较优势为基础的优势农业、品牌农业、效益农业，是适应当前社会需求、世界经济一体化和全球农业市场细分需要的必然结果。推进特色农业发展的龙头企业带动型、专业大户带动型、科技园区孵化型、基地资源引发型和政府组织推动型五种模式。

黄山松（2007）认为，特色农业集群是现代农业发展的有效的组织形式。与工业集群相比，特色农业集群在形成条件、路径、模式等方面存在较大差异，同时资本、区位、制度等因素又制约着它们的成长，从而决定了政府对特色农业集群成长支持的责任。而政府的支持应主要体现在产业规划、财政、金融政策、龙头企业、信息服务等方面。

吴晓迪（2014）阐述了农业发达国家发展特色农业的一些经验和做法，分析了中国发展特色农业过程中存在的主要问题，指出目前中国正处在特色农业发的重要时期，需要为特色农业发展提供有力的支持和政策措施。

潘时常（2011）认为，近年来，特色农业得到了较快发展，但仍存在诸如特色主导产品少、加工层次较低、科技支撑不足、发展资金匮乏、规避机制不健全等问题。应该着重在加大科技支撑、培植龙头企业、着力推广品牌、完善服务体系建设、拓宽融资渠道、加快人才队伍建设等方面提升特色农业发展水平，推动新农村建设。

金莲（2010）从产业化、区域化和生产要素三个方面探讨了特色农业发展模式，为各地选择与其资源禀赋和自身特色相适应的特色农业发展模式提供了理论依据。

4. 区域性研究

王俭平（2007）在分析山西省特色农业发展必要性的基础上，提出山西省发展特色农业的对策是要明确特色农业发展重点、优化特色农业发展环境、加大特色农业发展的科技投入及建立科学的特色农产品质量标准体系。

孔垂柱（2013）以云南省特色农业实践为例，总结了山区特色农业发展的成果和经验，结合山区的自然情况从依靠科技提高单产、发挥优势择优布局、统筹推进加快发展、生态优先产业并重、突破加工开拓市场、立足长远、夯实基础、创新科技提质增效、加大投入强化扶持、扩大开发拓展空间、深化改革破解"瓶颈"等方面提出了发展山区特色农业的思路和措施。

王荧玲（2014）围绕高原特色农业发展的特点，从农户思想与技术的改变、农庄经济的发展、院校的支撑、龙头企业的规模、企业与庄园结合等路径对当前云南省高原特色农业的发展模式进行探讨。

江谓（2010）在对建平县特色农业发展情况调查的基础上，运用特色农业发展理论，对建平县特色农业发展优势和存在的问题，借鉴国外和国内特色农业发展经验，对建平县特色农业发展的产业选择、发展方向及优势区域布局做了进一步探讨。

杨敬宇（2010）以甘肃省为例，从当前全球农业规模化、特色化、专业化、生态化发展以及世界经济一体化发展趋向为基本背景，以区域特色农业、农业现代化、循环经济、生态经济等基本理论为依据，以实现甘肃省特色农业现代化为基本取向，立足甘肃省区域特色农业发展实际，通过理论分析与实证研究相结合，提出并论述了现代生态农业的概念、内涵、基本特征与发展意义。

何治江（2012）结合武陵山区特色农业实际、主要问题，从加快农业基础设施建设、提高农户组织化程度、实施科技兴农战略、加强市场体系建设、实施品牌带动战略等方面提出了山区特色农业发展的对策。

陈良（2014）从农业产业化经营组织的发展、龙头企业的实力、农业产业结构的调整、特色优势产业的规模和特色优势产业的综合竞争实力等方面总结了贵州省农业产业化经营的现状，从农业产业化经营环境、利益联结机制体制、龙头企业的规模、龙头企业的科技含量和创新能力等方面分析了其存在的问题。参照国内外农业产业化经营成果，针对存在问题，结合贵州实际，提出了加快贵州省农业产业化经营发展的对策。

李玲（2008）通过对贵州省特色农产品生产发展现状和存在问题的考察，分析了造成贵州省特色农产品生产滞后、经营不能形成一定规模的原因，提出了发展贵州省特色农产品的对策和措施。

程艳（2015）分析了山西省特色农业发展的现状和问题，认为加大科技投入，培养专业人才，培养壮大龙头企业，建立健全特色农业管理体系，对加快特色农业发展具有紧迫的现实意义。

梁振芳（2012）以广西壮族自治区为例，提出石漠化治理过程中大力发展特色农业，有利于调整农业结构，增加农民收入，保护生态环境。发展特色农业必须创新观念，和谐发展；因地制宜，选准模式；突出特色，发展产业；科技支撑，增强动力；加强培训，提高素质；整合资金，做大做强。对于发展山区特色农业具有理论和实践上的指导意义。

王艳霞（2016）研究指出，近年来，贵州省大力打造现代山地高效农业，发展特色优势产业，保险业以此为依托、把助力产业发展作为实施精准扶贫和精准脱贫的重要手段。

5. 基于特色农业发展模式的研究

范东艳（2014）通过对陆良县年鉴、网络信息资源的整理归纳，运用文献统计分析方法，对陆良县特色农业产业化发展现状进行分析；同时运用 SWOT 方法，对陆良县特色农业产业化发展进行系统分析和研究，并结合陆良县的县情，提出特色农业产业化发展策略。

孙晓一（2013）认为，发展特色农业对我国西部的农业结构调整具有重要意义，也是宁夏南部山区生态农业建设的重要途径。在总结宁夏南山区特色农业发展现状的基础上，提出了发展特色农业的主要效益目标和应注意的问题。提出了区位农业模式和创新组织结构模式相结合、示范农业模式与市场主导模式相结合、工程农业模式与企业带动模式相结合的发展思路。

蔡守琴（2011）认为，特色农业是可持续发展经济的重要组成部分，是21世纪农业发展理想模式。基于特色农业的发展条件和市场趋势，今后的发展方向和模式也将是绿色农业。她以青海省为例，在分析特色农业发展模式的基础上，探讨了以绿色农业为目标的特色农业发展模式，并提出了相关对策。

三　农产品电子商务

（一）国外研究综述

目前，国外在农产品电子商务方面的研究主要围绕农产品电子商务发展状况和存在问题两个方面。

1. 在农产品电子商务的发展状况方面

Slumper 和 Timerter（2012）认为，传统的农产品流通模式要经历"生产者—经纪人—产地批发商—销地批发商—零售商—消费者"等环节，通过构建电子商务平台，可以省去所有中间商，让消费者直接面对生产者。更重要的是，传统农业是生产什么，市场就流通什么；而互联网时代是，消费者需要什么，市场就生产和供应什么，消费者通过在电商平台或手机 APP 上下订单，其需求经互联网传至生产者，真正实现了按需生产，满足了社会个性化消费需求，这样的农业生产模式，使农业生产正逐步走向产业化，服务质量化发展（J. Slumper，2012）。Timerter（2013）认为，利用电子商务技术，采取农产品构建平台、对接供需、简化交易等方式，可以深入发展这些跨界农业商业模式。同时将工商资本引入农业产业，用工业和商业的思维与技术来改造农业产业，可以更深层次地促进农业与其他产业的融合，最大限度地挖掘农业产业的附加值（A. Timerter，2013）。Hoardman Brenda（2014）和 Geller Howard（2014）也持相同观点。彼得（Peter，2014）认为，利用电子商务技术，可以去除农产品中间商这一环节，创造生产者与消费者的面对面平台，通过平台建设，消费者将个性需求直接传达给生产者，生产者将生产过程和质量结果即时通报给消费者，实现生产与消费的信息对等。这就像是服装的定制一样，不同的是定制服装只看产品结果，而定制农业却要兼顾过程跟踪与质量结果，因为农产品的品质不能只看外观表现，还涉及内在质量尤其是品质安全，内在因素仅靠最终结果有时候很难鉴别。Tiwari Piyush（2014）、马休斯（Mathews，2014）以及 Catarina（2014）也持相同观点。

2. 在农产品电子商务发展存在问题方面

Worlfter（2012）认为，平台农业的另一个重大作用就是促进农产品的市场销售，这就是目前非常流行的农产品电商平台，也是另一类商业机会。多数农产品电商尤其是生鲜电商都处于盈利难的尴尬境地，其主要原因涉及物流、折损、管理等多方因素。可以预见，让懂农业的专业人士来做专业平台，会在很大程度上扭转这一问题。戴维（Divid，2012）、鲁伯（Ruber，2013）以及 Yuber（2013）也持相同观点。

（二）国内研究综述

目前，国内在农产品电子商务方面的研究主要围绕农产品电子商务发展状况、存在问题以及促进农产品电子商务的对策建议方面。

1. 在农产品电子商务发展状况方面

陈业（2014）指出，农产品电子商务可以横向上全面融合产品创新、商业构架和营销方式，针对新的消费习惯和需求，重塑整个农产品商业模式，包括企业原料组织方式、产品生产方式、资金筹集方式、产品盈利模式等，降低产品生产、流通的交易成本，实现企业资源的优化配置。

周衣冰（2014）认为，电子商务技术改变了农产品品牌宣传的渠道和方式，入口、体验、碎片化成为农产品品牌营销的重要方式，为企业展示品牌优势提供了一条直达消费者的快速通道，比如，葵花阳光打造了"五常大米，直供为你"的直供模式，短时间就获得市场认可。褚橙、三只松鼠等品牌借助网络营销的力量，快速完成了传统农产品几年才能完成的口碑积累和宣传推广。

2. 农产品电子商务发展存在问题方面

赵兵（2014）认为，当前农产品品质安全事故频发，归根结底，是产品追踪上出了问题，而利用"互联网+技术"完全可以解决。借助二维码或射频技术，给每件农产品贴上身份证，结合互联网的查询和传播性能，就能实现农产品生产过程和质量的可查询。比如，蒙牛在面对三聚氰胺事件带来的严重信任危机时，推出二维码可追溯牛奶——"精选牧场纯牛奶"，通过百度云技术和二维码可追溯系统，让消费者可以看到牧场、工厂生产全过程的视频信息，依托透明信息成功洗白。

王红玉（2014）认为，在农产品电子商务方面，晴隆县也做起了"大文章"：除茶叶、薏仁米、牛肉干等常规产品已经在淘宝网上销售外，还将蔬菜、瓜果以及生姜等生鲜农产品推向贵州信息港等本省电子商务平台进行销售，虽然生鲜农产品的电子商务仍然存在物流不畅、耗损率高、品质杂乱等问题，但是，当地政府和企业正在努力解决这些问题。

3. 促进农产品电子商务发展的对策建议方面

段楚红和冉光灿（2012）通过研究黑龙江省农垦基地的大豆、高粱以及棉花等农产品电子商务平台建设的过程，发现当地大豆、高粱以及棉花等都属于大宗商品类型，而加工企业较为集中且农产品收购企业大多来自东部沿海地区。因此，应当从加强本地农业网站建设入手，促进农产品电子商务发展，这样，才能有的放矢，而不是盲目地在网上到处撒网推销。

杜伊丽（2013）采用问卷调查法。对宁夏回族自治区贺兰地区种植马铃薯的 388 家农户电子商务开展情况进行了调研，并运用多元回归方法分析了这些问卷的相关性，研究发现，只有不到 5% 的农户能够通过互联网联系买家销售产品，其余 95% 的农户根本没有网上卖马铃薯的想法，所以，加强当地农民电子商务意识对于促进农产品电子商务发展尤为重要。

黄维俊（2014）运用案例分析法研究了褚橙借助淘宝、天猫等知名电子商务平台促销的过程，文章指出，褚橙之所以能够成功销售主要得益于成熟的电子商务发展理念，利用现有的大牌电子商务平台（如淘宝和天猫）来运作，要比自己另建网站搞销售好得多。

李甜甜（2014）从加强本地农业网站建设、加快培养农业电子商务人才、加快农产品物流体系建设等方面提出了促进农产品电子商务的对策建议。

黄正松（2014）和刘金林（2014）也持相同观点。

腾文（2015）通过分析莱阳梨的电子商务平台模式，认为应当从加快培养农业电子商务人才、加快农产品物流体系建设、提高农产品的品牌等方面提出促进农产品电子商务发展的对策建议。

黄小星（2015）系统地分析了甘肃省平凉地区张家庄在网上卖核桃的案例，认为当地政府出面在鲜直达和淘宝网上促销核桃是一个很好的举措，通过核桃的分拣和标准化生产加工可以更好地实现电商化运作，因此，提高农产品的品牌化和标准化是促进农产品电子商务的对策建议。

林晓筱（2016）研究指出，贵州省特色农产品应努力搭上电子商务这趟快车，实现特色农产品走出大山，创造新的价值。

陈蕴等（2017）研究提出，在运营方式上，首先要精心打造好农产品电子商务网店，同时注重有效的电子商务经营策略。

四　农村医疗人才队伍建设

（一）国外研究综述

由于各国实际情况不同，国内与国外的环境条件、发展情况等都存在一定差异，经济发展水平、社会制度、政府构建的社会保障体系和实行的基本医疗卫生制度都有所不同，因此，国外的文献对于研究我国农村地区医疗人才队伍建设所存在的问题及解决方法等不能直接应用于我国。国外研究主要集中在医疗人才继续教育意愿、农村医疗人员补偿机制、通过优惠政策减少人才流失、完善人才培养机制等方面（S. Titus，2002）：

1. 国外医疗人才继续教育意愿

发达国家医疗人员的资格有着严格限制，多数国家都有严格的医生准入制度，而且在从医期间都会定期地注册医师资质，这就促使医生一直处在继续教育中。在美国，由于医生的特殊地位，国家通过立法来保证医生的终生学习；在英国，国家则通过奖励制度来鼓励继续教育的医疗人员。

2. 国外农村医疗人员补偿机制

农村医疗卫生人员不同于城市的医疗人员，农村医疗人员往往需要以一当十，所以，适当地补偿农村地区的医疗人员以获得农村医疗人才的稳定性是许多国家采取的方式。在美国，乡镇医生按服务项目或者人头来收取报酬。英国和德国对于乡镇医疗人才往往给付更高的佣金，或者通过补助来吸引医疗人才去乡镇服务。

3. 通过优惠政策减少人才流失

多数国家通过在大学期间减免学费来吸引更多的大学生去乡镇服务固定的年限，这样，就有源源不断的人才定向输送到各个乡镇。另外，偏远的地区医疗人才往往获得更加高额的报酬。例如，澳大利亚联邦政府就为农村医师提供了高额的奖励以保证农村医疗水平。

4. 完善人才培养机制

有些国家，例如，马来西亚就规定，与国家签订农村医疗事业合同的人员，必须在农村工作满一定的年限才可以解除合同，否则将向政府缴纳罚款。而农村医疗人员的工资则由国家发放，保证了农村医疗人员的稳定发展。

（二）国内研究综述

中华人民共和国成立以来，我国的医疗卫生事业有了迅速发展，尤其是改革开放以来，这种发展趋势更加明显。各级地区纷纷建立健全各类医疗卫生机构，在人员方面的配置也有所增加，医疗人才无论是在结构上还是在数量增长上，都发生了很大的变化。但从整体来看，当前我国的医疗卫生资源分布仍然不均衡，区域间医疗人才队伍建设发展还普遍存在发展不平衡的现象。世界卫生组织（WHO）表示，农村或边远地区的医疗人才缺乏而某些城市和发达地区医疗人才过剩的现象，并不是个别国家的问题，而是世界上许多国家普遍存在的问题，受到世界卫生组织的高度重视。目前，国内有关于农村地区医疗人才队伍建设的研究主要在医疗人才的培养和继续教育、待遇保障、养老保险与政策扶持等方面。

1. 医疗人才的培养和继续教育方面

杨佳（2014）通过问卷调查以及统计学的方法对我国各地农村医疗人才队伍的调研显示，目前我国农村地区医疗人才的继续教育现状不容乐观，主要存在的问题是培训时间不足、对实际技能操作的训练较为缺乏、教学内容没有针对性等。提出了应从医学院校教育、毕业后教育和继续教育三方面继续促进医疗人才的培养对策。此外，杨佳通过比较研究医改政策实施前后我国医疗人才建设，得出了在新时期各省份医疗人才的变化。总体来看，2007—2010年，各省份的医疗人才数量呈现出上升趋势，在学历与资质方面均有了较高的提升，说明医改对于农村地区医疗人才建设起到了重大的作用，但在经济发达地区与欠发达地区则呈现出较大的差异性。需要解决的问题是各个地区发展的不平衡性，医疗人才在经济欠发达地区相较于发达地区仍处在不足的状态，国家应建立优厚的补偿制度，鼓励高校医疗人才去边远的农村地区发展。

钱福华等（2008）以人才培养模式为基础论述如何提升农村医疗

人才的整体素质，指出应该以现有的高校作为农村医疗人才培养的源泉，各个医学院校与医院建立一条连接农村医疗的纽带，源源不断地将高档次高素质的医疗人才输送到农村，以起到帮助农村医疗人才素质提高的目的。

张玲（2010）分析指出，为有效地保障农村地区人民的基本健康，强化和规范农村医疗人员的岗位培训也是一个重要环节，应规范和强化岗位培训，从而提高农村医疗人员的综合服务能力，建立一支具有较高专业素质的农村医疗人才队伍来满足农村居民的基本医疗服务需求。

朱坤（2014）通过对案例进行分析提出"培本固元，加强农村医疗人才队伍建设"，运用"师带徒"、学历教育、进修与培训、对口支援等多种方式，提升农村地区医疗人员的服务能力。其中，河南清丰，陕西眉县、汉滨，黑龙江甘南、林口、富锦和林甸，甘肃皋兰、康乐，青海湟源和重庆九龙坡11个地区采取"师带徒"的方式，培养农村医疗卫生机构的骨干人员。黑龙江甘南、林甸，青海大通、湟源和互助、山西泽州、武乡太谷和榆社、陕西眉县、镇安和宁强，河南武陵，重庆九龙坡，江苏高淳、高邮、丹阳和溧阳等18个县采取"对口支援的方式"对乡镇卫生院的医疗人员进行培养和培训。黑龙江甘南、青海乐都、河南清丰、甘肃康乐4个地区针对乡镇卫生院的在职人员开展了学历教育活动。这些活动的展开，不断地提升了农村基层医疗人员的服务能力，保障了农村居民的基本医疗卫生服务的可及性。

2. 待遇保障与养老保险方面

周令、周超等（2011）指出了我国农村地区医疗人才队伍执业资格管理和待遇保障方面存在的问题，并提出了有效的解决方案，以提高农村地区医疗人才工作的积极性和主动性，保障农村地区医疗人才队伍的稳定性。通过文献法、现场问卷等方法，对湖北、重庆、上海等地的172名农村医疗人员的执业现状进行了全面调查，并对调查后的数据进行分析得出，农村医疗人员在执业资格管理方面存在资质和水平相差较大、职业资格准入门槛过高等问题，农村医疗人员的待遇无法保障。并提出了建立和完善农村医疗人员的培训制度，完善执业（助理）医师考试制度，加大监管力度，从多方面合理监督并解决农村医疗人员的待遇及保障等问题。

周令、任苒等（2010）以湖北省某县为例，对当地的农村医疗人员进行调研，通过调查问卷的方式，对农村医疗人员的基本情况、工作情况、经济状况等进行了研究，并就农村居民对农村医疗人员的满意度进行了调查，调查结果显示，农村医疗人员服务质量对农村居民将有着至关重要的作用。

马文芳（2008）在第十一届全国人民代表大会上提交了关于"乡村医生养老等问题"的议案，陈述了农村地区医疗人员的现状，呼吁国家能在养老保险方面出台相关的政策，使农村医疗人员能老有所养。

王靖元（2007）通过研究应如何依托乡村一体化管理从而解决农村地区医疗人才的养老保险问题，提出了要实行镇村卫生一体化的紧密型管理，积极主动地为农村医疗人才办理养老保险。

张光鹏等（2010）研究指出，农村地区的医疗人员的待遇长期以来都普遍低下，因缺乏养老保险这一问题已严重阻碍了农村地区医疗人才队伍的发展。在新"医改"形势下，如何解决农村医疗人才的待遇保障及养老保险问题，稳定农村地区医疗人才队伍的发展并吸引更多的医疗人才到农村去，已经成为当前医疗体系建设面临的一项重要任务。

3. 政策扶持方面

各个省份都根据自身的现状采取了一系列有效的方式来解决农村医疗人才队伍建设存在的问题。山西省泽州在2010年制订了农村医疗人员的招聘办法，出台了一系列政策措施，用以鼓励优秀的医疗人才到条件艰苦的地方去服务。河南宜阳在2010年制订并实施了吸引大中专医学毕业生到农村医疗机构工作的方案并延续至2012年。重庆市黔江、永川和石柱于2012年建立了医疗人才到农村医疗机构服务的激励机制，并重点关注南宁医疗人才到村卫生室工作的激励机制。江苏省采取了"定向"向农村输送医疗人才的模式，即以高校作为基点，采取助学的方式与学生自愿签订去农村卫生机构工作的协议。湖北省制订了《2009—2012年全省农村卫生人才培养实施方案》，这个培养方案正式启动了"6个5000的培训工程"，即"免费定向培养5000名医学专科生""乡镇卫生院向农村定向培养5000名全科医师""从乡镇卫生院选派5000名技术人员到县级医院进修培训""组派5000名城市医疗技术人员开展对乡镇卫生院的对口支援""每年组织5000名农村医疗人员对其进行在岗培训"和"对5000名乡村医生在中医专业和保健专业的基础上进行继续教育"项目，通过实施对医疗人才的培训工程，明显提高了农村医疗人才队伍的整体素质。海南省在全省建立了"卫生员"制度，对承担预防保健任务的农村医疗人员给予了大量的优惠，同时也为在农村的医疗人员建设了职工住房，解决了农村医疗人才的住房难问题，减少了因住房问题而发生的医疗人才的流失。可见，全国多个省份都在积极采取各种优惠政策及激励机制来吸引医疗人才到基层去工作，把农村地区医疗人才短缺的现状作为医疗工作的重要问题来解决。陈晓云等（2015）建议，政府加大对农村医疗的投入，提高居民健康意识，并完善其医疗资源配置，健全农村现行医疗保障体系和新农合制度以制定出科学、合理的医疗制度，完善农村医疗条件。滕海英等（2016）指出，应在提升县域内医疗机构的服务水平基础上，建设人群有序就医及分级支付等配套制度，同时逐步扩大社会救助范畴，提升对农村医疗支出型贫困人群的保障水平和保障效果。

综上所述，由于发达国家的福利待遇与相关政策较为完善，许多国家将农村医疗人才纳入公务员系列，培训机制也相对完善，而我国是发展中国家，农村医疗人才的养老保障问题尚未解决，长效的培训机制也未能得到很好发展，因此存在一定的差距。我国需要学习并借鉴国外先进的医学教育经验，因为我国在基础的医学教育问题上还存在不足。高中毕业后才进行各专业的分类选拔，医学院校也不例外，医学基础课程授课的特点"短、平、快"，这种做法导致了医学院校的学生在没有任何医学基础知识的情况下接受的医学知识较为片面和狭隘，在临床应用及实际操作方面不能很好地发挥作用。同时，政府的主导地位是最重要的一个因素。无论是农村医疗事业的发展路径、制度设计，还是农村医疗人才队伍的建设，都离不开政府的支持。政府应发挥其主导作用，在充分结合国情、民情后，不断改进医疗保障制度与相关政策以适应实际发展需求，大力支持农村医疗人才队伍的建设。其次，针对不同地区的不同需求制订切合实际的相关培训计划，同时政府出台吸引医疗人才到农村工作的相关优惠政策与鼓励措施并加强对农村医疗人才的管理，如实行城乡统一管理，制定相应的与工资、奖金直接挂钩的业绩、考核制度等。重视农村医疗人才队伍的建设，提高国民的整体健康水平，是我国综合发展的重要因素。有关农村医疗人才队伍建设的文献对河北省的研究少之又少，因此，笔者就河北省农村医疗人才队伍建设这一问题进行研究。

五 农村人口老龄化

（一）国外研究综述

国外对人口老龄化研究起源较早，不仅对发达国家而且对发展中国家都进行研究思考并得出了成熟的研究成果。例如，日本的人口老龄化总体上对 GDP 增长造成负面效应，也对人均 GDP 和财政（尤其是未来）产生不利影响，主要因为劳动年龄人口比例下降（Ichiro Muto，2016）；俄罗斯圣彼得堡甚至全国的人口老龄化加剧情形，需要采取诸多经济社会措施应对（G. L. Safarova，2016）。Naijun Hu 和 Yansui Yang（2012）在《中国实际的老年抚养比与公共养老财政之不足》一文中提出，人口统计数据仅有唯一使用量，计算简单的老年抚养比（SOADR）将导致对一些重要的社会因素的忽视和养老基金严重性估计不足。他们使用一个考虑到工作年龄、失业、低收入员工和退休人员等因素的真正的老年抚养比率（ROADR），将这些因素运用在新模型中，计算抚养比率和养老基金的积累。新模型的模拟结果是通过比较一般与真正的老年抚养比率表明需要采用真正的老年抚养比率来分析养老金融资。对中国当前社会养老保险体系在未来扩散到覆盖所有农村和城镇职工和居民提出了一些建议。Yi Zen 和 Zhenglian Wang（2014）在《中国人口老年化的机遇与挑战》一文中指出，中国庞大的人口老龄化规模的前提下，相较于之前严格的生育政策，通用的全面"二胎"政策，鼓励用适当的间距改善以下问题：未来老年人口、高龄老人和空巢老人的数量；劳动力负担和养老金费率；出生性别比和婚姻负担；独生子女老人风险和社会经济成本，将创造更好人口条件。基于大量的实证研究，提出对中国可持续发展至关重要的三个政策。首先，尽快过渡到一个适用的"二胎"政策；研究表明，它是非常可行的，不会造成任何新的生育高峰。其次，要逐步提高目前很低的退休年龄，这将有助于中国避免严重的养老金赤字问题。最后，进一步发展农村养老保险方案，这些方案将减少与城市相比农村更为严重的老龄化问题。这三项政策行动可能为中国创造成功地面对人口和家庭老龄化的严峻挑战的机会。D. Chris 等（2011）论证、叙述了老年人口年龄界定问题，认为随着医疗科技的发展，界定老年人的标准和人口老龄化的速度需要反思。Libor Stloukal（2004）撰文讨论了发展中国家农村人口老龄化的问题，以及老龄化对低人均国内生产总值国家的农业生产、食品安全及农村社会可持续发展产生的影响，呼吁一些组织机构要抓住机遇，采取行动应对人口老龄化产生的问题，为协调老龄化与社会发展、经济水平提高与资源利用的矛盾提出解决方案。Peter Lloyd-Sherlock（2010）讨论了高收入国家和低收入国家人口老龄化在卫生政策产生方面影响差异，并对老年人口以年龄为界分类，研究不同年龄群体的不同养老需求主要探讨老年人养老的不同要求，呼吁关注养老服务中的财政和组织支持，同时也提出了社会、经济和政治变迁如何影响老年人口以及应对建议，鼓励全社会对老年人口的重视，在制度的设置上也要考虑老年群体的不同需求。他们还探讨了贫困和人口老龄化对政府出台政策衍生的问题，认为政策应对不同年龄老年的需要具有实用性。L. B. Shrestha（2004）讨论了低收入国家人口老龄化进程及与高收入国家的差异，得出低收入国家经济水平低下、老龄化速度却很快。

（二）国内研究综述

较之于国外老龄化研究，1983 年，我国意识到老龄化趋势并开始研究。至今已取得一些成果。

未来老龄化程度的预测方面。预测研究大体有两种类型的代表观点：一些学者把人口老龄化的阶段划分在中华人民共和国成立之时，到 21 世纪末，李建民、原新、王金营运用预测模型为人口老龄化分界；一些学者从 21 世纪初划分人口老龄化阶段。专家运用不同预测模型进行不同的研究，划分阶段不同，研究结论也不尽相同，但研究结论的共同点是：2000—2050 年中国老龄化速度不断升高，人口形势越来越严重；2050—2100 年老龄化速度缓慢增长。但是，这 100 年老龄化问题将逐步凸显。解保华、陈光辉等（2010）运用 Leslie 人口模型预测我国的人口总数，预测结果是：我国人口总数最大值出现在 2024 年左右，总人口绝对数量在 14.2 亿左右，而我国计划生育导致的低出生率使老龄化加快前进。邱旭辉、吕盛鸽（2010）运用 VAR 人口模型预测了浙江省未来老龄化程度相关的指标，得出浙江省未来人口老龄化趋势，2038 年老龄化最严重，老年人口在 1160 万—1180 万，未来老龄化形势十分不乐观。但河北省运用模型预测老龄化变动趋势的几乎没有。上述研究对河北省预测老龄化趋势具有先导性。

众多学者探讨了人口老龄化成因，并得到了科学实用结论。一些学者基于人口相关变量角度分析微观原因。原新和刘世杰（2009）基于人口学角度阐述了人口老龄化的成因，认为主要原因是生育率、人口惯性、寿命延长。并考察了它们的有效性：人口惯性贡献率占56.06%；其次是生育率的下降，贡献率为27.11%；寿命延长垫底，贡献率为18.67%。此外，另有部分学者从宏观角度阐述老龄化成因。段晓婧（2011）认为，科技现代化有利于老龄化发展。现代科学技术的发展带来预期寿命延长，出现低出生率、低死亡率，加剧人口老龄化程度。

国内学者从不同角度、不同方面对人口老龄化产生的经济社会影响进行了研究。

陈锡文、陈昱阳等（2011）运用回归模型分析人口老龄化对农业人力资源投入与总农业经济产出的作用，得出以下结论：1990—2009年，农村老年人口所占比重上升，致使农业劳动投入下降2.26%，自2003年后劳动投入对农业经济产出呈负相关性。莫龙（2009）指出，人口老龄化与经济社会发展之间的不协调性是经济压力产生及增大的重要原因，创造人口老龄化与经济发展协调指数（以下简称AECI）。得出以下结论：对比同等经济水平国家，我国的经济发展速度远远落后于人口老龄化进程，这种不协调性可能会在2040年达到峰值。此外，地域差异尤其是西部地区的不协调性尤其明显，需要引起注意。

综上所述，得出以下结论：

一是从研究内容看，老龄化对经济社会影响的研究主要从经济增长、储蓄、消费、劳动力情况、产业结构、医疗养老等诸多方面入手；从研究方法看，出现了多学科、多理论相结合的研究手段，运用定量分析方法逐渐增多，为本书研究提供宝贵借鉴内容。研究较多倾向于从比较具体的影响方面来研究人口老龄化的影响，从人口老龄化对经济发展和社会进步影响方面进行的研究相对少一些，同时，河北省农村人口老龄化的研究结论较少。

二是选择在科学、社会调查的基础上，以真正有价值的人口经济变量为主是必要的，这是最基本的措施，实现以证据为基础的研究。

三是老龄化社会和经济的影响涉及学科多，信息庞杂，而跨学科综合研究，使结论具有更强的实用性和可操作性。

六　新型城镇化

（一）国外研究综述

依勒德丰索·塞尔达（1867）首次提出了"城市化"这一概念，

认为某一地区地域景观上的变化就是城市化的改变。沃斯（1938）认为，城市化就是农业型的生活生产方式被现代型的生活生产方式所取代。金斯利·戴维斯（1965）认为，西方发达国家的城镇化发展进程是一条平滑的、逐渐变化的曲线，并且随着城乡结构的变化与人口的转型。弗里德曼（1973）认为，可以将城市化分为可以用眼睛看到的城市化和理想中的城市化两个过程。格鲁斯曼等（1995）认为，城市的环境质量与经济水平之间呈现倒"U"形的演变规律，并提出城镇化率的变化过程就像一个"S"形曲线。戴哈迈德等（2010）认为，城镇化发展和经济增长是相互促进的。爱德华等（2011）认为，资源要素流动产生的集聚效应是提高城镇化效率的重点。威卡特·穆罕等（2016）认为，城镇化发展导致了能源和材料大幅度的消耗以及许多废物的产生，提出循环经济的方法来处理城镇发展与能源环境之间的关系。城镇化意味着人口更加集中并相互关联，这就增加了（病菌）感染扩散速度（D. Peter，2017）。中国的发达或富裕地区往往城乡差距较小，而且农民工流入较多，城乡工资差距显著促进了收入不平等（R. Prasada，2017）。中国尤其需要实现城市、城郊和农村地区之间的协调发展（J. K. Joel，2017）。

（二）国内研究综述

1. 关于新型城镇化水平的衡量

在新型城镇化的概念提出之前，国外和国内在衡量城镇化的水平时，通常的做法就是用城镇化率来衡量。时任总理温家宝在2007年的长三角座谈会上第一次正式提出，优化城市空间布局，走新型城镇化的道路。此后，新型城镇化这一概念受到国内学者的高度重视，并认为应该多角度地寻找新的指标来衡量新型城镇化，一味地强调人口比重的简单衡量指标已不能完全衡量当前形势下产生的新型城镇化的发展水平。

简新华等（2010）通过用同一收入程度下的常态城镇化、非农化等几个指标，对城镇化发展的速度进行比较分析，分析结果认为，中国的城镇化发展水平仍然处于滞后状态。任庆焕（2013）构建了衡量河北省新型城镇化水平的指标体系，从多角度评测了新型城镇化发展水平。杜帼男等（2013）发现，在国内通常运用两种主要方法来衡量城镇化的水平：一种是单一指标法，另一种是综合指标法，他提出用一标多维的"市民化程度"指标来衡量新型城镇化水平。戚晓旭等（2014）

系统地整理了1980—2010年我国城镇化进程中可持续发展指标体系的变化，并针对这一变化对城镇化的评价体系进行了调整。赵永平等（2014）以2000—2011年我国30个省份的新型城镇化发展情况为样本，进行了水平评价，并在分析的基础上探寻了我国新型城镇化的驱动机制。叶菁等（2015）以湖北省为例，构建新型城镇化质量评价指标体系，运用熵值法对湖北省2007—2013年12个城市城镇化发展水平进行评价。夏后学等（2016）对我国2008—2013年新型城镇化发展指数进行了测度，认为城镇化水平的高低与人之间有很强的关联性。赵明等（2016）以多重视角对我国渤海湾地区1992—2012年城镇化水平进行了测度，分析结果表明，渤海湾地区的城镇化水平显著增强，资本逐渐从内陆向沿海地区迁移。刘世伟等（2016）认为，城市化率不能反映一个地区的潜在可持续发展水平，分析指出可持续城镇化潜在价值较高的地方主要位于中国华北地区。

2. 关于新型城镇化的过程与问题

在中国的传统城镇化进程中出现过许多问题。李强等（2012）认为，中国的城镇化与欧美主要国家的城镇化最大的区别在于城镇化的推进模式及动力机制的不同。"中国金融40人论坛"课题组（2013）认为，在推进新型城镇化进程中，应重点处理好政府与市场的边界关系，防止房价过快上涨，使人的市民化和城镇化这一目标更快地实现。李佐军等（2014）分析了引发农村生态环境破坏加剧的原因，污染物和污染企业已经开始向农村扩散和转移。杨迎春等（2014）认为，能源利用问题是中国城镇化发展一直被忽视的问题，片面追求做大做强，用能源粗放型经济推动城镇化发展。辜胜阻等（2014）认为，中国要想提高城镇化发展水平，就需要积极地将民间资本引入到城镇化发展进程中。姚士谋等（2014）探索了我国新型城镇化的三个问题：第一，中国新型城镇化发展的新路径是什么；第二，中国新型城镇化的创新模式需要如何建立；第三，在新型城镇化进程中，中国城镇化本身的发展规律是什么。陆大道等（2015）认为，城镇化是一个复杂的系统，其发展水平应当与城镇在产业、资源环境等方面的承载能力相一致。徐晓军（2015）认为，"四化同步"为新型城镇化发展指引了方向并提供了理论依据。并在此基础上提出了"四化同步"推进新型城镇化的发展路径。周柏春等（2015）认为，政府与农民之间利益的重新整合与分配是目前新型城镇化的本质所在。

3. 关于秦皇岛市新型城镇化的研究

彭宗忠（2014）认为，秦皇岛市在解决新型城镇化进程中出现的问题时，制定符合秦皇岛市实际的发展原则，从而实现经济社会快速发展。王智敏（2014）认为，秦皇岛市制约城乡发展一体化的最大障碍就是城乡二元结构，而破解城乡二元结构的途径就是大力推进新型城镇化发展。臧秀清（2016）指出，新型城镇化是当下推进区域协调发展的有效途径，秦皇岛的发展亟待加快新型城镇化建设。鹿艳茹等（2017）提出，对秦皇岛市新型城镇化要统筹城乡发展、发展低碳经济。

从以上国内外的文献综述可以看出，国外与国内的文献对于城镇化的研究很充分，但是，针对秦皇岛市新型城镇化的研究较少。总体来看，国内外研究成果有如下启示：一是将新型城镇化研究与环境空间资源联系起来，倡导以人为本的新型城镇化；二是在新型城镇化水平衡量上，应采用多维度的视角来评价；三是目前对秦皇岛市新型城镇化发展问题的研究还很少，应根据城镇产业支撑、城市空间布局结构、城市综合承载能力、城市管理等方面的问题，提出有针对性的解决对策，为秦皇岛市新型城镇化发展提供现实指导。这些问题的研究，旨在帮助秦皇岛市在推进新型城镇化发展进程中，防止重走曲折的老路，更加快速地达到新型城镇化目标。

第三节 相关概念及基础理论

一 相关概念

（一）山地与山地产品

山地，是指海拔在500米以上的高地，起伏很大，坡度陡峻，沟谷幽深，一般多呈脉状分布。山地是一个众多山所在的地域，有别于单一的山或山脉，山地与丘陵的差别是山地的高度差异比丘陵要大。高原的总高度有时比山地大，有时相对较小，但高原上的高度差异较小，这是山地和高原的区别，但一般高原上也可能会有山地，比如青藏高原。

山地产品，是指产自特定山地地区，所具有的质量、声誉或其他特性本质上取决于该产地的自然因素和人文因素，具有特地山地属性或优势的产品。山地产品应具备几个特点：一是来自特定山地的种植、养殖产品。二是原材料全部来山地或部分来自其他地区，并在山地按照特定工艺生产和加工的产品。三是该产品在山地地区可以大面积生产、产出或具有独特优势。

（二）山地产品保护性开发

保护性开发是指在某一特定时间段内，为达到更好的保护目的，针对某一地区所具有的特殊自然、社会文化等景观，通过政府、专家及社区等多方参与，以跨学科合作的方式做出的合理开发。

开发的目标是：在不破坏区域传统特色的前提下更好地进行保护，同时促进区域特色景观的发展，实现被开发地区自然、经济、社会、文化的整体协调发展（2009）。其中，保护是核心，开发为外在表现。

山地产品保护性开发除兼具以上要求外，同时能够促进区域经济和环境的发展，与现行扶贫政策和脱贫攻坚相适应，达到既保护环境又促进贫困户脱贫的目的。

（三）扶贫与精准脱贫

扶贫是为帮助贫困地区和贫困户开发经济、发展生产、摆脱贫困的一种社会工作，旨在扶助贫困户或贫困地区发展生产，改变穷困面貌。扶贫的基本内容与特点包括以下几点：

第一，有近期、远期的规划和明确的目标，并有为实现规划要求而制订的具体计划、步骤和措施。把治标和治本有机地结合起来，以治本为主。

第二，不仅帮助贫困户通过发展生产解决生活困难，更重要的是帮助贫困地区开发经济，从根本上摆脱贫困，走勤劳致富的道路。

第三，把政府各有关部门和社会各方面的力量，全面调动起来，互相配合，共同为贫困户和贫困地区开发提供有效的帮助。

精准扶贫是在精准识别的基础上，针对贫困家庭的致贫原因，因户制宜和因人制宜地采取有针对性的扶贫措施，消除致贫的关键因素和脱贫的关键障碍。动态管理首先是对所有识别出来的贫困户建档立卡，为扶贫工作提供包括贫困家庭基本状况、致贫原因和帮扶措施等方面的详细信息，为精准扶贫提供信息基础。

(四) 特色农业

1. 内涵

对特色农业的认识关键在于对"特色"内涵的把握上。特色农业的本质内涵就是独有性、区域性、差异性。经济学原理告诉我们，只有差异性，才有可能形成竞争力；只有独有性，才能带来高额利润。因此，特色越明显、越突出，其市场竞争力就越强，效益就越好（刘志民，2002）。只有充分利用特定区域内资源优势、区位优势、环境优势和技术优势，根据市场需要和社会需求，选择特色农业发展模式，开发特色农产品，这样的特色农业才会有经济价值高，相对效益好，具备竞争优势，这样的产业才能主导一定区域农村经济发展（孙晓一，2013）。

基于以上认识，可以认为，特色农业从根本上是要和市场经济相联系，要区别于传统农业。市场经济高度重视资源的独有性、稀缺性，所以，在其发展过程中，要强调资源的异质化和产品的高价值，强调布局的区域化，以高品质、高效益和可持续发展为核心，以增加农民收入和提高农业经济效益为目标，通过挖掘资源的潜力，在政府的扶持和培育下形成一定的生产规模，以产品的品质扩大市场影响，从而带动区域经济发展（姜谓，2010）。

2. 特征

特色农产品是特色农业的出发点和落脚点，所以，生产特色产品的特色农业应该具有以下特征：一是区域性（李金叶，2010）。不同地区自然条件的差异性决定了农业生产的地域性，正是由于这种区域性差异性的客观存在，利用不同自然条件进行农业生产的区域农业才会表现出各自的特色。二是独特性（李金叶，2010）。受不同农业资源生产条件的影响，特色农业生产出的产品会表现出相对的独特性，因其适合这种资源条件，它的质量具有其他地区不可比的优势性。三是多样性（杨启智，2012）。这是特色农业能够发展壮大的市场基础，不同时期的市场反映出不同的特色农业产品需求，要求产品更新换代，改良提高特色农业发展具有动态性，从而对特色农业提出了新的要求和内容。四是高效性（杨启智，2012）。特色农业追求的是经济效益，特色农业既要求资源的利用率高，资本的回报率高，能增加农民和相关经营者的收入，而且要求是可持续发展的农业。只有这样，才能使生产者愿意创新而由常规农业生产转入特色农业生产。五是具有高投入和高风险性（朱贤林，2003）。农业是一个微利并受自然因素影响较大的产业，特色农业作为传统农业的继承模式和现代农业的典型代表，同样具有农业的这一特质。特色农业的产品是优质的，有别于传统农业。生产高品质的优质产品需要先进的技术和设备，需要有素质的劳动者和管理者，这就无形中增加了特色农业的投入成本和产业化发展的障碍，同时也隐蔽了一定的风险。六是具有市场导向性（朱贤林，2003）。特色农业是市场和社会需求的产物，是在消费市场的带动下发展起来的。只有市场提供的经济效益，才能够增加农民和相关经营者的收入，并且资本回收率较高，特色农业都会可持续发展，达到产业化。

（五）农产品电子商务

电子商务是指在全球各地广泛的商业贸易活动中，在互联网开放的网络环境下，基于浏览器或服务器应用方式，买卖双方不谋面地进行各种商贸活动，实现消费者的网上购物、商户之间的网上交易和在线电子支付以及各种商务活动、交易活动、金融活动和相关的综合服务活动的一种新型的商业运营模式。电子商务是利用微电脑技术和网络通信技术进行的商务活动。各国政府、学者、企业界人士根据自己所处的地位和对电子商务参与的角度和程度的不同，给出了许多不同的定义。

狭义上讲，电子商务（Electronic Commerce，EC）是指通过使用互联网等电子工具（包括电报、电话、广播、电视、传真、计算机、计算机网络、移动通信等）在全球范围内进行的商务贸易活动。是以计算机网络为基础所进行的各种商务活动，包括商品和服务的提供者、广告商、消费者、中介商等有关各方行为的总和。人们一般理解的电子商务指的是狭义上的电子商务。

广义上讲，电子商务就是通过电子手段进行的商业事务活动。通过使用互联网等电子工具，使公司内部、供应商、客户和合作伙伴之间，利用电子业务共享信息，实现企业间业务流程的电子化，配合企业内部的电子化生产管理系统，提高企业的生产、库存、流通和资金等各个环节的效率电子商务是利用计算机技术、网络技术和远程通信技术，实现电子化、数字化、网络化和商务化的整个商务过程；是以商务活动为主体，以计算机网络为基础，以电子化方式为手段，在法律许可范围内所进行的商务活动交易过程；是运用数字信息技术，对企业的各项活动进行持续优化的过程；是指交易当事人或参与人利用现代信息技术和计算机网络（包括互联网、移动网络和其他信息网络）所进行的各类商业活动，包括货物交易、服务交易和知识产权交易。

简单而言，农产品电子商务就是电子商务技术在农产品营销中的具体运用。

（六）农村医疗人才队伍

人才是人力资源中素质较好、能力较高的劳动者，拥有一定的专业知识或某一方面的专门技能，进行创造性劳动，同时对社会或国家做出贡献的人。具体到企业中，人才是指具有一定的专业知识或专业技能，进行创造性劳动，能够胜任岗位需求，并对企业的发展做出一定贡献的人，是人力资源中能力和素质较高的员工。

医疗卫生人才，是指从事医疗事业并能够熟悉掌握医疗卫生方面的专业知识，较为精通医疗领域中某一学科或对某一学科有一定研究的专门人才，主要包括医疗专业技术人才和医疗专业管理人才。医疗专业技术人才，是指具备一定医疗方面的专业知识，具有较高专业技能操作水平，服务于医疗卫生行业并对医疗事业的发展做出积极贡献的人。医疗专业管理人才，是指在管理方面具备一定的专业知识，在各医疗职能机构及其各基层科室从事行政、业务、经济管理和政治思想等工作的人员，医疗专业管理人才日常的管理工作对医疗事业的发展起到了推动和促进的作用。农村地区医疗人才，是指服务于农村地区的医疗专业技术人才和医疗专业管理人才。

队伍，原指军队队形，现指某一行业的全部人员。人才队伍的类型主要有党政人才、专业技术人才、企业经营管理人才、高技能人才、农村实用人才和社会工作人才。人才队伍建设，是指对具有一定专业知识或专门技能的人员集体进行有计划的促进和发展。

人才队伍建设对于我国实施人才强国战略是一个关键性因素。专业技术人才队伍建设应以高层次的人才为核心，这也是我国人才队伍建设的核心。专业技术人才队伍对整个人才队伍的建设起着带头作用，对社会进步和经济发展做出了重要的贡献，发挥了其在社会生产中的重要作用，极大地促进了人才队伍建设的发展。

（七）医疗人力资源

所谓人力资源，是指人所具有的对价值创造起贡献作用并且能够被组织所利用的脑力和体力的总和。"人力资源"一词最早出现在《管理的实践》一书中，是由当代著名的管理学家彼得·德鲁克于1954年提出的。他指出：在所有资源的比较中，人力资源与其他资源最大的区别就是它是人，并且认为，人力资源拥有当前其他资源所没有的能力，包括融合能力、协调能力、想象力和判断力。此后，越来越多的专家认为，在社会和经济快速发展的进程中，人力资源已成为优先于物力、财力和信息等资源的第一资源，是保证竞争力的决定性因素。医疗人力资源主要包括医疗系统的财力、物力、人力、信息和科技等资源中最基本的因素，是用来衡量一个地区、一个国家医疗水平的关键因素。医疗人力资源主要包括：(1) 直接从事医疗、卫生、保健的服务人员，称为医疗技术人员，医疗技术人员都必须具备专业的知识和技能，主要包括执业（助理）医师、注册护士、药剂师等；(2) 非医疗技术人员，即除去医疗技术人员以外的从事医疗行业的其他人员，主要包括医疗行业的管理人员，如统计、财务、计算机等业务技术人员和工勤人员等。其中，医疗人力资源最重要的组成部分就是医疗技术人员，不仅仅是因为数量方面在医疗人力资源中占的比重相当大，也因为在医疗事业的发展上医疗技术人员起到了一定的决定作用。

医疗人力资源的主要特征为：(1) 由于医疗人力资源具有专业水平与技能水平要求较高、知识密集、专业化程度高等特点，人员培养所需时间较长；(2) 专业化程度强，与其他专业基本没有太大联系，所以基本不易改变职业；(3) 医疗设备等更新换代较快，所以要求医疗人员的行业知识要跟得上更新换代的脚步。因此，对继续教育的需求较高。正是由于以上特征，所以，医疗经费有相当大一部分用在人力资源开发上，医疗人力资源对保证医疗服务质量起着至关重要的作用。

我国医疗人力资源的主要特征有：(1) 医疗人力资源的总量虽然不少，但整体素质不高。我国每千人口医疗人员的数量已接近发达国家，可以认为，我国医疗人力资源在数量上水平不低，但在质量上水平还有待提高，农村医疗机构大部分人员的学历较低，医疗队伍整体素质不高。(2) 医疗人力资源分布不合理，即我国医疗人力资源城乡分布以及在各部门之间的分布不平衡，医疗人力资源分布存在较大的地理差别，同时专业结构也不平衡。(3) 需要加强社区、农村及西部地区医疗人才的队伍建设。(4) 现有医疗管理人员与职业化医疗管理干部队伍建设要求存在较大差距。

（八）农村人口老龄化

人口老龄化是指总人口中因年轻人口数量减少、老龄人口数量增加而导致的老年人口比例相应增长的动态过程。所以，人口老龄化的定义是总人口中因年轻人口所占比例减少、老龄人口所占比例增加而导致的人口结构比例失衡的动态演化过程。

农村的定义协同于乡村，农村人口即乡村人口，意为除城镇人口外的全部人口。农村人口老龄化指的就是农村地区人口老龄化现象。

（九）城镇化

传统城镇化，其实质就是城市化，是指某个国家或地区通过不断地发展，其产业结构之间出现了合理化调整，科学技术水平不断增强，社会生产力也在不断发展壮大，其社会的发展也由粗放的农业型不断向精细的城市型转变的发展过程。

（十）新型城镇化

1. 新型城镇化的内涵

针对新型城镇化的内涵，早在1993年联合国就给出了城市化的四个基本元素：一是城市面积的扩张；二是城市人口的增加；三是非农就业人口的增加；四是城市化生活方式环境的营造。中国政府和学者从自上而下和自下而上并存的城镇化发展历程中不断深化对城市化内涵的理解，近年来，积极倡导的运用新型城镇化理论对城市内涵进行解读，正是上述定义在实践中的体现和延伸。

所谓我国的新型城镇化，就是以人为核心，从片面追求城市规模扩大、城市空间、人口扩张的生产生活方式向不断提升城市文化、公共服务等软环境，营造城市化生活方式转变，推进一个可以使社会发展和谐、资源集约高效、生态环境优美、空间结构优化、居民生活富裕、城乡一体发展的城镇化。

2. 新型城镇化的发展原则

（1）以人为核心，生态优先。把人置于核心地位，加快城镇基础设施及配套设施的建设，使全体居民享受新型城镇化发展的成果。应注重生态环境的地位，使在新型城镇化进程中始终贯穿生态文明的理念，着力推进绿色发展、循环发展、低碳发展，全面提升城镇幸福宜居水平。

（2）区域协同，错位发展。把提升城市特色品质作为新型城镇化的重要突破口，如顺应京津冀协同发展，根据自身产业发展、历史文化、资源禀赋等特征，推动与京津冀城市群其他城市的错位发展、良性互动，推进城市内部功能互补，促进比较优势加快转变为城镇跨越式发展的竞争优势。

（3）优化布局，协调发展。坚持以做大做强现代产业体系引导人口集聚，增强城市载体功能和辐射带动能力，统筹城市组团、功能新区、特色乡镇建设，着力构建产城融合、城乡一体、生活舒适的新型城镇体系。

（4）改革创新，合力推进。严格遵循新型城镇化发展的一般规律，加强全局性顶层设计，推动发展模式创新。加快构建与新型城镇化相适应的政策体系和推进机制，充分整合调动市场主体的积极性，提高资源要素配置效率，不断增强新型城镇化的发展合力与动力。

（十一）城镇化与新型城镇化的关系

在新型城镇化发展过程中并没有全部否定传统城镇化，而是对传统城镇化取其精华，去其糟粕，最终实现提高城镇化水平的全面提升。新型城镇化的产生，是传统城镇化发展到一定时期的必然产物。传统城镇化与新型城镇化的区别有目标、内容、发展动力、手段与路径五个方面的不同。一是目标不同，传统城镇化发展的目标只是单一的注重城市和经济的发展，新型城镇化发展的目标是全社会各个方面综合的发展与转型。二是内容重点不同，传统城镇化的内容重点是土地的城镇化以及人口数量上的非农化，忽视城镇化发展的质量与效益以及农业转移人口的彻底市民化。新型城镇化的内容重点是实现并促进人的全面发展，使城市居民和农村居民在待遇等方面可以平等地享有。三是发展动力不同，传统城镇化的发展动力是粗放型的工业化带动，新型城镇化的发展动力是城市现代信息科技的交流与碰撞。四是发展手段不同，传统城镇化的发展手段是由政府主导和干预的，目标是使重工业快速发展。新型城镇化的发展手段是由市场主导、政府引领，以市场利益作为驱动力。五是发展路径不同，传统城镇化的发展路径是不可持续的，并且只注重城镇化发展的速度，不注重城镇化发展的质量。新型城镇化的发展路径是可持续的，强调以可持续发展观为原则，促使新型城镇化道路在发展方式等方面实现全新突破。

二 相关基础理论

（一）资源禀赋理论

赫克歇尔—俄林的资源禀赋理论被称为新古典贸易理论，其理论模型即 H—O 模型。在赫克歇尔和俄林看来，现实生产中投入的生产要素不只是一种——劳动力，而是多种。投入两种生产要素是生产过程中的基本条件。根据生产要素禀赋理论，在各国生产同一种产品的技术水平相同的情况下，两国生产同一产品的价格差别来自产品的成本差别，这种成本差别来自生产过程中所使用的生产要素的价格差别，这种生产要素的价格差别则取决于各国各种生产要素的相对丰裕程度，即相对禀赋差异，由此产生的价格差异导致了国际贸易和国际分工。这种理论观点也被称为狭义的生产要素禀赋论。广义的生产要素禀赋理论指出，当国际贸易使参加贸易的国家在商品的市场价格、生产商品的生产要素的价格相等或生产要素价格均等或两国生产同一产品的技术水平相等（或生产同一产品的技术密集度相同）的情况下，国际贸易取决于各国生产要素的禀赋，各国的生产结构表现为每个国家专门生产密集使用本国具有相对禀赋优势的生产要素的商品。生产要素禀赋论假定，生产要素在各部门转移时，增加生产的某种产品的机会成本保持不变。新古典的 H—O 要素禀赋理论，从要素禀赋结构差异以及由这种差异所导致的要素相对价格在国家间的差异方面来寻找国际贸易发生的原因，克服了李嘉图模型关于一种生产要素投入假定的局限，取得了相当的成功。新古典的 H—O 理论仍然建立在一系列的假定条件之上。要素禀赋：一国所拥有的两种生产要素的相对比例。这是一个相对的概念，与生产要素的绝对数量无关。例如，美国无论是在资本存量上还是在劳动绝对数量上，都远远高于瑞士和墨西哥这两个国家。但与瑞士相比，美国的人均资本存量低于对方，因此，相对于瑞士而言，美国属于劳动丰富的国家。如果拿美国与墨西哥相比，则美国的人均资本存量高于墨西哥的水平，因此，美国与墨西哥相比，属于资本丰富的国家。由此可见，当我们说某国在要素禀赋上属于哪种类型时，必须注意看它与谁相比。A、B 两国在贸易前由于要素禀赋的不同，导致了供给能力的差异，进而引起商品相对价格的差异。

对于山地特色农业来说，具有很多的先天优势。

一是廉价的土地。土地是从事农业最基本的生产资料，没有土地，所有农业生产便无从谈起。在2000年以前，土地在农村，哪怕是边远的农村都有着重要的价值，基本上是农民赖以生存的最基本的生产资料，那个时候地租比较贵，直到20世纪90年代，地租都相当于土地年产出的1/4。随着经济社会的发展，农民对土地的依赖程度越来越低，地租也越来越便宜，早在十几年前，一些地块就出现了零地租，即只要有人耕种，不至于使土地撂荒，土地所有者是不收取租金的。目前，在广大边远山区的农村，要集中成片的土地来发展山地特色农业，成本较低，这就为山地特色农业的发展减少了地租成本。即便农民以合作社的方式，联合发展山地特色农业，土地由于不再承担"养家糊口"的传统功能，对于从事特色农业生产的农户来说，土地也是廉价的。

二是劳动力。土地和劳动力都是农业生产最基本的生产要素。对于边远山区来说，发展山地特色农业，劳动力成本也是一个有利因素。自从家庭联产承包制以来，农业生产基本上都是以家庭作为生产单位的，农民本身就是生产者。如果发展山地特色农业，自身就是劳动力，可以长年从事特色农业生产。如果从雇用劳动力来说，也比城市成本低，因为农民工如果在家附近从事务工劳动，可以减少了往返大城市打工的路费，节约了生活费，从而也就降低了打工成本，在工资上自然要比城市低。可以说即使工作只支付到城市打工的1/2，在农民工算来也同样是划算的，他们愿意在离家近的地方工作，既节约了生活成本，又照顾了家庭。

三是国家的各项惠农补贴政策。例如，退耕还林还草、石漠化治理的奖补政策，无论是现金补助还是农资补贴，都降低了特色农业的生产成本，增加了产业收益。因此，发展山地特色农业具有资源禀赋优势。

(二) 可持续发展理论

可持续发展理论，是指既满足当代人的需要，又不对后代人满足其需要的能力构成危害的发展。可持续发展理论的基本特征可以简单地归纳为经济可持续发展（基础）、生态（环境）可持续发展（条件）和社会可持续发展（目的）。

1. 可持续发展鼓励经济增长

它强调经济增长的必要性，必须通过经济增长来提高当代人福利水平，增强国家实力和社会财富。但可持续发展不仅要重视经济增长的数量，还要追求经济增长的质量。也就是说，经济发展包括数量增长和质量提高两部分。数量增长是有限的，而依靠科学技术进步，提高经济活动中的效益和质量，采取科学的经济增长方式才是可持续的。

2. 可持续发展的标志是资源的永续利用和良好的生态环境

经济和社会发展不能超越资源和环境的承载能力。可持续发展以自然资源为基础，同生态环境相协调。它要求在保护环境和资源永续利用的条件下，进行经济建设，保证以可持续的方式使用自然资源和环境成本，使人类的发展控制在地球的承载力之内。要实现可持续发展，必须使可再生资源的消耗速率低于资源的再生速率，使不可再生资源的利用能够得到替代资源的补充。

3. 可持续发展的目标是谋求社会的全面进步

发展不仅仅是经济问题，单纯追求产值的经济增长不能体现发展的内涵。可持续发展的观念认为，世界各国的发展阶段和发展目标可以不同，但发展的本质应当包括改善人类生活质量，提高人类健康水平，创造一个保障人们平等、自由、教育和免受暴力的社会环境。也就是说，在人类可持续发展系统中，经济发展是基础，自然生态（环境）保护是条件，社会进步是目的。而这三者又是一个相互影响的综合体，只要社会在每一个时间段内都能保持与经济、资源和环境的协调，这个社会就符合可持续发展的要求。显然，在21世纪，人类共同追求的目标，是以人为本的自然—经济—社会复合系统的持续、稳定、健康的发展。

（三）比较优势理论

比较优势理论可以表述为（大卫·李嘉图）：在两国间，劳动生产率的差距并不是在任何商品上都相等。对于处于绝对优势的国家，应集中力量生产优势较大的商品，处于绝对劣势的国家，应集中力量生产劣势较小的商品，然后通过国际贸易，互相交换，彼此都节省了劳动，都得到了益处。比较优势理论的核心内容是"两利相权取其重，两害相权取其轻"。一般而言，劳动力富余、资本相对短缺的国家，应该发展劳动力相对密集型产业，或是资本密集型产业中劳动力相对密集的区段。但是，劳动力密集型产业或者资本密集型产业中劳动力相对密集的区段，可能成千上万，每个地方的资源不可能把符合这两个条件的所有产品都生产出来，这就必须做出选择。具体的选择应该遵循以下四个原则：(1) 选择当地有传统的产业。举几个例子：扬州有个杭集镇，是全国的牙刷之都，如果杭集镇牙刷厂不开工，全世界的牙刷都要配给。

这个镇从清朝道光年间就开始生产牙刷，有历史传统。南昌有一个文港镇，是全国的铁笔之都，国内 70% 的铁笔都出自这里，文港这个地方也是从宋朝开始生产笔了，所以也有历史传统。（2）当地有国有企业。20 世纪 50 年代，国有企业在很多产业不具备比较优势，当时我国一穷二白。改革开放 40 年来，我国经济快速增长，经济规模提高了 10 倍以上，现在，资本拥有量、技术拥有量和 20 世纪 50 年代相比已经改善非常多，许多原来不具备比较优势、需要政府保护补贴才能生存下来的企业，现在可以焕发活力了。以重庆为例，重庆原来是老工业基地，现在则是全世界的摩托车生产之都，全国摩托车每年生产 1000 多万辆，重庆要生产 400 多万辆。这是因为，过去的重工业基地，为此打下了许多装备业的基础，当地有国有企业形成的产业集聚，现在已经符合我国的比较优势。（3）当地要有独特的资源。宁夏的枸杞、新疆哈密的葡萄干，都是当地的独特资源。（4）当地已有产业可以向上下游延伸。比如说义乌，原来是农区，基本上没有工业，但现在义乌有很多工业，如织袜业、文具业等，因为义乌有市场，从销售可以延伸到生产，生产的产品用于劳动力密集、技术相对比较传统型的产品，符合比较优势，又同市场经验相结合。

从比较优势理论来看，贵州兴义市山地特色农业存在以下有利条件：（1）当地有传统的产业可供选择，如烟叶、蔬菜、核桃、板栗都是兴义市比较传统的种植业，其实，这些产业都是附加值比较高、见效比较快的特色农产业，在这些作物的生产上，兴义市山地农民在技术上比较成熟，在心理上也比较认可。（2）当地有企业，像烤烟生产，可以说就是烟草公司主导的一个产业，是有计划的生产；像金银花、茶叶，都已经建立起产品深加工工厂，能够深挖农产品附加值。（3）发展山地特色农业的独特资源丰厚，如金色花、核桃、板栗都是当地的土物产。（4）可以向上下游延伸的产业。从目前来说，兴义市旅游产品急需开发。随着游客量的逐年增大，游客对旅游产品的需求量也随之剧增，但是，兴义市却没有针对旅游来做的山地特色农产品，没有具有本地特色的旅游产品市场，从兴义市目前的状况来看，要开发旅游产品市，紧扣山地特色农业的生产和加工走出一条具有地方特色的道路是一个不错的选择。

（四）绝对优势理论

绝对优势理论，又称绝对成本说、地域分工说。该理论将一国内部不同职业之间、不同工种之间的分工原则推演到各国之间的分工，从而形成其国际分工理论。绝对优势理论是英国经济学家亚当·斯密（Adam Smith）提出的。其代表作《国民财富的性质和原因的研究》（以下简称《国富论》），分析了国际分工的绝对成本状况，提出了依照绝对成本进行分工的学说，奠定了自由贸易政策主张的理论基础。该理论分析了分工的利益，认为分工可以提高劳动生产率。原因是：分工能提高劳动的熟练程度；分工使每个人专门从事某项作业，节省与生产没有直接关系的时间；分工有利于发明创造和改进生产工具。绝对优势理论认为，自由贸易会引起国际分工，国际分工的基础是有利的自然禀赋，或后天的有利生产条件。它们都可以使一国在生产上和对外贸易方面处于比其他国家绝对有利的地位。如果各国都按照各自有利的生产条件进行分工和交换，将会使各国的资源、劳动力和资本得到最有效的利用，将会大大提高劳动生产率，增加物质财富。斯密的理论表明，各国获得的对外贸易利益取决于各国生产商品的绝对成本优势；一个国家出口的应是本国生产效率高的商品，进口的应是别国生产效率高的商品；交易的结果是使贸易双方都获益。因此，斯密主张解除国家对贸易的管制，包括关税征收和发放补贴。但是，斯密的观点也包含非科学的成分，有一定的局限性（夏兰，2014）。

从亚当·斯密的绝对优势理论出发，笔者认为，广大西部地区生产粮食是不划算的，因为西部多处亚热带，积温不够，加上山地多、平地少，不适合使用农业机械，从事传统的农业生产，与平原地区和土地相对较为平整的省份相比，劳动力成本比较高。在山区农民转化成农民工作进城务工之前，广大农民就是在家里从事传统的农业生产，每年所产出的粮食在解决吃饭问题后，已所剩无几，想要通过粮食生产，过上小康生活基本上是一件不可能的事情。因此，广大山地农民，就应该充分利用山地特色，发展山地特色农业，走出一条农业新路子。

兴义市超过一半的乡镇是石山半石山的地质构造，加上山高坡陡，农业产出有限，光靠传统的农业种植，基本上无法维持当地的生活水平，大多数农民选择外出打工，家里就只剩下年迈的父母和年幼的孩子。由于缺乏劳动力，很多土地都抛荒了，如果能以特色农产业带动，改变从前的种植模式，变短线投资为长线投资，变粮食生产为经济作物生产，不但抛荒的土地能够得到利用，还能为今后农村经济的发展走一条全新的道路。对于兴义市广大农村来说，目前土地流转成本较低，一些石旮旯地段基本上是零地租，这就降低了特色农业的生产成本（杨敬宇，2011）。土地流转后，农村空巢老人从传统的农业生产中解放出来，不能雇用从事特色农业生产，如栽种作物幼苗、采摘作物果实、包装加工后的产品等。由于是在家附近工作，工价都比较低，为山地特色农业的发展提供了廉价的劳动力。

（五）SWOT 分析理论

SWOT 分析法最早由美国旧金山大学管理学教授韦里克于 20 世纪 80 年代提出，SWOT 分析是指把与研究对象密切相关的各种主要优势、劣势、机会和威胁通过调查罗列出来，并按照一定的次序按照矩阵形式排列，然后运用系统分析的方法，把各种因素相匹配并加以分析的方法，从中得出一系列相应的结论或对策。通过 SWOT 分析，可以帮助各地区把农业资源和机遇聚集在自己的强项及最多机会的地方，让特色农业的发展战略变得更加明朗。

SWOT 分析法对于山地特色农业产业的选择和发展模式具有较为科学的指导作用。从兴义目前的状况来说，发展山地特色农业，有优势也有劣势，我们必须把优势和劣势摸清楚，发展我们的优势产业。从优势方面来说，兴义市有良好便捷的交通条件，有得天独厚的自然环境和一系列扶助山地特色农业发展的政策。从不利方面来说，主要是资金"瓶颈"制约、农民观念落后、地方政府服务功能不到位等方面。对于兴义市山地特色农业的优势和劣势，本书将在后面给予论述，并就如何发挥有利条件和克服不利条件提出了建议。

（六）国外医疗卫生制度

1. 美国：农村医疗卫生体制

在美国，医生是一个非常受人尊敬的职业，医生的总量是在不断增长的，在农村地区，医生的总量虽然也在增长，但医疗专业人才匮乏仍然是医疗卫生体系的一大特征。因此，如何提高农村地区的医疗卫生状况及引进医疗专业人才一直是美国联邦政府、各级政府及医学教育者重视的问题。

美国针对农村地区人民的基本医疗需求，政府通过制定政策、计划和法案来不断改善。解决农村医疗人才问题方面制定的政策主要有：制定有效的激励机制吸引医疗人才到农村服务以及对他们进行培训；加大对农村医疗服务的偿付力度。

自20世纪70年代以来，美国政府就开始着手解决农村地区医疗人才数量不足的问题，针对医疗人才欠缺，政府主要采取了以下措施：

（1）国家医疗服务合作项目。参加该项目的医疗人员需要与政府有关部门签订合同，合同签订后，这些人员在医学院的学费及培训费均由政府承担，而签订合同人员也应该按照合同的规定，在一定的时间内到政府指定的医疗人才短缺的地区服务。此项目自1970年实施以来，已经安置了1.5万多名医疗人员，直至20世纪80年代后期，新进入医疗人员短缺地区行医的初级医疗保健医生总量的1/4都是参加国家医疗服务合作项目的人员。

（2）奖金鼓励制度。美国在1989年建立了老人医疗保险激励支付项目，该项目的建立给在医疗人才短缺的地区行医的医疗人员给予了经济鼓励。在边远地区服务的医疗人员1989年所得的奖金额在5%左右，1991年则提升到了10%，迄今一直保持在这一水平。奖金鼓励制度在一定程度上对留住边远地区的医疗人才具有一定的保障性。

（3）农村培训计划。大城市的医学教育中心对第一年工作的住院医生进行培训，随后两年则转到边远地区的社区联合医院或农村家庭医生诊所实习。美国规定的家庭医生实习所在的区域中，有53个建立在农村，其中被列入农村培训计划的有31个（王志明，2000）。

美国政府的医疗卫生支出占整个社会医疗卫生支出的近1/2，美国政府虽然采取了许多政策，但农村地区医疗卫生人才短缺问题并没有从根本上得到解决。

2. 澳大利亚：农村医疗卫生服务制度

澳大利亚在医疗人才方面总体上呈现人才过剩现象。但在广大的农村地区，缺医少药和缺少医疗人才的现象普遍存在，医疗人才的分布极不合理。农村地区人口总量与医疗人员总量的比例低于国家的平均水平，医疗人才反流到城市的现象非常严重。澳大利亚实施了一系列优惠和鼓励政策，吸引更多医疗人才到农村和边远地区服务，同时留住农村地区现有的医疗人才。其中，农村地区全科医生激励项目最具有影响力,由来自联邦人类服务和卫生部、农村医生协会、各个州卫生部、其他全科医生和消费者自行组织的成员共同组成了各州专门委员会,专门来协助实施全科医生这一项目(赖小玫,2009)。同时,大力支持国家建立在农村的卫生管理机构、全科医疗管理机构;提议并且支持国家制定的土著人卫生规划;专门制订国家对农村地区医疗卫生服务的培训和教育计划;尽量为在农村地区工作的医疗人员提供最大力度的教育、培训和支持;确保国家制定的一些支持与补贴政策在农村地区及边远地区全面落实等(姚建红,2006)。

澳大利亚的农村社区医疗服务中心是农村医疗服务体制主要存在的形式,在边远地区,当地政府为了保障当地人民最基本的医疗服务,要求相关部门自行建立小型的护理中心。在较大的农村地区建立相关的急救系统,基础设施除了常见的救护车还有救护直升机,能及时把病人送往大医院抢救。

澳大利亚政府在体制的安排上充分参照了农村地区独特的医疗状况和医疗需求,对保障农民医疗卫生公平性和可及性做了巨大努力,也取得了显著的成绩。但同时,政府还需要继续关注与保障土著人的医疗水平与缩小城乡差别。

3. 日本:农村的国民健康保险制度

日本颁布的《国民健康保险法》,规定日本农村居民的医疗健康保险基金主要由国家和当地政府给予的财政补贴、参保人所缴纳的保险费用以及该项基金投资后产生的收益等几方面来提供。规定凡是参保健康保险的国民都有义务按照国家规定的年收入比例缴纳保费,同时享受健康保险带来的权利。政府会根据不同农村家庭的实际收入与资产等因素来确定每个家庭具体交纳的金额。低收入家庭可适当减免40%—60%。国家政府财政部门负担全部管理费用同时补助保险费用的1/2,这在日本是一个财政支持力度较高的项目。日本政府为了确保低收入农民也能参加国民健康保险,在农村保险费用上投入颇多,占医疗保险总费用的32%—35%。

虽然日本的各种医疗保险制度和福利都比较健全,但是,由于有些地区发展较落后,位置较偏远,因此,很少有医疗人才愿意去这些地区服务。到目前为止,日本仍有1000个左右的无医地区,当地农民就医成为一个难以解决的问题。为此,日本财政部出资建立了一所"自治医科大学",规定由财政部门承担学生在校读书期间的全部学费,毕业后须按要求到边远的农村地区服务9年,其中至少5年要在边远地区工作,服务期间按照地方公务员的待遇发放工资,这种方法专门培养了一批去农村和边远地区工作的医疗人才。毕业于自治医科大学的医疗人才队伍确实具有较高的质量。首先,学校每年招生的学生都是由各县选送的2—3名成绩优秀的学生,同时师生比例为1∶1,保证教学质量。其次,学校引进的都是先进的设施、设备,同时数量足够保证教学之需要。然后,各个县会为选送的学生提供贷款,约为每年500万日元,毕业后回乡能完成9年服务的,则贷款无须偿还(胡志,2002)。当前,自制医科大学的毕业生已遍布全国多个地区,从自治医科大学毕业的学生已有2000多人,服务期满9年的,多数已经成为全科医生(刘海波,1998)。但在服务期满后,只有不足1/10的医疗人才还愿意继续留在农村或边远地区服务,继续做全科医生,这一局面还有待政府与社会的进一步改善。

4. 古巴:"家庭医生制度"

社会主义国家古巴,虽然在经济发展水平上较为落后,但在医疗卫生发展水平上却高于我国,与美国相接近,成为世界上少有的能列于"医疗强国"之中的发展中国家。古巴在医疗卫生方面的做法是不提倡购置昂贵的医疗设备与药物,把资源与资金主要投入到对基层医疗卫生人员的雇用上面。

古巴不但注重雇用基层医疗卫生人员,而且也注重造就和培养一支医术精湛、道德高尚的医疗人才队伍,做好基层的基础预防与控制等工作。早在1960年,古巴政府就有相关法令,提倡从医学院校毕业的学生应先到农村地区获得专业实践和锻炼的机会,规定到农村地区工作至少1—2年。1984年,古巴政府就已经开始在农村地区实施家庭医生制度。规定在乡村、社区、街道要配备相当数量的家庭医生,主要负责村民的基础医疗工作,以综合诊所辖区内人口数量和分布情况的统计数据为依据,一般每个家庭医生所负责的村民数量为600—800位,有120—150个家庭。

家庭医生的住所一般被安排在诊所附近,便于村民患病时能得到及时和有效的治疗,除节假日和周末休息以外,其余大部分时间都在诊所。家庭医生主要负责对当地村民普及常见疾病的防治与治疗,不定期举办一些讲座，对当地村民进行基础医疗卫生与保健方面的宣传教育，提高村民对疾病的认知能力以及自身的预防保健能力。这种以预防为主的制度大大降低了村民"小病变大病"的概率，也相应地减少了村民的医疗费用与承受疾病折磨的程度。到20世纪90年代，家庭医生制度在古巴全国推广开来。随着家庭医生制度在全国的大力推广，大到城市、农村，小到工厂、学校以及其他工作单位都有家庭医生的存在。根据WHO的调查数据，古巴每千人拥有5.3个医生，做到了"哪里有人民，哪里就有医生"，这对提高国民整体的健康水平发挥了巨大的作用（尹伊文，2010）。

每个国家在农村医疗制度、发展路径和基层医疗人才队伍的教育培训上都有不同的特色，应该说，对河北省农村医疗人才队伍建设都有一定的启示。美国政府制定的各项政策措施及立法措施，对于改善农村医疗状况和促进医疗公平发挥了重要作用；澳大利亚的全科医生激励项目不断完善激励机制，重视对全科医生的培养；日本的全民保险制度表明树立以人为本的健康理念是卫生事业发展的原动力，自治医科大学为农村地区提供了高质量的医疗人才，这种为基层培养医学人才的理念是值得学习的；古巴的家庭医生服务于城乡的社区、乡村，为居民提供初期的、最普遍的基本医疗服务，为河北省农村的医疗卫生改革提供了成功范例。

（七）国内医疗卫生体系典例

1. 内蒙古和林格尔县：县聘乡用制度

内蒙古和林格尔县曾经也存在农村医疗人员严重缺乏的现象，针对此状况，当时政府有关部门实施了"县聘乡用"政策。2008年6月，和林格尔县在推进县域卫生改革时，利用县级医院的平台来招聘农村医疗人才。该县专门成立县卫生管理一体化办公室，对全县医务编制人员的招聘、考核等进行统一管理，为10个乡镇卫生院核定185个编制岗位。2008年8月，通过进行统一的专业考试、面试等，正式录用了8名本科生、10名专科生，共计18人。根据规定，被录用人员先在县级医院实习，实习期满两年后被派到基层乡镇卫生院服务，一般期限为3—5年，然后再由县一体化管理办公室根据个人的业务能力与工作需要统一进行分配。截至2010年10月，这18名人员都已到不同乡镇卫生院上岗。

2. 安徽：解除乡镇卫生院人才队伍的"占位性病变"

在我国，没有专业学历的人士占据了乡镇卫生院的很大一部分编制和岗位，使具备专业学历的人才无法进入对口岗位工作。"占位性病变"这一现象在基层医疗机构中普遍存在，长此以往造成了基层医疗机构的业务水平得不到提高。安徽省为了消除这一现象，在2010年9月出台了《安徽省乡镇卫生院改革试点机构编制标准》，针对基层医疗卫生体制实施了综合性改革。按照国家规定的标准，根据当地农村户籍人口总数确定基层医疗人员编制数，在控制基层医疗人员总量的前提下，安徽省规定，对所有在岗人员统一实行按岗聘用与合同聘用的管理办法。通过招聘进入岗位的人员，在工资待遇上按照事业单位的标准发放，同时纳入编制进行统一管理，对于具有中级以上医疗技术任职资格和具有执业医师资格证的人员，或在基层医疗单位工作满5年的医学类本科人才，设置"小灶"予以转向安排，将人数控制在总人数的15%以内。经过一段时间的试行，全省的乡镇卫生院竞聘上岗的总人数达4.3万人，公开选拔院长1460名，为乡镇卫生院专业医疗人才数量的增加与业务水平的发展开通了"正向通道"。同时，对非在编人员给予一定的经济补偿，采取根据实际情况推荐聘用等办法，先后共安置了2万多人，建立了非专业在岗人员退出的"逆向通道"，实际上破解了安徽省乡镇卫生院医疗人才队伍的"占位性病变"难题。

国内的经验表明，破解基层医疗人才短缺难题较成功的办法之一是建立灵活的用人机制，如"县聘乡用"、解除乡镇卫生院人才的"占位性病变"等。

（八）需求层次理论

需求层次理论是指人类的需要是分等级的，大体将需要按等级从下到上分为五等：生存需要、安全、社会需要、他人尊重和自我价值体现的需要。需要按等级攀升，只有下一级满足后，才会向上攀越。老年人口由于生理机能的衰退，生存能力下降，需要子女反哺及社会的补贴，尤其是高龄老人、患病老人和丧偶老人。

依托需求层次理论的不同层次需要的观点，笔者研究时除要考虑老年人口物质支持、身体健康外，还要考虑精神娱乐、心理健康的需求，在问卷调查中设置了老年人是否有娱乐活动等精神需要方面的问题。

（九）脱离理论

脱离理论是指随着老年人口逐步老化，与他人的人际交往减少、性质改变。这种发展是客观的也是不可避免的。人的能力与年龄增长呈负相关的关系，老人能力的下降逐渐被高竞争性的社会所淘汰，老人愿意退出岗位，让有能者居之，使社会效率最大化。

笔者在研究河北省农村人口老龄化对农业现代化进程的影响中运用脱离理论，分析本应脱离农业劳动的老年人反而因青壮年劳动力过量流失并没有脱离劳动岗位，多数低龄老人成为农业生产的主要劳动力。同时运用脱离理论分析老人离职后政府对其提供社会保障这一观点，细化了分析老年人养老保障问题。

（十）生命周期理论

莫迪利安尼重点描述了生命周期与个人消费的联系。他认为，人们总是理性地更长期计划他们的消费以使他们在整个生命周期的消费达到最优化配置。

家庭消费由家庭成员一生中的工作所得和经济储存量决定。这意味着家庭人员所处年龄阶段是家庭消费的决定性因素。我们做这样一个假设：将人的生命生涯分为少年时期、中年时期和老年时期三个不同阶段。少年阶段处于消耗时段，由于没有工作收入，没有储蓄，物质资料由父母提供支持。中年时期，具备一定文化知识水平及生存技能，开始工作，并把消费后剩余的钱储存起来，物质消耗主要用于子女供养和提供需要赡养的父母，储蓄大于消费。老年时期，由于身体素质及精力衰退，不能进行工作活动，主要处于消费阶段，经济基础由子女支持及上一阶段储蓄提供，消费大于储蓄或者没有储蓄。生命周期理论强调理智的消费者从事倾向于使生活安定稳固，往往总是导向储蓄等于消费或者大于消费。生命周期消费理论指导我们怎么平衡平常生活中进行的消费与储蓄之间的关系。

笔者用生命周期消费理论，分析河北农村老年人口的增加对社会消费结构和规模的影响。

（十一）城乡一体化理论

加拿大学者麦吉所提出的城乡一体化理论，是指要在城乡之间彼此关联的情况下达到合二为一的状态时产生的一个空间区域，麦吉称之为"灰色区域"，并提出了城乡一体化发展模式（史育龙，1998）。"城乡一体化区域"是集结了一种不完全是城市也不完全是农村的这样奇特的城乡构成要素,在特定的地域空间以及特定的高度中相互碰撞而形成的非常特殊的结构与形态。

城乡一体化的意义:一是推进城乡一体化战略,有利于消除城乡二元结构;二是城乡间生产要素的优化配置,有利于提高劳动生产率和资源利用效率,最终实现经济结构的转型升级;三是促进区域间产业互补和分工协作,有利于促进区域经济协调发展。

(十二)创新理论

1912年,美国经济学家熊彼特提出了创新理论。熊彼特认为,创新是在生产过程中产生的,生产中的创新来源于内部和成长,并不是从外界强势入驻的,反倒是从内部开始自发的一种活动(刘文静,2009)。事实上,这就是强调了创新在生产中的重要地位。

1960年,在西方新技术的飞速发展的大背景下,美国经济学家罗斯托针对创新的概念提出了"起飞"六阶段(华尔特,1971)。这意味着"技术创新"在生产中的地位变得尤为重要,而且越来越重视技术创新的质量以及含金量。

第二章 贵州省农村发展县域案例

本章研究贵州黎平县山地产品开发与精准扶贫、兴义市特色农业与农村发展和晴隆县农产品电子商务与农村发展三个方面的问题。

第一节 黎平县山地产品开发与精准扶贫

本节主要内容有黎平县山地产品保护性开发与精准扶贫现状、黎平县山地产品保护性开发与精准扶贫的耦合机理、黎平县山地产品保护性开发与精准扶贫的耦合路径。

一 黎平县山地产品保护性开发与精准扶贫现状

黎平县地处贵州省黔东南苗族侗族自治州东南面,是黔、湘、桂三省(区)交界,东南面与湖南靖州、通道县及广西三江县交界,西南面与榕江、从江县毗邻,东北与剑河、锦屏县接壤。全县国土面积4441平方千米,辖25个乡镇、403个行政村,总人口53.83万,其中少数民族人口43万,侗族人口34万,占总人口的63.16%,有"侗都"之称,是贵州省面积最大、人口最多的县份之一。全县2015年地区生产总值67.27亿元,财政总收入6.74亿元,全社会固定资产投资完成103亿元,2015年,城镇居民人均可支配收入达22676元,农民人均纯收入达6587元。

黎平县属典型的山地特征,处云贵高原向江南丘陵过渡地区,地势西北高、东南地,平均海拔695米,最高点为西北部德化乡的老山界,海拔1589米,最低点位于地坪镇井郎河口出省交界处,海拔137米,也是贵州海拔最低处。全境多山,主要有低山、中低山峡谷、低山丘陵等地貌类型,中部岩溶地貌发育,河流呈地势向东南和西南方向流出,是长江水系和珠江水系的"分水岭"。县域内属中亚热带季风湿润气候，冬不冷，夏不热，四季分明。多年平均无霜期277天，日照时数多年平均值为1317.9小时，多年平均气温15.6℃，各地平均气温变化在14.4℃—18.6℃。历年平均降水量1321.9毫米，最多年达1690.4毫米。

（一）山地产品保护性开发现状

1. 非食品类

黎平县山多地少，森林覆盖率高达74.6%，县内出产丰富的木材、中药材等林业及林下产品，一直是该县农民经济收入的重要来源。笔者通过黎平县一种重要的非食品类山地产品——中药材产业进行调研后分析其保护性开发现状。

（1）中药材产业有一定规模。黎平县"十二五"期间经过农业产业结构调整，中药材产业在该县已初显成效，逐步成为该县农业主导产业之一。全县中药材种植面积达8.5万亩，年产量约6万吨，产值近3.5亿元。种植的主要品种有茯苓、钩藤、艾纳香、米槁、白术、白及、百合、金（山）银花、铁皮石斛、八角、杜仲、厚朴等。

（2）中药材龙头企业、合作社及园区示范带动。目前，黎平县有国家级中药材龙头企业1家（黎平县森泰实业有限公司），生产的"黎平茯苓"以其质优享有盛誉，曾获外经贸部"优质产品证书"，2014年9月，这一品牌产品又获国家质检总局颁发国家地理标志产品；同时，成立了一批农民专业合作社，现全县注册农民合作社（中药材）36家，社员518户，带动农户种植中药材2万人以上；黎平县"天香谷"芳疗植物现代农业园区为贵州省"5个100"工程中省级中药材示范园区之一。

（3）中药材产业发展独具优势。第一，国家、省、州的大力支持和高度重视。《中医药健康服务发展规划（2015—2020年）》《中药材保护和发展规划（2015—2020年）》《国务院关于进一步促进贵州经济社会又好又快发展的若干意见》（国发〔2012〕2号）等的出台，中药产业发展已上升到国家发展高度，国发〔2012〕2号文件指出，"积极推进中药现代化，大力发展中成药和民族药"。贵州省委、省政府也出台了一系列规发展规划，为中药产业发展明确了目标、指明了方向。同时，黔东南州颁布的《黔东南苗族侗族自治州苗医药侗医药发展条例》，为产业发展营造了良好的发展环境，为该县中药产业发展创造了有利条件。

第二，得天独厚的生态环境优势和中药材资源。黎平森林覆盖率高，生态环境良好，地形复杂，形成类型多样气候区，加之类型众多的土壤类型，适合多种的药用植物生长。另外，全县适宜中药材种植的山地、林下资源较多，为大规模发展林下药材、形成特有的生态药园提供了广阔的发展空间。根据调查，黎平县是天然的中草药植物园，具有丰富的中药材资源优势，药用植物资源1200多种，总蕴藏量在10万吨以上。

第三，悠久的种药历史，积累了丰富的种植经验。黎平人民具有种植中药材的传统习惯，中药材野生驯化栽培已有100多年的历史。目前人工栽培的中药材就有近100种，种植基地遍布全县所有乡镇。现已发展的示范基地有5个，面积4540亩，其中，水口镇香药类示范基地1500亩、九龙钩藤示范基地1800亩、中潮铁皮石斛示范基地80亩、高屯龙子坪果药套种示范基地160亩、德凤薄洞村林下种植中药材示范基地1000亩。

第四，明显的区位优势。黎平县地处贵州省东南部，与湖南、广西接壤，是贵州省出海通道的南大门。随着黎平至洛香高速公路、黎平至三穗高速公路、贵阳至广州快速铁路建成通连和黎平机场航班加密，形成了以公路、铁路和航空为主，水路交通为辅的现代立体交通网络。特别是贵广快速铁路的开通，明显改变了全县的地缘条件，大大缩短了与珠三角、长三角的时空距离。交通运输环境的改善，对全县的中药材产业发展将大大降低运输成本，促进产品流通，提高生产效益。

第五，现有的道地品牌优势。黎平县境内现有的中草药资源十分丰富，素有"黔东南茯苓之都"的称号，这个品牌成为该县中药材产业的名片。

2. 食品类

黎平县气候温和湿润，物产丰富，大量出产稻谷、油菜、柑橘、油茶、茶叶等食品类作物、水果等，具有典型的山地特性，很多是黎平县特产或是具有产品品质优良。笔者重点对山地产品油茶，分析其保护性开发现状。

（1）油茶生产现状。黎平县是全国28个林业重点县之一，是贵州省林业大县，被国家林业局确定为全国百个重点油茶发展县之一，又是全省确定的4个油茶示范县之一,油茶面积位居全省第二。黎平县将油茶产业作为农业产业化八大产业之一进行重点发展,并作为黔东南州"6个100万"绿色生态现代农业工程重点打造。据统计,2015年,全县年油茶籽总产量8000吨,油茶产业实现总产值18000万元,受益农户达4.8万户16.2万人。

全县油茶基地总面积25.27万亩,其中:老油茶林12.3万亩,近年来新造油茶基地12.97万亩,油茶基地主要分布于敖市、高屯、罗里、肇兴、水口、龙额、地坪、洪州、中潮、德凤和雷洞11个油茶重点乡镇,面积有19.9万亩,占全县总面积的85%。油茶基地面积按生产期分为:产前期9.75万亩,初产期3.21万亩,盛产期9.6万亩,衰产期2.71亩。

(2)油茶产品科技创新与品牌创建情况。近年来,新建油茶基地均为外地引进的长林、湘林系列17个优良品种,为弥补本地没有油茶良种的不足,该县自2008年开始在全县范围内开展选优工作,共选出油茶优树品种300多个,其中,黎平2号、黎平3号、黎平4号和黎平7号4个品种通过贵州省林木品种审定委员会认定,作为林木良种推广使用。目前正在申报黎平大米、黎平雀舌和黎平山茶油三个地理标志,力争打造黎平特色品牌——"黎平山茶油",并向优势品牌、知名品牌迈进。

(3)油茶加工情况。目前,黎平县共有上规模的油脂加工厂3家,其中:省级扶贫龙头企业2家,州级龙头企业1家,年加工能力9300吨。同时黎平县侗乡米业有限公司也有一条油茶生产线,油茶重点乡镇还有油茶加工小作坊80多处,油茶专业合作社10家。先后培育出"侗乡茶油"、贵香源山茶油、贵香源清香菜籽油、贵香源食用调和油、一级大豆油、贵香源玉米胚芽油、黔金果山茶油系列、金贵菜籽油系列等粮油产品,形成了一定的市场规模,打出了品牌效应。油脂加工企业还注重与生产农户的结合,黎平县霞宇油脂公司坚持以市场为导向、以企业为龙头、以基地为依托、农户为载体的产业化经营模式,致力于基地粮油开发,千亩以上油茶林基地3个,联系农户400多户,形成了生产—加工—销售的有效衔接。

3. 服务类

黎平县境民族文化丰富多彩,侗族大歌、侗族鼓励、风雨桥堪称侗族文化的杰出代表，蜚声海内外。2003年，县人民政府为侗族大歌申请商标注册，并申报世界非物质文化遗产。黎平县最重要的服务业就是旅游业，也是基于侗族民族文化的民族旅游正成为该县发展的又一增长极。以下就黎平县最大的服务业——旅游业进行调研、分析。

(1) 打造乡村旅游产品，实现旅游就业增收。随着厦蓉高速、贵广高铁的开通，近两年来，国内旅游团队和自驾游游客开始大量涌入。黎平县把握新形势，先后制定了文化旅游产业率先突破的目标，并明确以"一切围绕旅游，一切为了旅游"的发展思路，围绕旅游接待能力和服务质量，集中对肇兴、翘街、八舟河景区等核心景区进行建设打造，完善交通设施和旅游接待服务设施，提高整体接待能力与服务质量。在旅游建设发展工作中，坚持侗族文化主题，启动了"百里侗寨"精品旅游线路建设，以肇兴景区为门户，集合堂安、黄岗、四寨、三龙、铜关、述洞、地扪等传统村落的民族文化资源，以及沿线山地风光资源，打造一条集侗族村寨风貌、侗族文化风情、山地风貌观光于一体的侗族文化主题式山地体验旅游线路，建设完善沿线各村寨的基础设施和旅游服务设施，带动肇兴沿线6个乡镇贫困村寨的乡村旅游扶贫发展工作。一是肇兴景区旅游业带动发展酒店、宾馆88家，特色民居接待140家，餐饮店46家，旅行社6家，民族表演队6个，电商1家，刺绣、靛染作坊289家，截至2016年上半年，已解决群众就近就业1850多人，其中解决贫困人口就业的632人。二是百里侗寨精品旅线路目前已发展有客栈16家，旅游业和生态农业企业4家，带动460多人从事手工工艺生产、380多户从事生态农业商品生产、1270多人从事旅游接待和文艺表演，截至2016年上半年，带动群众增收人均达580元，共有120户420人通过发展旅游业实现脱贫。

(2) 旅游设施建设加快，旅游接待条件逐步完善。一是开展"全省100个旅游景区"建设，2016年肇兴景区计划建设项目14个、翘街景区计划建设项目7个、天香谷景区计划建设项目10个，计划总投资2.8亿元，目前共实施在建项目16个，累计完成投资0.8亿元，完善重点景区及周边旅游村寨点的基础设施及配套服务设施，改善群众生产生活条件。二是继续推进肇兴景区为门户的"百里侗寨"精品旅游线路建设，2016年计划建设项目62个，计划总投资2500万元，目前累计完成项目总投资1020万元，推进沿线村寨的环境整治，完善重点村寨的"水、电、路、通信、房、消防、厕所、环保"等基础设施建设。三是推进旅游公厕改革，2016年，实施旅游公厕建设项目14个，总蹲位174个，建筑面积610平方米，覆盖八舟河景区、百里侗寨沿线重点村寨，计划总投资360万元，目前累计完成投资150万元。

（3）民族文化活动丰富，带动乡村旅游接待。一是继续举办第一、第二、第三、第四届黎平县乡村旅游节，宣传推出一批重点旅游村寨，打响乡村旅游品牌，推动当地的乡村旅游发展。二是组织举办一年一度的肇兴"谷雨节"、四寨"摔跤节"等民间传统节庆活动，借助黎平特有的民族风情体验游的优势，提升对外旅游形象的知名度。三是以举办的第六届中国黎平侗文化旅游节、第三届黔东州旅游产业发展大会等节会活动为契机，加大宣传力度制造旅游热点，吸引游客前来黎平观光体验民族风情，带动各旅游村寨的乡村旅游加快发展。

（二）精准扶贫现状

1. 精准扶贫的基本成效

黎平县是国家级贫困县和革命老区县。1992年被列为省级贫困县，1994—2000年被列为国家"八七扶贫攻坚"县，2001—2010年又被列为国家"新阶段扶贫开发"重点县，2011年再次被列为国家"滇桂黔"石漠化特殊困难地区县，2012年该县被列为全省10个发展困难县。"十三五"期间，尚有9个贫困乡镇，占乡镇总数的36%；194个贫困村，占行政村总数的48.14%；9.12万贫困人口，贫困发生率为18.35%。

"十二五"以来，在国家的大力扶持和各级各部门的帮助和参与下，黎平县以增加农民收入、减少农村贫困人口为重点，进一步加大扶贫开发力度，扶贫事业取得新成就：贫困乡村的基础设施明显改善；贫困乡村的文化、教育、卫生、社保等社会事业得到较快发展；农村普遍性的极端贫困状态已成为历史。

2014年年底，全县25个乡镇（街道），403个行政村，总人口53.83万。尚有扶贫开发重点乡镇14个占全县乡镇总数的56%，其中，一类1个，二类11个，三类2个。贫困村249个，占全县行政村总数的61.8%，其中，一类重点村115个，二类重点村70个，三类重点村64个。贫困户33843户120165人，其中，一般贫困户15580户63148人；低保贫困户7545户30078人；低保户8617户24427人；"五保户"

2101户2512人，贫困发生率为24.5%。贫困人口数量和贫困面均居全州第一。

"十二五"期间，通过五年的努力和扎实工作，全县贫困乡镇从2011年的20个减少到2015年年末的9个，11个贫困乡镇实现省标"摘帽"，贫困乡镇发生率从80%下降到36%；249个贫困村减少到2015年年末的194个，55个贫困村实现省标"退出"，贫困村发生率从61.79%下降到48.14%；23.55万贫困人口减少到2015年年末的9.12万人，减少贫困人口14.43万，超额完成既定目标，贫困发生率从47.38%下降到18.35%，降低29个百分点。全县农民人均纯收入从2011年的3849元增长到2015年的6587元，年均增长为23.48%。

由表2-1可以看出，"十二五"期间，黎平县不断加大扶贫开发力度，投入的财政专项扶贫资金每年都在3000万元以上，以"两茶一药"为重点的特色产业新建面积分别达到30836亩、47184亩、52793亩、30607亩、39574亩，山地产品开发取得一定成效，农村居民可支配收入由2011年的3849元上升到2015年的6587元。

表2-1　　　　黎平县"十二五"期间扶贫开发成果

年份		2011	2012	2013	2014	2015
财政专项扶贫资金投入（万元）		5079.6	4347.1	3160.3	3795.5	8568
"两茶一药"等产业新建面积（亩）	茶叶	2150	5650	2000	—	1000
	油茶	13036	8554	5443	10187	14474
	中药材	8150	10480	16850	20420	24100
	核桃	7500	22500	28500	—	—
农村居民可支配收入（元）		3849	4484	5223	5945	6587
贫困人口减少（人）		—	—	3.1	2.23	2.15

资料来源：黎平县扶贫办：《"十二五"扶贫开发总结、石漠化片区（黎平县）脱贫攻坚工作情况汇报》。

以时间（年份）作自变量、农村居民可支配收入为因变量，进行回归拟合，得到如表2-2所示的结果。

表2-2 黎平县"十二五"期间农村居民可支配收入增长趋势

序号	回归方程	趋势	R^2 值
1	$Y = 3410.4e^{0.1357X}$	指数	0.9937
2	$Y = 693.7X + 3136.5$	线性	0.9993
3	$Y = 1677.4\ln(X) + 3611.5$	对数	0.9439
4	$Y = -0.2143X^2 + 694.99X + 3135$	多项式	0.9993
5	$Y = 3721.4X^{0.3339}$	幂	0.9725

资料来源:黎平县扶贫办《"十二五"扶贫开发总结》。

可见,黎平县"十二五"期间农村居民可支配收入几乎呈现出线性增长趋势。

2. 精准扶贫的主要困境

(1) 脱贫任务重,资金投入总量小。扶贫攻坚最关键的是资金支撑和政策扶持,最有效的办法是资金的整合利用。黎平县镇村发展资金严重不足,导致扶贫开发的步伐不够快。例如,近三年黎平县到位专项扶贫资金:2013年3160.3万元,年度减贫人口3.1万,人均享有扶贫资金1019元;2014年3795.5万元,年度减贫人口2.23万,人均享有扶贫资金1702元;2015年8568万元,年度减贫人口2.15万,人均享有扶贫资金3985元。

(2) 贫困人口返贫率高。由于贫困乡村的农业基础差,黎平县财力薄弱,难以整合资金,基础设施建设滞后。而且粮食生产在很大程度上是"靠天吃饭"的,农民自我积累少,加之绝大多数村寨的民居住房为木质结构,而且消防设施落后,抗灾能力弱,一旦遭灾遇病,已越过温饱线的低收入户又重返贫困之列,呈现出贫困人口"大出大进"的特点。

(3) 发展保障差,基础设施落后。"要想富,先修路",道路特别是产业路是制约黎平县产业发展的"瓶颈",交通建设历史欠账多,公路技术等级相对较低,断头路多,通路不通车的问题比较突出;水利基础设施落后,边远地区村寨饮水安全问题仍然存在,农业"靠天吃饭"问题未得到根本解决;电力规划滞后,边远地区安全用电保障脆弱;城镇基础设施功能不完善,城市道路、公厕、停车场、排污、供水、垃圾处理等问题未得到妥善解决；农村基础设施建设滞后，部分地区生产生活条件还极差。

（4）产业发展"三变"模式还没有充分激活。没有产业支撑，脱贫就是无源之水，不会长久、不可持续。全国上下鼓励推广六盘水"三变"模式，这种模式可以破解各地在扶贫开发中面临的诸多问题，比如，通过企业（合作社）可以破解贫困农户思路不清、技术"短板"、资源分散、分析市场风险等问题。

2016年2月22日，贵州省扶贫开发办公室、贵州省财政厅、贵州省审计厅、贵州省监察厅四家单位共同出台《关于改革创新财政专项扶贫资金管理的指导意见》（黔扶通〔2016〕9号），要求使用县资金不低于30%用于探索资源变股权、资金变股金、农民变股民"三变改革"。而黎平县在产业发展模式中，还未凸显具有影响力和有代表性的"三变改革"。

（5）宣传的潜能未能充分发挥。宣传方式未能多样化，宣传力量也未能充分调动起来，对国家扶贫攻坚政策、扶贫攻坚帮扶部门工作开展你追我赶的劲头没有有效宣传开来，这样，造成国家政策不畅通，群众知晓率低；同时，全县上下的工作氛围没有调动起来。

二 黎平县山地产品保护性开发与精准扶贫的耦合机理

（一）山地产品保护性开发对精准扶贫的作用

1. 山地产品保护性开发是区域可持续发展的内在要求

随着人口的不断增长和城乡建设的发展，人多地少的矛盾日趋尖锐，开发山地资源势在必行。在提倡开发山地资源的同时，应以开发结合治理、保护，寓治理、保护于开发之中，充分利用山地资源开发的多层次、多功能的特点，提高土地生产率，以期达到发展商品经济、增强农业后劲，为经济落后的山区开辟一条致富的道路（潘时常，2011）。

山地产品作为特有或稀缺产品，也存在位置固定性、面积的有限性和不可替代性，对山地产品的过度开发最终会导致产品退化，资源环境被破坏，从而加剧贫困的恶性循环。对山地产品保护性开发要引起足够的重视，各地对山地产品保护性开发应列入扶贫开发规划中。

黎平县出台了一系列山地资源的保护措施，一是加强野生资源和道地药材保护。开展濒危药材资源调查和保护，建立野生药材资源保护区和良种保育繁育区。采用"林场+药场+农户"等模式，在太平山、弄相山、老山界等自然保护区、湿地公园区建立野生药材资源保护基地，对名贵珍稀药材进行资源保护。同时加强野生道地药材提纯复壮，实施道地药材栽培和人工驯化，培育优良品种，建立名贵珍稀植物药材种源培育繁育区。二是大力推广林下种植药材。黎平县林下野生中药材十分丰富，据不完全统计，在国家 29 种珍稀药用植物中，黎平就有 5 种，其他野生药材更多。充分利用该县独特的优势，坚持走保护与开发之路，大力发展林下药材种植，保育繁育珍稀道地药材，建设中药材特色基地，开辟农民增收渠道。三是利用县国有林场资源，采取林（果）药结合、木本草本结合、林旅结合的方式，建设药用植物园、特色药材科普园、旅游养身观光园，走林果、林药、林旅结合的特色发展之路。

2. 山地产品合理开发是精准扶贫的有效途径

山地生态系统资源具有特殊性，其生产开发潜力有限，故山地的人口承载能力也较低。这是山区与平原区社会经济发展基础不大的根本原因。随着社会经济的发展和城市化的进程，合理开发山地资源，是广大山区脱贫奔小康的根本出路，更是一些资源贫乏山区脱贫的唯一出路（张耀华，2013）。

例如，贵州六盘水扬长避短、挖掘潜力，立足于自身资源优势，在山地产品合理开发上积累先进经验。以"3155 工程"作为推进农业转型发展、建设喀斯特山区特色农业示范区的重要抓手，一是围绕"三线六带"抓好产业布局。打造"八百里长廊，百万亩产业"示范带，建设环境优美、产业丰盈、富有特色的绿色生态走廊。二是围绕"三品"提升发展水平。着力打造凉都圣果、凉都红豆杉、凉都春芽、凉都核桃、凉都刺梨、凉都红樱桃等特色农产品品牌。三是强化保障增强发展后劲。整合全市现有育苗基地和企业，合理布局特色优势产业良种繁育体系和苗木繁育基地，重点加强猕猴桃、茶叶、刺梨等产业苗木繁育基地建设，逐步提高"3155 工程"苗木自给率。六盘水市猕猴桃、刺梨、核桃、红豆杉等特色产业发展取得了明显成效。为实现减少农村贫困人口 12 万，实现 9 个贫困乡镇"减贫摘帽"和 50 个贫困村"整村推进"，贫困人口发生率降低到 17% 以下的目标提供产业保障。"他山之石，可以攻玉"，这样的成功经验可为黎平县提供借鉴。

在山地产品的合理开发上，黎平县做了积极探索。该县在《关于加快中药材产业发展的实施意见》中提出，以加快转变农业发展方式为契机，把中药材民族药材产业培育成为农民增收致富的主要产业、县域山地特色经济的支柱产业和黎平大健康产业的重要增长点，为全面建成小康社会，推进健康黎平做出贡献。

主要目标是按"主抓三大规模基地、主打三个品种、支持特色基地、打造珍稀道地品种"的发展思路，将中药材、民族药材产业融入大健康产业之中，力争在品种的选育、种植示范、产品加工、市场营销以及基地的规范化、标准化建设上取得突破。2017年之前，主要开展中药材、民族药材优良品种的选育试验、种植示范、产品的初级加工以及市场营销体系的培育；2018—2019年，规模基地和主要品种格局形成，中药材、民族药材各产业链的规范化、标准化建设步伐进一步加快；到2020年，力争建成中药材种植基地面积15万亩以上，符合GAP标准种植的中药材面积达到2万亩以上；中药材、民族药材道地品牌建设1个以上；培育和发展省级生产加工龙头企业2家以上、州级龙头企业4家以上；实现药品经营质量规范（GSP）营销企业3家、食品质量安全（QS）生产企业10家以上；在黎平建成全省区域性中药材产地交易市场1个，基地季节性简易交易市场5—8个；中药材、民族药材从业人员突破5万人，人均年收入8000元以上；力争中药材、民族药材各产业链总产值达100亿元。

（二）精准扶贫对山地产品保护性开发的作用

1. 贫困与资源破坏互为因果

联合国环境规划署定义的资源是指在一定时间和技术条件下能够产生经济价值、提高人力当前和未来福利的自然环境因素的总称。资源的现实优势：只要进行少量投资和短时期的经营，就能转换为商品优势，产生经济效益。近期优势：具有资源优势，经过一定数量的投资和5—7年的经营后，可以转化为商品优势，产生可观经济效益。潜在优势：具有丰富的可利用的资源，但需要进行大量的投资和长期的经营，才能转换为商品优势，产生经济效益。

贫困地区，虽然在相当多的区域内资源丰富，资源开发的可供量和拥有量大，但是，由于其自然环境恶劣，交通不便，信息闭塞，导致开发的难度大。加之，资金短缺，社会环境不利以及科技水平较差，决定了资源开发只能采取低层次、粗放式的平面复垦，而低层次、粗放式的平面复垦又必然使资源可供量减少、交通运输困难。但为了生存，又必然采取低层次、粗放式的开发形式，依次循环，从而使贫困地区的资源开发始终呈现出恶性循环。

由图 2-1 可以看出，资源的破坏加速了农民的贫困，两者互为因果关系。

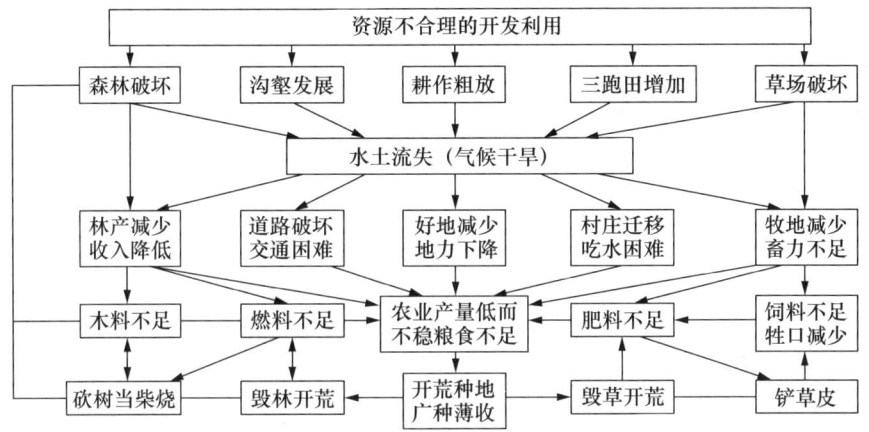

```
                    资源不合理的开发利用
    ┌─────┬─────┬─────┬─────┬─────┐
  森林破坏  沟壑发展  耕作粗放  三跑田增加  草场破坏
    │       │       │       │       │
    └───────┴───→水土流失（气候干旱）←──┴───────┘
    ┌─────┬─────┬─────┬─────┐
  林产减少  道路破坏  好地减少  村庄迁移  牧地减少
  收入降低  交通困难  地力下降  吃水困难  畜力不足
    │       │       │       │       │
  木料不足  燃料不足  农业产量低而  肥料不足  饲料不足
                    不稳粮食不足          牲口减少
    │       │       │       │       │
  砍树当柴烧 毁林开荒  开荒种地  毁草开荒  铲草皮
                    广种薄收
```

❖ 从上面可以看出，贫困地区由于采取了低层次粗放式的开发方式，引起了一系列不良后果。主要表现在：①生态环境破坏。②水土流失严害。③自然灾害频繁。

图 2-1 贫困地区经济运行特点

资料来源：https://wenku.baidu.com/view/2be604ece009581b6bd9ebad.html。

个别地区重造轻管和造而不管的现象相当突出，加上责、权、利不明，导致造林后的管护措施跟不上、林地管理力度不大等现象，造成部分地块一度荒芜；主要是国土整治的部分土地，用于种植油茶后，因土地整治实施人和油茶管理人在实施过程中因责、权、利不明，油茶地存在一度荒芜的现象。

2. 精准扶贫是保护山地产品资源的关键

习近平总书记强调：精准扶贫就是要结合当地的实际情况，把握好当地的综合态势，找到当地发展致富的"命脉"，遵循客观规律，将扶贫资金、资源用在该"使力"的点上，用在真正能为民带来增收的产业、实业上，走出一条符合当地文化、环境背景的特色致富路。

黎平县利用油茶发展农业产业，在以油茶产业带动贫困农户增收致富上进行积极探索，取得初步成效。

（1）侗族群众喜爱油茶。油茶是黎平县特色山地产品，也是该县主要的一项传统产业，栽培历史悠久。当地群众对油茶种植热爱程度高于其他经济树种，对油茶管理积累有丰富的经验。油茶也是该县林业生态发展的主要造林树种，作为植被恢复主要的树种，也发挥着推动林业产业发展的重要作用。油茶是该县的传统产业，是当地群众主要食用油来源之一。史料记载："侗家人户户都栽有油茶，面积大的达几十亩，少则三五亩油山，确保家庭日常生活食用，到现在很多乡镇仍保存着很多油茶。"油茶不仅满足了侗族人日常食用所需，还成为重要的经济来源。据统计，不算外出务工收入，仅油茶一项收入就占油茶种植户家庭收入的30%以上。

（2）种植技术简单，可示范带动发展。目前，该县通过建立示范样板，起到了积极的推动作用，经济效益逐年提高。高屯镇小里村原建示范林110亩，联合种植，分户经营模式，从2008年以来，连年收益，效益逐年提高，每户平均5亩，户均收入接近1万元。高屯镇八舟村吴厚元（镇林业站职工），带领几户村民承包组里荒山200亩，2016年收入达到13万元。高屯镇绞便村徐绍勇承包经营油茶林，开始产生经济效益，农民在土地承包收入中每年每亩120元，户均收入2000元。解决土地方的就业，公司支付劳务费用近30万元。德凤镇民胜村陈祖林承包村里的土地140亩种植油茶，2014年开始产生效益，收入达到6万元，2016年油茶及林下养殖收入翻一番，达到13万元。

从上述实例中，群众看到油茶发展希望，高屯镇八舟村已建有油茶林500多亩，2016年全村都要种上油茶树，计划再种500亩，达到千亩油茶村。水口镇美嫩村原来种有油茶500多亩，2016年计划再种200亩。

3. 全面脱贫是山地产品保护性开发的根本目标

习近平总书记曾强调：消除贫困，改善民生，实现共同富裕，是社会主义的本质要求。深入推进扶贫开发，帮助困难群众特别是革命老区、贫困山区困难群众早日脱贫致富，到2020年稳定实现扶贫对象不愁吃、不愁穿，保障其义务教育、基本医疗、住房，是中央确定的目标。发展是甩掉"贫困帽子"的总办法，贫困地区要从实际出发，因地制宜，把种什么、养什么、从哪里增收想明白，帮助乡亲们寻找脱贫致富的好路子。

时任贵州省省长孙志刚表示："贵州是中国脱贫攻坚的主战场。通过发展山地旅游，包括贫困群众脱贫致富，符合生态优先、绿色发展的理念，是精准扶贫的有效途径。"根据贵州省规划，到2020年，将建成100个省级旅游扶贫示范区、1000个以上山地旅游扶贫重点村、10000个以上山地旅游扶贫示范户，吸纳农村贫困家庭劳动力就业50万人以上，带动100万以上贫困人口脱贫。

因此，山地地区"贫困帽子"要想摘、如何摘，关键靠发展，关键靠山地产品的保护与开发，让山地产品充分发挥其商品价值，成为贫困农民的"钱袋子"。"山绿了、水清了、人富了"，山地产品保护性开发的根本目标和最终归属就是贫困户的全面脱贫。

三　黎平县山地产品保护性开发与精准扶贫的耦合路径

（一）挖掘山地产品优势，形成市场化，促进规模化

黎平县各地在扶贫开发中，充分利用山地资源优势，探索山地产品开发带动贫困农户发展的新模式。

1. 茅贡镇发展林芝产业，促进贫困户增收

灵芝又称林中灵，以林中生长的为最佳，药效最高，主要生长在较湿润的地方，是典型的黎平县山地中药材之一。茅贡镇额洞村创业能手石锦兵到省外长期学习引进新型产业，每亩投入5万—6万元，发展中药材林芝种植3亩，三年可收成采摘，预计亩产年均经济收入15万—20万元。2016年9月灵芝长势良好，每朵大红灵芝能卖1000元左右，可带动10户劳动力就业，有效地促进贫困户增收。茅贡镇额洞村成功发展灵芝产业，壮大了村集体经济，带动了周边村寨经济发展，贫困群众增收，为侗寨打造发展机遇，为产业探索成功之路。

2. 双江镇合作社念起"山"字经

双江镇岑和村借扶贫政策的东风，利用"特惠贷"政策资金，成立了黎平县岑和山地农牧专业合作社，充分利用岑和山地资源优势，以牛羊养殖为重点，结合水稻蔬菜种植，发展种养殖业结合，打造"一村一品"，实现脱贫致富奔小康的目标，带动社员户27户，其中贫困户20户。目前，合作社的建设正加大进度，充分念好"山"字经，化没有产业支撑的山地为宝，走在山地产品保护发展的最前沿。

3. 高屯街道"三变"模式推动农业产业发展

高屯街道八舟社区的亮江河种养殖农民专业合作社里,八舟社区自从流转土地成立合作社以来,合作社不仅在种植香莲上取得了收益,而且还带动了当地旅游业的有效发展。如今,该社区采取"党建+公司+合作社+精准贫困户+农户"的经营模式,种植了铁皮石斛。高屯社区,由县志全农业开发有限公司建设管理的排罗田坝香莲(水产)立体农业示范基地,通过整合多部门扶贫资金,也采用"党建+公司+合作社+精准贫困户+农户"的经营模式,深入"三变"改革模式,极大地调动了农民的参与积极性,解决了当地农户就业难问题。目前,全街道发展成各类合作社、家庭农场等农民经济组织86个,有近2万亩土地资源变成股权,200多万元财政扶贫资金变成股金,300多户农户变成股东,带动入股贫困户人均增收1120元。

高屯街道采取的"党建+公司+合作社+精准贫困户+农户"的经营模式,积极探索资金变股金、资源变股权、农民变股民的"三变"改革模式,通过合作社,利用村集体林地,带动贫困农户林下种植仿野生石斛,利益分配到户,大胆创新,成功地改变了以前日出而作、日落而息、单打独斗的耕种模式,有效地推动农业产业的调整和发展,为山地产品保护、开发和脱贫攻坚走出成功之路。

4. 水口镇探索"美丽乡村旅居"旅游新模式

水口镇滚正村"互联网+民宿"以农户民居改造为主体进行,通过"互联网+"的模式,利用"互联网+民宿"推介休闲旅游模式,实现就地创收。并将通过旅游业发展带动周边贫困农户找到向第三产业过渡的增收途径。目前,该村已实现3户民宿接待功能,2户即将建成,1户也正在建设改造中,2016年年底实现20户以上"互联网+民宿"建设。同时,滚正村依托民宿旅游和农村电商,进行有机大米和春茶等生产和销售,网上销售生态有机大米万余斤,春茶销售300斤,产值15万元,在现代城市化、商业化进程中走出了"互联网+民宿"电商销售新模式。

(二)加大招商引资力度,打出产业扶贫"组合拳"

1. 招商引进重点项目落地

黎平县围绕"大扶贫、大健康、大投资、大城镇、大开放"战略,充分利用文化旅游、有机生态农业、中医药、养生养老和特色健康五大特色产业不断开展招商引资活动。"十二五"期间，累计引进招商引资项目90个，到位资金193.8亿元。2016年1—9月，黎平县累计完成省外到位资金34.55亿元（含续建项目），引进项目34个，签约资金58.12亿元；新开工项目34个，新引进项目到位资金28.83亿元，履约率100%，开工率100%，资金到位率49.6%；新增投产项目13个。组织或参加各类推介会、大数据峰会、绿博会等专题招商活动18次，签约项目25个（含意向协议），签约资金155.2亿元，重点对接华润、港中旅、温氏、贝尔信、尊龙、中化七建、中交上航局公司等500强企业及优强民营企业115家，成功地引进贵州风电场监控中心、温氏养猪、航空小镇、百里侗寨、侗族博物馆等一批重点项目落地。

2. 农文旅一体化，助推"园区"脱贫攻坚

黎平县在产业助推脱贫攻坚上，植入山地农业和文化旅游融合发展理念，按照"四季有花、花果飘香"的思路，紧紧依托现代农业园区，突出"两茶一药一蔬"主导产业，实施"人均1亩油茶，1亩药材"行动计划，加快山地高效农业发展，推动"五个一批、六个精准"脱贫。依托各自独特的区位优势、便利的交通条件和生态文化等资源禀赋优势，将园区打造成为"农文旅"融合发展的综合示范园。

目前，已建成以高屯农业园区和天香谷农业园区为代表的省级园区4个、县级园区8个，逐步形成"乡乡有园区、村村有示范"的目标。现园区引领作用充分彰显，基地示范带动作用进一步发挥。

（1）高屯农业扶贫园区。黎平高屯现代农业园区已经建成16000亩的茶叶产业基地、8000亩的油茶产业基地、5000亩的香莲水产及蔬菜基地、500亩的蓝莓基地、万头生猪养殖场、林下养鸡5万羽等主要产业基地。目前，园区企业有29家，其中省级龙头企业3家，州级龙头企业7家，农民专业合作社4家，家庭农场2个，专业种养大户13家；2015年园区实现总产值突破2亿元。直接带动2万人口脱贫致富，辐射带动3万群众实现脱贫目标。

（2）黎美薄壳山核桃生态农业扶贫园区。黎平县黎美薄壳山核桃生态农业示范园主要建设目标是将园区打造成为西南三省乃至全国重要的薄壳山核桃科技文化展示园、西南喀斯特岩溶地区优质高效薄壳山核桃生产示范基地、贵州省薄壳山核桃加工销售集散地。将农业科技和民族文化有机结合，打造成为集产、供、销、加工、观光、休闲于一体的

产业园。园区目前核心区已建成核桃基地6000亩，基础设施配套建设均已完成，带动全县近8000户3.2万贫困农户发展核桃产业。

（3）"天香谷"现代农业扶贫产业园区。黎平天香谷芳疗植物现代农业示范园"一核带"总规划面积约6万亩，覆盖黎平县南江河流域的水口镇、龙额镇，辐射拓展带动地坪乡、雷洞乡、肇兴乡和四寨、黄岗、八舟、太平山等10个芳疗植物种植点。其中，"一核"位于厦蓉高速水口出口的水口镇河口村，为产业聚集区，核心区总面积2000亩，拓展种植区规划面积5万亩。发展带动周边群众发展致富，园区农户人均收入达9080元以上，带动5000农户脱贫致富。

（4）香莲水产综合生态农业扶贫园区。园区规划面积6.7万亩，其中，核心面积1.7万亩，辐射带动周边村寨及中潮镇香莲基地建设5万亩。园区已建成香莲基地1000亩，带动周边群众发展2000亩，实现产值1200万元，带动群众5000人，实现园区范围内的贫困人口脱贫致富。

3. 乡村旅游扶贫新模式

时任国家旅游局局长李金早表示，在"十三五"期间，通过旅游要使1200万—1400万贫困户脱贫，也就是说，旅游这种渠道的脱贫占整个扶贫任务的17%—20%。

时任国务院扶贫办副主任欧青平说："旅游扶贫是精准扶贫方略的重要内容，中国政府历来高度重视，提倡让绿水青山变金山银山，带动贫困人口增收。"中国70%以上的景区都分布在广大的贫困地区，当地村民应享受到旅游发展的"红利"。乡村旅游扶贫，要把周边贫困村纳入景区的统一规划、统一建设、统一营销，精准发力。

黎平县通过借助优美的自然环境、浓厚的民族文化资源，打造"全域旅游"，走绿色扶贫新途径。

（1）打造以肇兴为龙头的4A级景区群促进乡村旅游业态的快速发展。带动发展酒店、宾馆88家，特色民居接待140家，饭店46家，旅行社6家，民族表演队6个，电商1家，刺绣、靛染作坊289家，微型企业15家，快递物流和个体客运110多个，解决就业1500多人，其中贫困人口864人，农民家庭平均收入由种田人均2000元左右增加到人均年收入2万多元。同时，村寨中还有300多人专门从事侗布生产，每年生产侗布3万多匹，仅侗族服装店就有9家，每人年均收入达到5万多元；以绣娘坊为平台，通过"公司（合作社）+农户+电商"的经营模式，支持鼓励肇兴侗品源传统工艺农民专业合作社等3家企业研发创意旅游商品，提升产品附加值，带动周边群众就业410多人，其中，贫困人口265人，人均年收入达1万多元。此外，村里还有蔬菜种植专业户28个，林下土鸡养殖专业户4个，生猪养殖专业户5个，本地山羊黄牛专业户19个，这些种养殖户的人均收入都在1.2万元左右。旅游扶贫成为带动性、参与性最为广泛的扶贫方式，真正让贫困群众在参与过程中走出"等、靠、要"越扶越贫的怪圈，并在脱贫致富中不断增强了幸福感和侗民族自尊自强的意识。

（2）建设百里侗寨线路促进辐射带贫困户脱贫。"百里侗寨踏歌行"精品旅游线路是以肇兴景区为门户，以肇兴—堂安—天香谷—滚正—四寨—黄岗—蒲洞—铜关—述洞—地扪—黎平县城为主轴，辐射沿线周围其他32个传统村落的一条县内侗族风情体验游的旅游线路。该线路作为侗族大歌主要流传区，中国传统村落聚焦区和侗族传统文化核心保留区，是依托侗文化资源和传统村落大力发展旅游产业及生态农业的试验田，也是旅游扶贫的主战场。按"示范引领，梯度推进"的方法，依照不同村寨的侗族文化，结合旅游供给侧改革，开发出不同的旅游产品，以乡村旅游为重点，以群众增收为落脚点，打造成文化体验型休闲度假型精品旅游线路。2015年年初正式启动后，首先以黄岗、四寨、铜关等8个村寨为示范，围绕"村庄亮丽、设施提升、文化保育、产业发展"四大工程全面推进，已完成投入1.2亿元，先后有5个村寨正式开发，建成客栈16家，旅游业和生态农业企业4家，带动460多人从事手工工艺生产，380多户从事生态农业商品生产，1270人从事旅游接待和文艺表演。2015年，百里侗寨精品旅游线路接待游客13万人，综合收入1.17亿元，共有120户420人通过发展旅游产业实现脱贫。

（三）保护开发并举，促进全面、可持续发展

1. 科学规划，合理布局，做大做强"两茶一药"产业

（1）根据黎平的自然地理条件，结合资源优势和产业基础，及时进行产业发展谋划、规划，搞好产业发展布局。继续以全域旅游示范区和建设侗乡大健康产业示范区为契机，着力做好文化旅游和山地农业两篇大文章。

（2）制定项目整合建设的具体办法和措施，保障项目建设的可操作性，确保产业建设持续、有序推进。加强产业发展项目库的储备和申报，积极争取上级项目支持，确保产业建设有支撑坚持。

（3）以农民增收为核心，把产业发展摆在扶贫开发工作的首要位置，引导和扶持贫困乡村发展特色经济，变特色优势为特色经济、变资源优势为经济优势，按照"抓大不放小"的扶贫原则，继续做大做强"两茶一药"产业，并因地制宜地发展"果、药、蔬、牧"特色产业，实现贫困乡村扶贫产业的全覆盖。

黎平县以"两茶一药"产业为重点，2011—2015年，新建优质茶园9万多亩，油茶基地10万多亩，中药材种植5万亩，使全县的茶园面积由2011年的18万亩增加到27万亩，油茶基地面积由2011年的20万亩增加到30万亩，中药材种植由2011年的3万亩增加到8万亩，"两茶"种植面积均为全州第一位。

2. 保护自然资源，发展林下经济，培育优势品牌

（1）重视宝贵的天然林资源，限制开发次生林，控制人工林采伐，保持全县较高的森林覆盖率。重点保护"两山"、二望坡等重点山区植被资源，打造黎平国家森林公园、黎平八舟河国家湿地公园，建设东风林场景区、太平山景区、平甫侗寨景区、八舟河湿地公园景区。

（2）全方位开发林下经济。充分利用黎平县优良的自然气候条件，大力发展林草、林药、林茶、林菌等林下种植，开展林畜、林禽等林下养殖，通过对森林的复合经营，提高林地利用率和经济效益。林下种植重点发展青钱柳、铁皮石斛、三叶青、食用菌、天麻、三叶木通等，林下养殖重点发展竹鼠、土鸡等。同时，按照"规模发展、集约经营、标准化生产"的要求，着力抓好林下产业示范化建设，不断推进种养殖基地生态化、规模化。充分发挥区域独特优势，坚持因地制宜、分类指导、规模化发展。

（3）注重品牌创建，提升山地产品品位。坚持把品牌创建放在突出位置，立足天然无公害、绿色的山地产品资源优势，积极申报国家地理标志保护和新资源食品产品，提升山地产品的品牌价值。重点扶持"黎平茯苓"、黎平大米、黎平雀舌、黎平山茶油等成为黎平地理标志品牌，通过"中国侗乡茶城"平台进一步提升黎平茶产业的发展，为当地山区经济发展和脱贫攻坚提供有效途径。

3. 大力推进易地扶贫搬迁,促进极贫困地区经济发展

异地扶贫生态移民工程能有效地改善居住在深山区、石山区、生态环境脆弱地区和少数民族地区的农村贫困农户生存发展环境。易地扶贫搬迁是改善贫困群众生产生活条件,消除贫困,提高生产生活水平,实现安居乐业的重要途径;是提高自我发展能力,解决温饱的重要措施;是新阶段脱贫攻坚战略的重大举措。目前,黎平县部分农村,特别是边远山区、少数民族地区由于受历史和客观因素的制约及影响,生存环境恶劣,生活条件差,资源缺乏,交通不便,教育卫生落后,"靠天吃饭"的现象较为突出,缺粮、缺水、缺钱、就医和上学问题至今尚未彻底解决。加上缺乏科学发展规划,低层次、粗放式的生产方式,导致环境破坏严重,群众生活更加恶化,进入了越开发越贫困的恶性循环。因此,极贫困地区扶贫开发工作任重而道远,实施易地扶贫搬迁迫在眉睫,势在必行。

做好易地扶贫搬迁工程,一是科学谋划,整体搬迁,恢复生态,合理开发。对安置点"调点调人"给予支持,在移民对象选择上,能够坚持"整村整组"的原则,可有效地保护当地生态资源和环境。在迁出地实施退耕还林工程,并争取扶贫资金实施油茶、中药材种植、山地种养殖等扶贫开发项目,让迁出地成为移民的"钱袋子"。二是移民后期管理中各部门相互协调,积极探索,逐步制定并完善了一套可行的管理机制。抓好移民户籍、社保、学籍接转和后续产业发展等工作,使扶贫生态移民工程真正成为惠民工程、民心工程、阳光工程。移民群众就业、子女入学等后续扶持方面给予大力支持等。三是积极借鉴外县经验,如锦屏县实施的易地扶贫搬迁工程,将生存条件十分困难、地质灾害频发、生态环境脆弱的地区整村整组地移民到生存条件好的地区,形成一些新村、新组,如锦屏县铜鼓镇铜鼓村蔡家坪组、岔路村移民新组等就是该县河口乡、固本乡以及铜鼓镇小塘村等地条件艰苦地区的村民搬迁而来。当地政府积极加以政策扶持,实施烤烟产业,为新移民提供客观的经济收入来源,为新居住地发展做出不小贡献。

4. 集中力量,整合资源,连片开发

在总结以往"县为单位、整合资金、整村推进、连片开发"试点项目工作经验的基础上,稳步推进九潮镇、水口镇、永从镇"整乡推进、连片开发"项目,并在全县集连片贫困地区积极探索"整乡推进"

与连片开发相结合、扶贫开发与区域经济发展相结合的路子，加快推进县西北部和东南部集中贫困地区的扶贫脱贫步伐。该县永从镇借助实施"集团帮扶整乡推进"项目，围绕大健康大旅游，形成整乡推进、连片开发新亮点。一是发展生产，兴产业，带致富。近年来，该镇以交通为重点，大力夯实基础设施建设，全镇10个村目前已有7个村建成通村水泥公路，正在实施豆洞和传洞2个村通村水泥公路建设工程，10个村村所在地全部实施了人饮安全工程项目，高贡小二型水库已全面开工。实施集团帮扶、整乡推进扶贫开发1000万元项目和退耕还林等项目，建成钩藤种植3000亩、茶叶种植2100亩、油茶种植4000多亩、食用菌大棚种植80亩、香莲种植200亩、香芋种植100亩等产业项目，带动农业转型升级，拉动脱贫。二是易地搬迁，出穷地，促脱贫。该镇通过实施生态移民安置和灾后重建项目，2013年投入项目扶贫资金188.1万元，实施完成六冲村雅蝉寨灾民38户实施生态移民安置工程。2014年，对传洞村宰坑寨34户贫困户实施了灾后重建异地搬迁安置。2016年正在实施71户332人易地移民搬迁项目。三是生态补偿，绿青山，增收入。该镇积极争取生态扶持项目，实施退耕还林、天然林保护、防护林建设工程，全镇森林覆盖率达到63%以上，年兑现退耕还林、公益林管护资金178.6万多元。同时，积极引导贫困群众发展林下经济，多渠道增加贫困群众收入，实现"生态补偿脱贫一批"目标。四是发展教育，摘穷帽，拔穷根。实施了顿洞小学公寓楼、永从中学学生公寓楼建设、中心幼儿园等项目，不断完善教育基础设施。继续实施义务教育"两免一补"政策，全年"两免一补"补助资金222.9376万元。此外，还通过"雨露计划"、就业培训、"教育精准扶贫"等方式资助贫困学生和贫困农户，推进教育脱贫。五是社会保障，保底线，固民生。认真落实低保户、"五保户"最低生活保障制度，全镇289户722人纳入社会保障兜底。自2015年以来，兑现粮食直补、良种补贴、农机具购置补贴等各项资金累计400多万元，发放低保金累计210万元，发放救灾救济款36万元，发放救济粮2.2万公斤，切实推进民生保障兜底。

5. 发掘传统村落资源禀赋，打造旅游发展强县

黎平县有90个村寨列入《中国传统村落名录》（其中第一批42个、第二批43个、第三批5个），占全国2555个传统村落的3.5%，占全省426个传统村落的21.1%，是全国拥有传统村落数最多的县。

在90个传统村落中，侗族聚居村落63个，苗族聚居村落11个，侗、苗、汉等民族聚居村落14个，瑶族聚居村落2个。

黎平县紧紧围绕"守住两条底线，用好两个宝贝，全力打造国内外知名侗文化旅游目的地"发展定位，坚持"突出重点、全域推进"原则，一是将传统村落保护和美丽乡村建设紧密结合起来，重点围绕完善村落的"水、电、路、通信、房、消防、厕所、环保"等基础设施进行建设，改善当地居民的生活生产条件，保护传统村落的特色风貌，提升古村落整体形象。二是建设配套旅游服务设施，完成游客信息服务站、旅游驿站、停车场、旅游公厕、旅游步道等旅游基础设施，打造民居接待示范点，完善旅游接待设施，提升景区和古村落的接待能力。建设完善线路节点上的大型旅游服务区、特色小镇服务设施、星级酒店以及各类文化旅游项目，建立健全精品旅游线路的旅游服务体系。三是按照全域旅游发展的需求，加大资金投入和金融支持，推动旅游与相关产业的融合发展，夯实旅游关联产业的基础设施，丰富旅游产品与旅游商品，延长"旅游+"产业链。四是培育旅游消费热点。以重要文化活动、旅游节会和体育赛事为平台，培育旅游消费热点，扩大旅游消费。近年来，黎平县成功举办了侗族鼓楼文化艺术节、乡村旅游节、中国传统村落·旅游峰会等，大力推进旅游与文化、体育、农业、工业、林业、商业、水利等相关产业和行业的融合发展。大力发展生态旅游、体育旅游、工业旅游、医疗健康旅游等，加快培育旅游装备制造业。大力发展旅游购物，提高旅游商品、旅游纪念品在旅游消费中的比重。

四 结论与讨论

笔者借助探讨山地产品保护性开发的重要作用，分析其与精准扶贫的密切联系，通过黎平县保护与开发自身山地产品的实际探索中，得出山地产品保护性开发与精准扶贫的耦合路径。山地产品保护性开发与精准扶贫互为因果，相互促进，密不可分，不能将其两者割裂开来。在以山地地形、地貌为主要特征的黎平县，脱贫攻坚更离不开山地产品的合理开发，离不开传统扶贫开发的大胆创新。只有充分上好山地产品开发这门课，才能打赢脱贫攻坚这场胜仗。

（一）山地产品的保护性开发要有准确定位

一是重点发展油茶及林下经济产业。黎平县是多山多树少田地区，森林覆盖率高达74.6%，科学谋划，合理布局，把林业资源优势向经济优势转化。可重点发展油茶、花卉、绿化苗木、中药材产业，积极探索林下种植、养殖新模式。

二是打好旅游品牌。充分发挥旅游资源优势，用好民族文化和生态环境两个宝贝，全力创建全域旅游示范区，推动旅游业快速发展。

（二）山地产品保护性开发要有良好途径

山地产品保护是前提，开发是途径，脱贫是目的，因此，好的开发途径才能三者兼顾，产生良好的社会效益、经济效益和扶贫效益。资金变股金、资源变股权、农民变股民的"三变"改革模式不仅能很好地整合各种资源，又能充分调动农户的积极性，让产业形成规模，产生实效。乡村旅游扶贫新模式不仅能让民族文化得以保护和发展，还能扩大扶贫带动作用，让贫困户足不出户得收入。如"全域旅游"能成功实现，黎平县脱贫攻坚进程将有质的飞跃。

（三）山地产品保护性开发要有预期结果

山地产品保护性开发的根本目标和最终归属就是贫困户的全面脱贫，达不成这一目标，保护性开发就是失败。各级党委政府，各相关部门要充分发挥作用：一是制定科学的规划。《黎平县十三五规划》《黎平县十三五扶贫专项规划》以及各单项规划陆续出台，给新阶段脱贫攻坚指明了方向。二是合理带动。各级政府、各相关部门，要积极引导贫困农户、合作社、公司进行山地产品保护性开发，组织相关项目的实施，带动贫困户通过发展生产致富。三是严格监管。这里所说的监管包括资金监管、项目实施监管、效益分配监管，尤其是在探索"三变"改革模式时，如何确保扶贫资金的使用合理、分红公正，保障贫困户的利益等，建立合理的利益联结机制，是摆在各级政府、部门和社会各界的一大课题。

第二节　兴义市特色农业与农村发展

一　兴义市山地特色农业发展现状

（一）兴义市山地特色农业资源条件

1. 区位

兴义市地处黔、滇、桂三省（区）接合部中心地带，是贵州省四大主要中心城市之一。东与黔西南州的安龙县接壤，南与广西壮族自治区百色市的西林、隆林两县隔江相望，西与云南省曲靖市的罗平、富源两县毗邻，北与黔西南州兴仁县、普安县和六盘水市盘县连接，南盘江横贯市境，历史上就是三省毗邻地区的商业集散地和通衢要塞。便利的交通条件，加上优美的自然风光，促进了旅游业的迅速发展，每年借助便利的交通条件来兴义市旅游的人成倍增长，由此，促进了山地特色产品的需求量，从而推动了山地特色农业的发展。加上兴义市是黔西南州州府所在地，是黔西南州的政治、经济、文化中心，无论是来黔西南州任一县市或者云南、广西的毗邻县市旅游的人，大多会选择来兴义看一眼、玩一下，由此形成的先天优势对旅游业的发展并影响山地特色农业发展的力量不可估量。

2. 自然

自然资源是在当前生产力水平和技术条件下，开发特色农业不可或缺的条件。它包括相互联系的两个方面——未经人们改造利用的自然和经人们改造利用后的自然（程艳，2015）。笔者将之称为原始自然和改造自然，兴义市原始自然和改造自然都很适合发展山地特色农业。

兴义市地处东经104°51′—104°55′，北纬24°38′—25°23′，属低纬度高海拔地带，具有亚热带季风气候特征。夏无酷暑，冬无严寒，雨量充沛，日照长。年平均气温14℃—19℃，降雨量1300—1600毫米，无霜期300天左右，适合亚热带农作物生长。良好的自然条件，为山地特色农业发展的重要条件。从多年的实践经验来看，兴义市很适合铁皮石斛、小叶清风藤、金银花、核桃、板栗、花椒等农作物生长。

自然景观、历史文化等外在因素影响山地特色农业的形成和发展，甚至起着决定性作用（何治江，2012）。有兴义市山川秀美、人杰地灵、气候宜人，拥有"一城三景"：万峰林、马岭河峡谷、万峰湖。万峰林、马岭河峡谷为国家4A级风景区，万峰湖是国际野钓乐园。其典型的喀斯特地貌成为发展山地旅游得天独厚的优势，加上浓厚的苗族、布依族风情，是国内外游客向往的"世外桃园"，休闲、娱乐、购物的人间天堂。

特色农业应当与其他产业融合发展（周灿芳，2008）。兴义市借助优美的自然风光，近年来，市政府把旅游业作为支柱产业来培养和扶持，加大资金投入，抓住贵州发展全域山地旅游的机遇和州委提出的"1+3+3"发展体系，走出一条符合全域性、全面性、引领性的山地旅游发展之路，实现了健康快速发展，特别是在成功举办全省旅发大会、第三届中国美丽乡村·万峰林峰会、首届国际山地旅游大会后，依托独特的山地旅游资源，旅游产业得到了较快的增长。据统计，2015年到兴义市旅游的游客达到360多万人次，2016年有望突破500万人次，巨大的客流量，为依托旅游业发展山地特色农业开拓了一条前景可观的道路。

3. 市场

市场需求是特色农业发展的重要条件，没有市场导向和市场需求，特色农业便是无本之木，无源之水（李玉萍，2014）。兴义市地处滇、黔、桂三省接合部，交通便利，素有"三省通衢"之称，古来就是三省商品集散地。近年来，随着高速路网的纵横贯通，大大节省了运输时间，节约了物流成本。随着网上购物平台的运用，为本地产品销售全国各地提供了极大的方便。目前，很多乡镇都开办了"农村淘宝"，许多农家产品，正依托互联网和便捷的交通，实现远程交易。对于无包装、不易保存的产品，如茶青、金银花、花椒等，直接由省内外商人在采摘季节到村收购，由于目前此类农产品生产规模小，一直供不应求。而有注册商标的产品，如七舍和泥凼茶叶，上了本地茶商货架，多被当作旅游产品被游客带往全国各地，对于当前的生产能力和兴义市游客的需求来说，数量远远不够。而核桃、板栗等干果，尽管种植量大，但对于兴义市83万人口来说，基本上成了"内供品"，在采收季节便基本被市内商人定购，部分不愿意让商人赚钱的种植户自己找小工采摘、晾晒，然后销往本地农贸市场。一些商贩由于货源不足，还从云南等地购进货物，但没有本地品种好卖，因此，就目前来看，本地核桃还供不应求，市场远未饱和。对于中草药而言，市内有几家制药厂，随着中草药需求量的逐年攀升，本地中草药一直供不应求。而兴义产量最大的山地特色农产品烟叶，从年初起就由市烟草公司直接与农户签订合同，由公司直接收购，不存在销售"瓶颈"制约问题。

就目前的状况来看，随着兴义市旅游业迅猛发展，到兴义市旅游的客人逐年剧增，山地特色农业产品有着巨大的需求，只可惜，很多山地特色农业产品处于自产自销的状态，其原始产品供不应求，农户基本上在采收的季节就完成了交易，没有结合针对游客的需求来开发、加工相关产品，出现有市场、没产品的现状。

4. 政策

国家政策的制定，影响着国内产业的发展，某一领域政策的制定，直接影响相关产业的发展走向（J. Schieffer，2015）。国发2号文件、滇黔桂石漠化片区域发展和扶贫攻坚规划、贵州水利建设生态建设石漠化治理"三位一体"规划、珠江—西江经济带发展规划、左右江革命老区振兴规划、主体功能区规划等重大规划等国家政策为山地特色农业发展提供了政策支持。兴义市地方政府在规划、制定和引导山地特色农业发展中，可以结合国家的政策和兴义山地特色农业发展实际，因地制宜，做好宏观性的统筹安全，利用制度红利来推动山地特色农业的发展。

特色农业的发展与地方政府对整个产业的引导直接相关，地方农业政策是影响特色农业发展的重要因素（王俭平，2007）。近年来，兴义市调整农业结构，建设高效园区，做特农业产业。以结构调整为主线，以促农增收为核心，推动农业产业区域化布局、规模化发展、产业化经营，实现"高效农业搞起来"。抓好"贵州精神"展示长廊、万峰湖经济区特色农业和白龙山种养殖产业带建设，逐步启动南盘江、泥凼、仓更、三江口、洛万、沧江"四镇两乡"沿江生态产业园区和乌沙—白碗窑10平方千米区域生态经济发展综合体的规划和建设工作，实现"一产主导、多产并举"耦合发展。壮大优势产业规模，板栗、核桃、水果、烤烟、茶叶、生姜、中草药种植分别达18万亩、13万亩、10万亩、8.56万亩、7万亩、6万亩、3万亩。相关产业政策为山地特色农业的发展带来了前所未有的机遇。

(二) 兴义市山地特色农业现状

1. 嗜好品

嗜好品，就是能让人产生依赖的，或者让人沉迷其中的物品，如香烟、酒、古玩、茶、咖啡等。兴义市的嗜好品作物主要是烟叶和茶叶。

(1) 烟叶。烟叶是兴义市除玉米之外，种植面积最多的农作物之一，也是目前兴义市产业化程度最高的山地特色农产业。

兴义市烟叶生产经历了较长时间的发展、壮大直到产业成熟的过程。20世纪80年代中期，在兴义市已有烟叶种植，但处于农业副业地位。20世纪90年代初，烟叶种植逐渐成为特色农产业，这主要与政府的行政引导，甚至"强制"有关。烟叶种植最早是在南部乡镇推行，采取计划种植，由市政府制订计划，分解到各乡镇，又由各乡镇分解到各村，采取"下要保底、上不封顶"的手段，要求各村必须完成种植任务。截至1995年，仅南部6乡镇种植烤烟面积达到1200多公顷，收购烟叶4.5万多担。以后逐年递增，兴义市成规模烤烟种植乡镇达到16个，很多农业乡镇甚至将烤烟定为本乡镇的支柱产业，很多年以前，乡镇的财政运转基本上是靠烤烟物产税返还的。很多烟农因种植烟叶，年收入在从前的基础上翻了番，有的甚至增加了几倍，种植烤烟的积极性也得到提高，种植烟叶，不再是乡镇政府的强制行为，逐步成为烟农自觉自愿的行为。客观地说，烤烟种植乡镇的政府也在烟叶种植中得到好处，财政收入得到了保障。

随着烟叶种植面积的加大，市烟草公司的收益增多，烟叶生产逐步发展成为"公司+农户"模式。针对兴义市烟叶种植乡镇山地缺水的问题，自20世纪90年代末，兴义市烟草公司开始实施烟水工程，由烟农按公司的标准修建水池，公司验收后按标准直接补贴修建资金，至2008年左右，山地烟叶灌溉问题已得到很好解决。至2008年以来，兴义烟草公司又开始实施烟路工程，在烟叶种植集中，但交通运输条件差的深山老林修筑运输通道，烟叶运输问题得到解决后，烟叶种植不断地向大山深入延伸。

近年来，兴义市致力于引导、开展土地流转，建立专业合作社，促规模种植。解决烤烟生产劳动力短缺、生产成本居高不下、生产水平低、管理粗放、烟叶质量差等问题。推广窖式移栽及集灌溉技术，结合膜下移栽、深栽技术，缩短育苗时间，缓解烤烟移栽缺水问题，保适时移栽，促早生快发。推广有机肥堆制还田、蚜茧蜂生物防治、黄板物理防治等实用技术，提高烟叶质量。兴义市烟叶生产已经发展成为一个成熟的产业。目前，种植烟叶的乡镇主要有捧乍镇、白碗窑、鲁布格镇、七舍镇、三江口镇、猪场坪乡、威舍镇、泥凼镇、敬南镇、乌沙镇、雄武乡等10多个乡镇。

为了提高烟叶的质量，2010年以来，烟叶生产逐渐走向计划种植，各乡镇烟叶生产既要保底也要封顶。烟草公司每年年初与烟农签订合同，烟农就只能按照合同量种植烟叶。表2-3显示，2012年，收购烟叶27.7万担；2013年，收购烟叶26.15万担；2014年，收购烟叶21.86万担。至2015年，组建并运行综合烟农服务合作社6个，实行100%专业化育苗，100%散叶收购，专业化机耕及专业化植保服务面积达 50%，集群专业化烘烤点达 80%。收购烟叶 21.6 万担，实现烟叶税 6299 万元，烟农增收 2.98 亿元。从 2012—2014 年的数据来看，兴义市收购烟叶数量已开始减少，笔者认为，在未来几年甚至十几年，兴义市烟叶生产将维持在 20 万担这个水平。烟叶已经成为一个较为定型的产业，从事该产业的农户也基本上固定，在未来增加和减少不会很大。烟叶生产的路已到"尽头"，烟叶生产在此基础上不会再有新的发展。由于烟叶烘烤技术的进步，烟叶收购价格的提高，烟农的收入在之前的基础上还有提高，烟叶成为兴义市一个比较成熟的支柱山地特色农产业。

表 2-3　　　　　　　　2006 年以来兴义市烟叶发展情况

年份	种植乡镇（个）	种烟村（个）	种烟组（个）	户数（个）	面积（万亩）	种植面积占全市农作物种植比重(%)	收购量（万担）	总产值（万元）	单价（元/担）	亩产（担/亩）	亩产值（元/亩）
2006	15	87	591	9954	8.63	6.18	22.44	1864.73	735.17	2.55	2005.7
2007	15	90	622	9972	8.72	6.42	24.17	18992.17	711.42	2.63	2011.2
2008	15	94	655	10755	9.56	6.47	26.19	19381.15	739.9	2.74	2027.3
2009	15	107	684	8353	8.86	6.61	27.36	18729.13	684.67	3.09	211459
2010	15	111	616	6399	9.45	6.53	26.8	18457.14	688.73	2.84	1953.1
2011	16	107	605	9707	10.35	7.12	25	11484.28	794.22	1.4	1109.6
2012	16	96	452	4260	7.83	5.73	27.7	27010.04	975.05	2.18	2123.7
2013	16	96	593	7863	11.95	6.85	26.15	32683.1	1249.8	2.19	2734.7
2014	14	92	538	6513	9.55	6.66	21.86	27112.09	1248.5	2.29	2839
2015	14	90	494	5791	8.56	6.13	21.16	26630.14	1226.2	2.54	3111

资料来源：《兴义统计年鉴》。

以时间（年份）为自变量、烟叶产值为因变量，进行（回归拟合）趋势分析。2006—2015 年兴义市烟叶产值增长趋势如表 2-4 所示。

可见，兴义市 2006—2015 年烟叶产值主要表现为"幂函数"增长趋势。

（2）茶叶。兴义市茶叶种植主要集中在七舍镇和泥凼镇。

表 2-4　　　　2006—2015 年兴义市烟叶产值增长趋势

序号	回归方程	趋　势	R^2 值
1	$Y = 6231.9e^{0.1797X}$	指数	0.4339
2	$Y = 2206.7X + 8097.5$	线性	0.5652
3	$Y = 9612.7\ln(X) + 5715$	对数	0.6287
4	$Y = -173.75X^2 + 4118X + 4275$	多项式	0.5876
5	$Y = 4332.6X^{0.8952}$	幂	0.6309

资料来源：《兴义统计年鉴》。

七舍镇，平均海拔 1850 米，这就是素有"云贵小高原"之称。境内的白龙山是全州最高峰，海拔 2207.5 米，镇区内全年 2/3 的时间云雾缭绕，雨量充沛，冬无严寒，夏无酷暑，且昼夜温差不大，植物内含物质易积累，特别适合茶叶生长。

七舍镇有较为悠久的茶叶种植历史，从当前生长的茶树来看，七舍镇的产茶时间，最少可以追溯到 300 年前，但在漫漫的历史长河中，七舍茶叶始终未形成产业。直到 20 世纪 90 年代，茶叶种植面积才逐步增加，到 2000 年左右，该镇茶叶种植面积达到了 6000 多亩，茶叶生产初具规模，但茶农仅是从事茶青生产，未进行茶叶加工，茶叶生产处于停滞不前的状态。接下来的几年，由于茶叶收购商压低收购价，很多茶农挖了茶树开始种植烤烟，茶叶生产一度受到影响。2010 年后，七舍镇独特的气候条件生长出的优质天然茶叶被江（苏）浙（江）一带茶商看好，被收购加工后当作市场上名牌茶叶出售，导致茶青价格一度飙升。由于茶叶收入可观，并且是一条可持续发展的产业，该镇党委、政府确定了在稳定烤烟产业的前提下大力发展茶产业，规划到 2015 年全镇人均一亩以上茶叶，户均茶叶收入 2000 元以上的总体目标。在镇党委、镇政府的引导下，全镇茶叶种植面积已超过两万亩，"七舍茶叶"的知名度也越来越广。但是，过去茶农各自为政，茶叶销售零散，尽管当地政府引进了华曦公司、后河梁子公司等茶叶加工企业，但茶农的实际收入依旧不高。七舍镇党委、政府经过认真分析研究后认为，要提高茶农收入，必须让全镇茶农抱团发展，形成影响市场的决定性力量。在镇党委、镇政府的指导下，"七舍镇岩风洞茶叶种植专业合作社"应运而生。该合作社由七舍村"两委"倡导建立，主要目的是吸纳全镇茶农为社员，形成合力、抱团发展。七舍村"两委"还在征得村民同意后，将村集体资金 17 万元注入合作社，购买了加工茶叶所需的设施设备，并成立了白龙雾芽茶叶加工及销售公司，带领茶农走公司化的发展道路。合作社也从 2011 年成立时的 12 人，发展到现在拥有社员 1200 多人，涉及茶叶种植面积近两万亩的规模。截至目前，该镇争取资金 5000 多万元，实施茶园 24500 亩，改造老茶园 2000 多亩。项目覆盖全镇 6 个行政村。其中，2012 年，新植茶园 6500 亩，涉及茶农 1780 户 7500 多人。目前，仅进入初采期的 1 万余亩茶园和改造后的老茶园就为茶农创收 1000 多万元，惠及全镇总人口的 1/3，直接和间接从事茶产业的人员 8000 多人。引进规模以上加工企业两家，加工作坊 30 多家，成立专业合作社 13 家，镇级农村协会 1 家，特色产业联合支部一个，新建优质茶园示范基地 6 个，建成年产 200 吨茶叶加工厂 2 个，成功研制出注册认定的品牌有"七舍·涵香""七舍·高原红""七舍·香珠""远古·花香""松风竹韵""碧霞云飞""幽兰"和"金顶云狐"8 个品类，形成了拳头产品，深获消费人群的好评。如今，七舍茶叶已经形成了完备的生产、加工和销售体系，下一步，应该借助产业效应，走出一条向外乡镇扩展的道路，发动邻近的捧乍镇、雄武乡、猪场坪乡、三江口乡发展茶产业，充分利用现有茶叶加工设施及已经形成的茶叶品牌，借助他乡力量，将茶产业做大做强。

泥凼镇主要以生产苦丁茶为主。为改善生态环境，探索生态发展道路，泥凼镇于 2003 年开始，发动 500 多户农民种植小叶苦丁茶 1 万亩，如今，经济效益十分可观。在泥凼镇老寨村苦丁茶种植基地，当地群众碎石填土种植苦丁茶，向石山要效益，在石缝中找出路。多年的种茶经历让老寨村茶农拥有较为成熟的苦丁茶管理、采摘和加工技术，管的茶树青绿茂密，采的茶叶青细嫩有形，加工出来的成品也恰到好处。当地农户自发组织，成立了兴义市绿缘中药材种植农民专业合作社，专门承担苦丁茶的扩建、生产、加工和销售工作，合作社带领全村人民勤劳致富，通过种植苦丁茶，年收入可达 300 万元以上。小叶苦丁茶独有的品质和特征，已经得到了越来越多消费者的青睐，市场行情非常看好。从目前来看，七舍的茶叶种植并未与本地的旅游资源相结合，泥凼有何应钦故居，每年要接待上百万的国内外游客，如此之多的游客竟与泥凼如此高雅的茶叶未产生任何联系，到这里的人们根本就不知道这里还有品质上乘的小叶苦丁茶。当地政府与茶农应该结合旅游业好好思考一下如何开发产品，如何借助何应钦故居这张名牌来提高茶叶的知名度。可不可以让茶叶与当时权倾一时的何氏家族产生一些"联系"、挖掘一些故事？这就需要当地政府在宣传上面下功夫，搞得好，可能会收到意想不到的效果。

从兴义市的整体情况来看，适合种植茶叶的乡镇很多，种植茶叶的乡镇也很多，如捧乍镇养马村的白茶种植、苦丁茶种植，老厂村的大木茶种植；黄泥堡村新种茶树200万亩，还成立了高峰茶韵农民专业合作社，但这些小规模的生产，由于产能低，都是由农户自种、自收、自己炒茶，虽然生产出来的茶叶品质不错，但知名度不高，无法卖出理想的价格。因此，兴义市的茶产业亟须整合，也只有整合这些零星产能，才是做大茶产业。整合，就要有地方政府的集中规划和基层政府的政策引导，要靠茶农自觉自愿地联合起来，基本上没有可能。因此可以说，如果地方政府能够很好地发挥服务功能的话，兴义市茶产业将是一个很有发展前景的特色农业产业，如果缺少政府的服务、整合功能，兴义市的茶产业将经历漫长的发展过程，可以预计，在十年之内都不可能发展成为规模化产业。

兴义市近年来茶产业发展情况如表2-5所示。

表2-5　　　　　　兴义市近年来茶产业发展情况

年份	种植乡镇（个）	面积（亩）	产值（万元）	加工厂（个）	产业合作社
2006	3	21315	655	0	0
2007	3	22543	703	0	0
2008	3	22970	799	0	0
2009	4	28997	866	0	0
2010	4	31000	900	0	0
2011	4	21275	933	0	0
2012	5	33000	990	2	1
2013	6	35000	1100	4	6
2014	7	40000	1170	6	13
2015	10	45000	12000	8	17

资料来源：《兴义统计年鉴》。

以时间（年份）为自变量、茶业产值为因变量，进行（回归拟合）趋势分析。结果如表 2-6 所示。可见，兴义市 2006—2015 年茶业产值主要表现为"多项式"增长趋势。

表 2-6　　　　　　2006—2015 年兴义市茶业产值增长趋势

序号	回归方程	趋　势	R^2 值
1	$Y = 399.21e^{0.1926X}$	指数	0.4780
2	$Y = 650.21X - 1564.5$	线性	0.3140
3	$Y = 2009.4\ln(X) - 1023.5$	对数	0.1758
4	$Y = 245.75.75X^2 - 2053X + 3841.9$	多项式	0.6010
5	$Y = 432.64X^{0.648}$	幂	0.3172

资料来源：《兴义统计年鉴》。

2. 园艺作物

（1）花卉。万峰林街道办事处依托国 4A 级风景区打造的十里花海。近年来，随着万峰林知名度的不断提高，当地农民依靠旅游业得到的实惠越来越多。从 2015 年起在万峰林街道的统一规划下，将 6000 亩农田改种花卉，花卉沿风景区主干道延绵 10 千米，使这里一年四季成为花的海洋，国内外游客流连忘返。当地农民把耕地作为旅游资源，使土地产值数倍升值，取得了巨大的经济收益。仅 2016 年"十一黄金周"期间，万峰林景区吸引了全国各地的游客，景区旅游呈现持续火爆景象，游客量创下历史新高。10 月 1—7 日，万峰林景区售票处共接待国内外游客 128000 人次、收入 850 万元；2016 年人数比 2015 年同期增长 39%、收入增长 25%。其间，万峰林农家客栈日日爆满，吃住用行，为农户带来了巨大的经济效益。山地农民以特色产业推动旅游业，又从旅游业中获取得益，相互推动，相益得彰的良性互动在这里得到最好彰显。

兴义市乌沙镇借助得天独厚的地理条件，结合镇情努力打造生态农业大镇、亮丽边陲旅游小城镇，加速推进山地农业产业化的快速发展及建设，不断拓宽群众的增收致富渠道。近年来，乌沙产业站和贵州汇峰源农业发展有限公司创新发展的项目，由汇峰源农业发展有限公司在 2014 年进入流转土地 1000 多亩，2015 年大棚育种，有进口的、野生的、食用的、观赏的、多种品种，前期投入 2000 多万元。2016 年 5 月，百合花期到来，正式开放参观，每个周末游人如织，带动了农家餐饮业，使每户营业额在 2015 年的基础上翻了一番，1—6 月在公路沿线和花卉种植基地周边新开野味餐饮和农家类家常菜馆 5 家。2017 年开发 200 亩土地继续用于培育百合。到 2017 年开放花卉园，这片"花海"对周边旅游、餐饮业的带动力更强，一个以花卉带动休闲旅游，促进经济发展的现代特色种植业将助力一方百姓实现美丽乡村小康。

可以预见，由于旅游业发展的需要，未来 10 年，兴义市的观光花卉产业将有一个迅猛的发展，特别是在景区沿线，将会出现越来越多的各种花海，这得益于地方政府在发展旅游业中的大手笔。虽然将土地种上花的农民不是花农，不以出让鲜花作为生活的主要来源或辅助来源，但政府的补贴及旅游业带来的经济效益将十分可观。

（2）苗圃。兴义市苗圃种植是随着城市建设而发展起来的一个新兴产业。自 2000 年以来，兴义市城市道路、广场、公园等基础设施建设速度非常快，特别是 2008 年兴义市承办黔西南州旅游发展大会，兴义市成为旅游大会主会场。根据会议需要，兴义市对市区道路进行了改造，同时新建了西南一线、栖霞路等近 50 千米的道路，同时，新建了几处公共娱乐场所，城市公路沿线和广场周边绿化对苗圃的需求剧增，本地市场已无法满足现实需求，市政府只好从江浙一带购买几万株嫁接银杏树和小叶榕，平均每株售价 5000 元左右。本地苗圃的缺口，极大地刺激了苗圃产业的发展，此后，兴义市苗圃产业迅速发展起来，并陆续成立了 5 家绿化类公司，专门种植城市绿化苗木，截至目前，兴义市苗圃已经基本能够满足本市城市化发展绿化需要。随着产能的饱和，一些绿化公司开始育种经果林苗圃，如核桃、花椒、板栗及一些品种优良的水果苗木，并取得了可观的收益。目前，全市超过 1000 亩以上的苗圃基地达 12 个，2015 年实现产值 7000 万元。

从目前苗圃产能和城市建设绿化速度来说，兴义市苗圃产业已开始饱和，但从周边县（市）苗圃产业来看，本州内的一些县（市）和云南、广西的邻近县（市）基本上没有规模化的苗圃产业，很多都是小范围种植。因此，从整个苗圃市场来看，兴义市苗圃产业还有很好的发展前景，这就要看苗圃种植户如何发展产业，如何打开市场了。由于苗圃种植资金、技术、水源等方面的要求较高，不比金银花、中草药等特色作物,以家庭为生产单位的农民基本上无力选择该产业,可以预计,当前和今后一段时间,从事苗圃生产的农民不会很多,该产业只是一个边缘化的产业,发展规模不会太大。

3. 中药材等

(1) 金银花。金银花属于藤蔓植物,除人工搭架牵引种植外,其实石头也是金银花天生的支架。兴义市属于典型的岩溶山地地区,石漠化、潜在石漠化面积1482.67平方千米,山高且多石,很适合金银花生长。2008年,兴义市被列为全国石漠化治理县(市),市政府每年投入5000万元进行石漠化治理。大力发展金银花产业,对石漠化治理具有重大意义。一方面,可以达到治理的目的;另一方面,可以提高农民的收入。可以说,金银花种植是很适合兴义市石漠化治理的农业特色产业,应该大力发展。

目前,金银花种植成规模、有品牌的种植基础只有则戎乡冷洞村。冷洞村从2002年开始因地制宜地发展金银花种植,从最初的几十公顷发展到2015年,则戎村全年种植金银花1000公顷,开花330公顷,盛花期金银花200公顷,年创收600万元,村民由此走上脱贫致富路。该村发展金银花经历了漫长的探索过程。最初,该村金银花只是村民的辅助产业,农户在传统农业之余,才打理金银花。农民都是出售初级产品,没有任何加工。随着金银花收购价的逐年提高,该村金银花的种植面积逐年增长,2007年达到了450公顷。2009年,收购商压低收购价,迫使该村在村支"两委"的带动下,引进了金银花加工生产线,从此,金银花发展有了一个质的飞跃。经加工的金银花,自身价值翻倍,农民从中得到了更多的收入,种植金银花的积极性空前高涨。金银花逐渐成为该村的一具支柱性产业。目前,该村注册了"万峰林金银花""冷洞金银花"商标,成立了种植经营合作社,全村农民人均纯收入60%都来自金银花产业,金银花已成为冷洞村群众脱贫致富的"摇钱树"。在冷洞金银花产业的带动下,泥凼、则戎、敬南、鲁布格等乡镇为重点的金银共种植基地达2万亩,年产120万吨以上,产值达450万元以上。

兴义市金银花产业是极具发展潜力的朝阳产业,在冷洞村的产业带动下,广大山地农民已经看到金银花带来的经济效益,金银花已从则戎乡冷洞村开到了其他乡镇,说明很多乡镇农民已经认可了金银花的种植前景。兴义市属于典型的岩溶山地地区,石漠化、潜在石漠化面积

1482.67平方千米，占全市国土面积的50.94%。全市13.83万贫困人口中有11.52万人分布在石漠化、潜在石漠化地区，人地矛盾突出，生存压力大，发展极为艰难。冷洞村的金银花大多是种在石旮旯里，这种"石头开花赚钱"的尝试，对兴义市其他乡镇的农民是一个很好的鼓舞。冷洞村的金银花种植已成为山地特色农业发中一个可以复制的模式。特别是2008年以来，兴义市被列入国家石漠化治理试点县（市），每年国家对石漠化治理的政策及地方政府对石漠化投入的资金，给金银花种植带来了较好的机遇。2014年，兴义市石漠化治理2.04万亩，其中金银花种植7600亩。在政府退耕还林还草政策的引导下，金银花种植业发展较快，其产业化程度越来越高，在未来几年，金银花种植将成为东南部及南部近10个乡镇山地特色农业中的又一个发展较快的产业。

（2）中草药。主要有坪东镇小花清风藤种植基地1600亩；以沧江秀乡为重点的小叶榕种植基地6000亩，年产200吨，产值20万元；以则戎乡为重点的石斛基地1400亩，年产1吨，产值300万元。

以上中草药种植虽然目前规模较小，但从长远来看却极具发展前途。随着人们生活水平的提高，对健康的重新定位，中草药的价值越来越被人们所认识，中草药越来越受人们的青睐。中草药制药的需求，将对中草药种植产生决定性的推动力量。像黔南州德良方制药厂，就是本地的一家中药制药厂，每年要从外地收购大量的中草药，本地的中草药种植远远不能满足该厂产能的需要。从配方中药的价格来看，每年大致以10%—15%的速度涨价，中草药种植对于巨大的市场需求来说，具有理想的发展前景。

兴义市的很多中草药，本身就很名贵，如铁皮石斛。该药是寄生在大树上或石壁上生产，要有足够的水分，在管理方面比较精细。但冷洞村的金银花种植已经给该产业提供了很好的范例。2014年，在兴义市下五屯街道，已有人开始尝试用大棚栽种铁皮石斛，面积3.33公顷，目前，已取得了较好的经济效益。

小花清风藤和小叶榕种植，由于种植技术要求不高，可以大面积种植，旺盛的市场需求，加上兴义市的自然条件很适合这两种植物生产，未来这两种中草药种植将会有较好的发展前途。

从总体上看，兴义市的中草药种植，已经过多年、多种方式、多个品种的探索和尝试，取得了较好的发展经验，市场决定需求，未来兴义市的中草药种植将成为山地特色农业的又一个支柱性产业。

（3）其他山地特色产品。①核桃。自20世纪末，兴义市就将核桃作为经果林的首选树种，经过近20年的政府主导发展，现已建成分布于七舍、捧乍、猪场坪、坪东、鲁布格、三江口等十几个乡镇的核桃种植基地，仅猪场坪乡就有老品种核桃4200株，种植面积18.67公顷，200年以上树龄的50株，50—100年的800株，100—200年树龄的200株。自核桃作为特色产业后，迄今已累计投资830万元，种植面积1330公顷，40万株成活。截至目前，兴义市核桃植面积已达10万多亩。兴义市生产的核桃壳薄肉香，很多品种都是地方土生土长和经过后天培育出来的，虽然在产量上比起新品种核桃来，要稍微低一些，但在品质上却远远胜过很多核桃品种。兴义市本地生产的核桃，在本地市场上每市斤要多卖3.5元，兴义人对本地产出的核桃十分认可。虽然兴义市的核桃已达10万多亩，但从目前的产出来看，仍无法满足兴义市的市场需求。兴义市核桃本身的优良品质，将使该产业具有很好的市场前景。目前，兴义市的核桃仍处于市场需求量远大于供给量的境地，可以预见，在未来10年，以每年2万亩的速度递增，兴义市的核桃需求量都无法满足市场需求。核桃未来将变成农民增收的一个山地特色产业之一。

②蔬菜。目前，主要有丰都街道早春蔬菜600公顷；马岭镇早春蔬菜5000亩，保供蔬菜2000亩；坪东坝美村2000亩无公害早熟蔬菜基地；木贾街道活跃村鱼腥草40公顷，年产值600多万元；乌沙镇白山药种植73.33公顷，年销售收入1150万元。其他几个蔬菜基地为商人种植，农民除收取一点微薄的地租外，所有的国家补贴和种植收益都与本地农民无关。"菜篮子"是一个城市的永恒主题，况且兴义市是一个城市居民超过40万的中等城市，对蔬菜的需求量非常大。据有关部门统计，兴义市每天经"绿色通道"从云南批发来的各类蔬菜达百吨，由此可见，兴义市的蔬菜市场缺口非常大，本地生产根本无法满足本地需求。从外地运送来的蔬菜都产自大棚，大棚生产蔬菜由于使用过多的化肥和农药，品质比起散种蔬菜来说差得很远。随着交通条件的改善，农村到城市的物流将越来越快捷；随着经济发展，人们生活水平的提高，人们对健康的重视，家庭对食物的要求会越来越高，农民种出来的

蔬菜将越来越受欢迎，由此将带动农村蔬菜产业发展，如果地方政府能够在这方面给予引导和产业补助的话，兴义市无公害蔬菜种植业将迎来迅猛发展的春天。

③干果。主要有仓更镇种植板栗3666.67公顷，挂果2533公顷，年产板栗950吨，产值6000万元。此外，规模种植板栗的还有白碗窑镇、仓江乡、洛万乡。由于板栗出壳后，不易保存，属于季节性的产品，人们的需求量不是很大，板栗种植基本上就维持这个现状。

二 兴义市山地特色农业发展困境及成因

（一）困境

1. 生产水平

特色农业的终极目标是形成产业，只有产业化经营，才具有竞争力（孔垂柱，2013）。除烟叶而外，兴义市山地特色农业生产水平极为低下，绝大多数农民还在从事传统农作的种植，还在过着栽粮换米、磨面喂猪的生活，根本没有想到用土地作为赚钱的资本，就算是种植一些经济作物，也只是处于贴补家用的位置，压根儿就没当作一个事业来经营。很多小有名气的产业，尽管已发展很多年，但生产规模仍然很小，对于整个市场需求来说，仍是小打小闹。一些农业合作社，组织生产能力弱，根本没有发挥带领社员心往一处想、劲往一处使、全力发展特色农产业的作用。由于生产规模小，产业化程度不高，经济效益无法凸显，农民收益不高，导致农民发展特色产业的积极性低（冯跃华，2008）。

从调查情况来看，所选取的7个乡镇有3个乡镇形成了一定的特色产业，分别是则戎的金银花、七舍和泥凼的茶叶，除此之外，尚有61个有一定种植规模的专业户（以家庭为单位，基本上靠相关种植业维持当地生活水平）。其他112户也或多或少地经营着一些有特色的农产品，但仅是为了满足生活消费和适当贴补家用，未将山地特色农业作为主要收入来源的产业来发展。

2. 抗风险能力

抗风险能力弱是整个农业生产都存在的问题（朱菊萍，2011），对于山地特色农业来说更是如此。因为特色农业比起传统农业，要有更多的投入，相应地，要承担更多的风险。气候、市场、作物疾病等，使山地特色农业经营机会成本过大（董妮，2014）。就兴义市来说，就连已形成产业化的烟叶，也经不住气候的折腾，如遇连绵阴雨或持续干旱就会影响烟叶产量，甚至是致命的影响，一场冰雹，就会使烟叶的价值大打折扣。由于农民多是以家庭为生产单位，作业单一、基础薄弱，任何"天灾人祸"都经受不起。

调查中，在对兴义市特色农业发展困境排序的五个选项中，将"风险规避能力弱"排在第一位的有40人，占20%。自然灾害所带来的损失，仍然是大多数农民发展山地特色农业的心理障碍，在他们的内心里，依然坚定地认为，发展山地特色农业要承担较大的风险，远远没有到城市里面打工稳妥。

(二) 成因

1. 政策

从国家政策层面来看，主要经历了"家庭联产承包""工业反哺农业，城市支持农村""多予、少取、放活"，直到现在的各类涉农补贴、产业扶持等惠农政策。可以说我国历届政府都十分关心"三农"问题，对农业发展给予了强有力的政策支持。但是，仔细研究各个时期的农业政策，基本上是停留在各类补贴上，针对特色农业产业化的政策很少，使每年大量的农补资金被分散到各家各户，这对于改善农民生活、减轻农民负担、提高农民的种粮积极性起到了一定的作用，但对于山区特色农业产业的形成和发展推动不大（房艳刚，2009）。虽说国家层面的农业产业化政策也很多，但对于以家庭为单位的山地农民来说，根本就没有条件发展相关产业，倒是吸引了一些商人来投资农业，造就了一批商业农民，对造就产业农民，改变农村生产生活方式，真正激活农村土地生产力助益不大。

就地方政策来说，长期以来，政府对农业的扶持资金，基本上都是集中在大型种植、养殖场，出发点是为了满足城市生活的"菜篮子"，直接受益的是一些流转农民土地的商人，对真正发展山区特色农业的农民扶持不够，对发展山地特色农业引导不足。尽管在国家层面有很多的惠农政策，但基层政府结合本地实际，作山地特色农业发展的文章不够，使相关政策与对地实际结合不够，相关政策实施缺乏灵活性。

2. 资金

资金是制约山地特色农业发展的最大"瓶颈"（王彬，2014）。农民不是没有发财梦，只是没有资金启动。特色农业比传统农业投资多、周期长、见效慢，对于长期以家庭为生产单位的农户来说基本上耗不起，如果要流转土地，将其作为一个事业，更是力不从心。

调查中，关于兴义市特色农业困境的排序，五个选项中将"发展资金不足"排在第一位的102人，占被调查总人数的51%。

在主观题中，当问到"你们生产或加工这种特色农产品，最大的困难是什么？希望地方政府为你们做些什么"时，认为资金是最大困难的占92%，希望政府能提供资金的占67%。

从调查问卷来看，大多数农民确实有发展山地特色农业的愿望，但受到资金等方面的影响，无力投资相关产业。如果能为山地特色农业解决资金问题，将会推动各类产业迅速发展。

3. 观念

兴义市广大农村农户，对山地特色农业认识不到位，调查中，很多被调查对象根本就没有山地特色农业的意识，不知道山地特色农业这个提法的人占89%。

观念是影响山地特色农业发展的关键因素（梁振芳，2012）。由于长期受小农思想的影响，广大山区农民都过惯了"种一季、收一季、吃一季"的生活。随着经济的发展，城市对农民工作需求的不断加大，一代又一代的农民脱离了土地，到城市里去谋生。为什么要到城市，因为在那里的收入是传统农业产值的3—5倍，比起上一辈人的生活已经发生了翻天覆地的变化，很多人已经习惯这种生活，并且感到很幸福。受这种"小富即安"思想的影响，造成了大量农民的短视，即只看到眼前利益，对于长远投资没有多大的兴趣，对于特色产业发展的成功案例熟视无睹。十年前，金银花生长在兴义市冷洞村的石头上、开花、结果，富裕了一方农民，在兴义市像冷洞村这种石山半石山山村很多，为什么金银花就扎不下根？因为，外面的世界很精彩，人们不愿意在自己的一亩三分地上折腾。而那些在城市挣了钱返乡的农民工，想发展特色产业，资金又不够，要约人共同经营，又顾虑重重。所以，对于返乡农民工来说，即便是有点资金，多数目光也不会回到土地上，而是盯在其他一些能够养家糊口的营生上。依靠现有资源的国家政策，发展山地特色农业，以产业发家致富的观念，在一些的人脑海中产生过但夭折了，在大多数人的脑海中根本就没有产生过。思路决定出路，想不到就肯定做不到。

三 兴义市山地特色农业发展对策

(一) 政府服务功能

兴义市基层政府在山地特色农业服务中的服务功能显然不够。调查中，关于兴义市特色农业发展困境的原因，"政府服务、帮扶不够"得到所有被调查者的认同。对接受调查的 7 名乡镇分管农业的领导，当问到"您认为发展本地特色农业最大的困难是什么"时，"组织统一生产困难、劳动力大量外出、缺少产业带头人"成了共同的心声。

对于广大农村来说，农业基础薄弱，农民资金短缺、观念落后，发展山地特色农业，政府的服务功能不可或缺（宋申猛，2015）。在山地特色农业发展这场革命中，政府扮演的应该是"火车头"的角色，给山地特色农业发展以原始的动力，要发动、引领、推进山地特色农业产业化发展，不但要扶上马，而且要送一程，不但要改变人们的观念，而且要唤起人们实实在在的行动。因为土地始终是农民的落脚点，依靠传统农业已无法满足人民过上美好生活的愿望，只有高产值、高附加值的特色农业，才是农民未来的出路。

当前，从兴义市的山地特色农业发展来说，政府应当从以下几个方面加强服务。

1. 制定并实施山地特色农业产业政策

特色农业政策的制定与国家和地方其他相关产业政策相结合，能够利用其他政策外溢效应，推动特色农业的发展（李琳，2015）。从目前兴义市情况来看，一要结合国家政策制定产业政策。要用好、用活、用足国家相关政策，在全面贯彻落实国家相关政策的同时，促进山区特色农业发展。就兴义市来说，当前就要抓住国家对农业的扶持政策和石漠化治理政策，做好山地特色农业产业化这篇文章。例如，石漠化治理，凡是石山半石山都可以引导农民种植金银花，凡坡度大于45°的泥山耕地，都可以引导农民种植小叶清风藤、花椒、核桃等特色作物，一方面可以达到治理，另一方面可以依托现有的品牌，发展壮大该产业，充分发挥产业效应，提高产品知名度。二要围绕农民增收制定产业政策。长期以来，我们的产业政策多是围绕商人增收而不是围绕农民增收来制定的。比如说国家农业产业化补助，要求从事相关产业的主体要建立公司，取得法人资格，有前期投入，有生产并且达到一定的规范，硬件、软件要求一大堆,经验收合格后几十万元、几百万元,甚至上千万元地补。这个政策确实很好,但农民做得到吗?这个政策只惠及了商家,没有惠及农民。比如说同样是"菜篮子",一个村子提供了1万亩的蔬菜,而商人建了3000亩的大棚,产出的蔬菜和这个村子的一样多,但商人得了国家补助,而农民种的就得不到国家补助,这样就无法调动农民的积极性,无法激活农村活力。是否可以变通一下,比如说可以引导这个村子成立了个蔬菜生产合作社,取得法人资格,并完善其他条件获得补助?或者就干脆重新制定补助办法,以实际的生产数量和质量两大要素来作为评定标准呢?这里面有很多调动农民积极性的问题值得我们思考。三要围绕引导农民互助合作制定产业政策。发展山地特色农业必须走产业化的路子(王永平,2010)。但走特色农业产业化的路子,单靠以家庭为生产单位的农户根本行不通,广大农民必须抱团生产。从兴义市目前的情况来看,适合以村为单位,以成立合作社或者公司的形式来发展"一村一品",在"一村一品"的基础上,又实现同质联合。例如,兴义市捧乍镇的槟榔村和垛坎村适合栽种金银花,那么就可以以本村为生产单位,互助合作生产。从兴义金银花产业来看,冷洞村的金银花已取得较好成效,有了加工车间,有了自己的品牌和注册商标,那么兴义市凡各个种金银花的村就可以与冷洞村联合,利用它们现有的条件,增加本村产品的附加值,例如厂房、商标、销售渠道等,以减少不必要的重复建设,既可以发展壮大产业,又可以避免资源浪费。这招叫作"借鸡生蛋","蛋"多了可给鸡主人送一些"蛋",这样大家受益,大家欢喜,合作自然愉快。

2. 加强山地特色农业产业引导

发展特色农业离不开地方政府特别是基层政府的产业引导(黄山松,2007)。结合兴义市的实际,当前,我们要做好以下几个方面的产业引导。一要瞄准"菜篮子",大力发展绿色蔬菜产业。"菜篮子"是一个城市生活的永恒主题,尽管在农产业补贴政策的带动下,沿城区周边街道(乡镇)新建了几个规模宏大、产出颇丰的蔬菜基地,但比起兴义市的蔬菜需求量来说,还远远不够,各大超市、农贸市场每天还要从云南购进大量的蔬菜才能满足市场需求。因此,瞄准"菜篮子",大力发展蔬菜产业,是一个"吹糠见米"的买卖。但做"菜篮子"工程,又要和当前的大棚种植区别开来,要围绕绿色、环保、无公害做文章。

山区农地不适宜建大棚，与大棚蔬菜生产周期短、产量高的优点相比，我们就要以空间换时间，即利用农村地广人稀这一特点，采取传统种植方法，专种季节性蔬菜，减少化肥、农药的使用，依托绿色、环保、无公害形成价格优势，打造有别于大棚蔬菜的山地蔬菜产业。二要紧扣保健理念发展保健产品。随着人们生活水平的提高，人们的保健意识也随之提高，保健农产品将迎来广阔的市场。就兴义市当前相关产业的发展情况来说，就是要紧扣"食药同源"的理念，扩充现有产业。当前，兴义市的金银花、核桃种植已经具有一定规模，产业化效应初步显现，我们在贯彻落实国家相关农业扶助政策和石漠化治理工程实施的同时，加强产业发展引导，做大做强现有的金银花和核桃产业。三要依托旅游产业深化产品加工。依托旅游业深化山地农产品深加工，就是给山地农产品起个名字，穿套衣服，贴个标签。让别人知道它姓甚名谁，家住哪里，与其他同类产品有什么区别。游客购买后能对本次游客留下纪念。产品深加工仍要围绕山地产品的绿色、环保、健康做足文章。从当前兴义市深加工山地农产品来看，比较有特色的有七舍茶叶、泥凼茶叶和冷洞的金银花，但并未紧扣旅游主题。截至目前，兴义市还没有专门针对游客的地方特产专卖店，很多质量上乘的山地农产品还"养在深闺人不识"。旅游业的快速崛起对当地山地特色农业的助益并不大，依托旅游业发展山地特色农产品深加工还未真正起步。

3. 提供市场信息和技术支持

市场信息是山地特色农业产业化发展的重要支撑，没有市场信息，农民生产就是盲目生产（杨少垒，2013）。因此，我们只有根据市场需求生产消费者喜欢的东西，产品才卖得出去，才卖得起价。对于山地特色农业来说，市场信息不仅是一个需求量的问题，对消费者消费理念的捕捉也同样重要。例如，随着经济社会的发展，人们对食品的要求越来越高，绿色、环保、无公害将成为消费主题，我们就可利用农村不受污染的大环境，发展相关种植业，在产品品质上下功夫，以质量赢得消费者。

发展山地特色农业，政府的农业技术支持不可缺位（周婷妍，2014）。特色农业中很多种养殖项目与传统农业不同，在品种选择、培育、管理、采收、加工等环节，比起传统农业来要求更高的技术含量

（朱鹏颐，2015）。因此，市乡两级农技部门要切实担负起技术提供和技术指导的任务，加强相关技术培训，让从事特色农业生产的农民成为相关产业的行家里手。

（二）农民主体作用

内因是事物变化的根据，外因是事物变化的条件。发展山区特色农业离不开农民的主体地位（古龙高，2012），哪怕是万事俱备，若农民这股东风纹丝不动，或达不到理想的"风力"，也吹不起山地特色农业发展的浪潮。目前，农民的主体作用并未发挥出来，一方面是由于城市对农民工的需求，在城市里，他们的劳动力能够实现价值，比起传统农业来要高出许多；另一方面是由于政府的服务没有到位，不足以使农民主体地位这个内因发生变化。具体来说，是政府组织、宣传、引导不到位。因此，要在以下三个方面下功夫：

1. 加强组织

一方面，家庭联产承包责任制以后，中国农民又回到了以家庭为生产单位的农业生产局面，农民在土地生产上有完全的自主权，这就给以村为单位的调度统一生产造成了困难（孙育新，2016）。另一方面，随着经济的发展，农民对土地的依赖越来越小，在当前和今后一段时期甚至到了可有可无的状态，如果没有更为可观的经济利益，想把农民绑死在土地上基本上已不可能。可以这么说，现在广大山区的农业生产处于"一盘散沙"的局面。而农业产业化又要求集中，要互助合作，要有统一的目标。因此，政府就要担当起组织者的角色，要将农业生产这盘散沙"捏拢"，但"捏"又不可能下行政命令，叫农民某事该干、某事不该干。而是要让农民看到实实在在的利益，心甘情愿地"拢"在一起。这就有个用好国家农业扶持政策和充分调动农村现有资源的问题，做到以"利"导之。当前要做的是如何将国家各项农业产业补助政策想方设法地落实到农业合作社或农民集体开办企业手中，真正地补农，而不是补商。

另外，要采取切实可行的办法引导返乡农民工集体创业，围绕山地特色农业做文章，因为他们手中有一定的资金，并且见过世面，思想比较前卫，他们是发展山地特色农业的中坚力量，如果能把这个群众笼络起来，山地特色农业产业化就有希望。村委会作为村民自治组织，在农村政治、经济、文化、社会等领域发挥着巨大的作用，农业产业化的发展，离不开村委会的组织（张丽琴，2012）。因此，作为基层政府必须发挥村支"两委"的主体作用，要以村支"两委"的决议，来统领广大农户的行动，用"集体"的意志来带动一家一户的行为。

2. 加强宣传

发展山地特色农业有什么好处？农民能从中得到什么利益？走这条路比起进城务工好处在什么地方？前景怎样？如此等等的核心问题要给农户说清楚，要让农户心中有图景、有憧憬。笔者认为，可以从以下两个方面来加大宣传。第一，紧扣山地特色农业发展前景。山地农民早就养成了"种一季、收一季、吃一季"的习惯，这与农户生产力薄弱有关，他们要养家糊口，不管是种地还是打工，都必须当年见效，否则就会使一家人的生计出现问题。而山地特色农业的生产周期较长，一年能够见效的产业很少，且投资又比传统农业高，见效更比进城务工慢。这种情况下，不让广大农户清楚山地特色农业当前所处的有利条件，看到今后的发展前景，就无法动员广大农户参与其中。第二，紧扣传统的养老和哺幼问题。"父母在、不远游"，但很多山区农民为了能过上更好的生活，抛下年迈的父母和年幼的子女，双双来到城市，广大农村"空巢老人"和"留守儿童"的问题非常严重，严重到越来越成为一个社会性的问题（B. Obasaju，2014）。许多专家学者都在呼吁、在呐喊，但仅以养老和哺幼问题将农民工唤回家乡，从事原来的传统农业生产是不现实的，只要城市有就业岗位、农村无理想职业，农民工就只能含着眼泪往外走。因此，如果在让农民看到山地特色农业光明前景的同时，又能充分考虑更好地赡养父母、抚育子女，农民工就能将积蓄和精力花在山地特色农业的发展上，将它作为一个事业来经营。

3. 加强引导

在山地特色农业发展上，如何选择产业？以哪种模式发展？基层政府应该在这些问题上加强引导。对黔西南州来说，就有很多成功的模式，如晴隆的种草养羊模式，贞丰的顶坛模式和坪上模式，兴义土生土长的冷洞金银花种植、七舍、泥凼的茶叶种植，猪场坪的核桃生产等，为山地特色农业发展提供了很好的范例。基层政府的指导要建立在充分调研的基础上，要依托村支"两委"的主体力量，探索出适合本村实际，能与本土自然、气候、资金相匹配的产业，不能让农民盲目试水。

（三）农业企业推动

山地特色农业的终极目标是做成产业，如果无法形成产业，就不能形成竞争优势，就不能吸纳更多的资金和劳动力，农民与特色农业的依附关系也不会稳定，就保证不了山地特色农业稳定、健康、有序的发展。要将特色农业做成产业，离不开农业企业的推动。唯有加工，才能产生更多的价值，才能让农民得到更多的实惠。从兴义目前的情况来看，金银花、茶叶已形成了与生产能力相匹配的生产、加工、销售链，为本市山区特色农业发展提供了路径。但其他产业，如核桃、板栗等，至今没有加工企业，无法深挖产品的附加值，对于产业的发展壮大极为不利。因此，无论是引进还是由农民筹建，与产能相匹配的企业必不可少。

第三节 晴隆县农产品电子商务与农村发展

本节主要内容包括晴隆县农产品电子商务发展现状、农产品电子商务存在的主要问题及成因、促进农产品电子商务发展的对策建议。

一 晴隆县农产品电子商务发展现状

（一）晴隆县农产品种类、规模及特点

1. 农产品种类

贵州省晴隆县位于云贵高原中段、贵州省的西南部、黔西南布依族苗族自治州东北角。地处东经105°01′—105°25′，北纬25°33′—26°11′。全县境南北长69.3千米，东西宽33.6千米，总面积1334.17平方千米。

从图2-2可以看出，晴隆县属于典型的喀斯特地貌类型，有低山、低中山、中山和高中山，属高原峡谷区，最高海拔为2025米，最低海拔为546米，全县地势海拔高差很大，境内有多条河流流过，其中最大的河流就是北盘江。全县地形起伏大，且是山高坡陡谷深，地形破碎、高低悬殊，切割剧烈，地貌以山地为主，约占55%，平均海拔在1300米左右。全县境内土壤类型多种多样，分为8个土类，25个亚类，80

个土属，170个土种。全县境内伏流地貌、地下河床地貌、溶洞地貌、落水洞地貌、竖林地貌、岩溶干沟地貌等极为普遍。境内很多地方地表干旱缺水而且地形复杂，分布错综。一是山高、坡陡、谷深的地形，加上地处低纬度地区，高海拔山区，境内山体地形的立体气候十分明显，具有"一山分四季，十里不同天"的地理特征。二是独特的立体气候，结合多样化的土壤类型形成了丰富的植被资源，其中，晴隆优质高山茶叶、晴隆脐橙、晴隆糯薏仁米、许多中药材久负盛名，这些丰富的植被资源的存在，有利于晴隆县立体农业的开发。

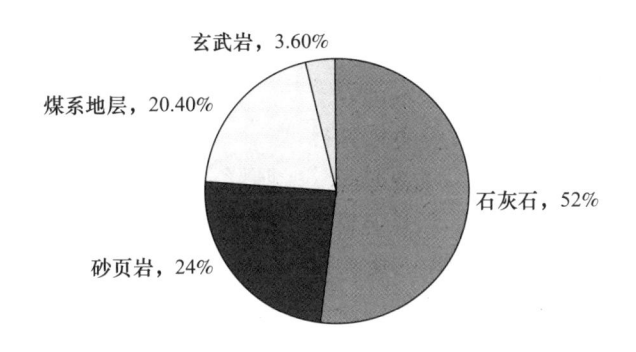

图 2-2 晴隆县地质地貌构成

资料来源：《晴隆统计年鉴（2015）》。

晴隆县在加快经济发展的同时，也注重农业产业结构的调整和开发。在农业产业化发展方面，以培育特色产业、特色农产品、帮助农民增加经济收益为核心，同时充分尊重社会、经济市场的发展规律，以市场需求为导向，培植做大晴隆优质高山茶叶、晴隆烤烟、晴隆柑橘、晴隆糯薏仁米、蔬菜、草地生态畜牧业六大特色产业，极大地促进了农民增收致富，全县经过农业产业结构调整，农业产业化呈现蓬勃发展的良好势头。

从近几年晴隆县的农业经济发展来看，晴隆县委县政府积极调整农业产业结构，逐步形成了"畜、茶、烟、果、薏、菜"的六大农业产业格局。目前，全县拥有的农业省级龙头企业、州级龙头企业和相关的农业产业合作经济组织正在逐年稳步增加（见图2-3）。

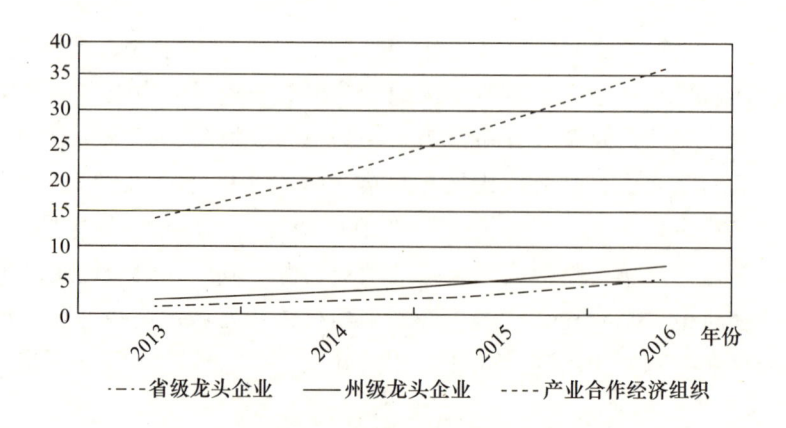

图 2-3　晴隆县产业结构调整后企业发展趋势

资料来源：晴隆县人民政府网站。

农作物方面，截至 2015 年 12 月，晴隆县有水稻品种 91 个，玉米品种 20 个，小麦品种 12 个，大麦品种 5 个，薏仁品种 3 个，还有荞麦、高粱、谷子（粟）、稗、籼米等。有油菜品种 6 个，烟草品种 15 个，花生品种 4 个，大豆品种 17 个，甘蔗品种 3 个，茶树品种 20 个。

2015 年晴隆县农作物占比情况如图 2-4 所示。

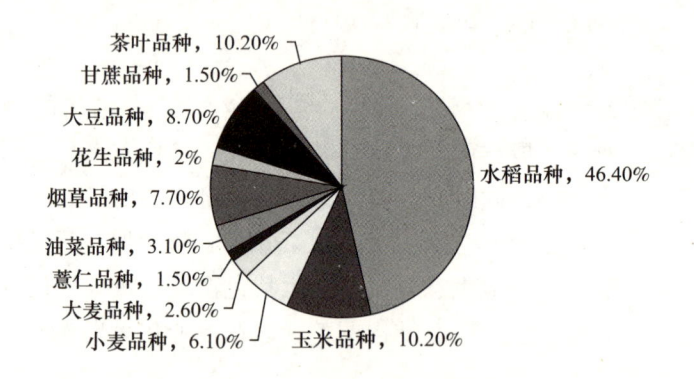

图 2-4　2015 年晴隆县农作物占比

资料来源：《晴隆统计年鉴（2015）》。

此外，还有棉花、大麻、芝麻、油茶等品种资源。2011 年，晴隆县大牲畜、猪、羊饲养量分别达到 6.2 万头（匹）、9.8 万头、42 万只（见图 2-5）。

大牲畜6万头（匹），10.69%

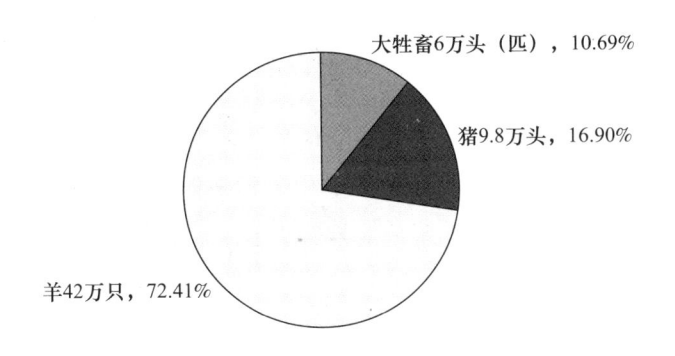

猪9.8万头，16.90%

羊42万只，72.41%

图2-5　牲畜饲养占比

资料来源：《晴隆统计年鉴（2015）》。

种植规模方面，茶叶种植面积3万亩，烤烟种植面积1.3万亩，蔬菜种植面积3万亩，马铃薯种植面积3万亩，薏仁米种植面积4万亩，经果林种植面积1.7万亩，是一个典型的农业县。晴隆县经济作物种植占比情况如图2-6所示。

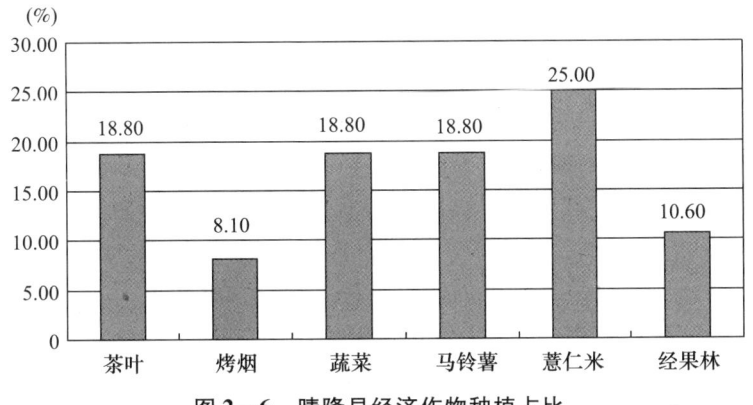

(%)

茶叶	烤烟	蔬菜	马铃薯	薏仁米	经果林
18.80	8.10	18.80	18.80	25.00	10.60

图2-6　晴隆县经济作物种植占比

资料来源：《晴隆统计年鉴（2015）》。

晴隆县农业产业结构的调整，使农业经济得到了快速稳步发展，由发展带来的直接受益农户达5.5万多户近16万人，对于晴隆县促进农业增效、农民增收、农村发展起到了巨大的推动作用，基本实现了贵州省人民政府出台的发展农业产业经济的相关文件和国家的相关文件目标。

目前，随着贵州电子商务云、淘宝、黔城惠、美团等众多大型电子商务企业入驻黔西南，入驻晴隆县，为晴隆县的电子商务发展提供了大量的优秀发展平台，带动了晴隆县甚至黔西南州电子商务的发展。黔西南州和晴隆县的优势茶产业、民族文化工艺品、特色农产品、名优小吃等领域的电子商务获得了良好的电子商务销售平台，再加上苏宁电器、大润发等大型企业入驻，带动晴隆县电子商务的快速发展。受到全州电子商务平台快速发展大潮流的感召，晴隆县委县政府抓住机遇，瞄准时机，制定针对电子商务发展的政策，采取具体措施，大力发展晴隆县的电子商务。同时，依托晴隆县的实际和地方特色，根据电子商务在晴隆县发展的实际情况，晴隆县农产品电子商务也得到了突飞猛进的发展，特别是晴隆县的高山茶和晴隆县的脐橙的电子商务销售得到了更多、更好的发展平台。

2. 草地生态畜牧业规模及特点

贵州省晴隆县经过长期的研究和发展，总结出了石漠化山区的扶贫开发工作、生态建设工作和山区草地畜牧业发展三者相结合的经验，通过种草涵养水土、以草养畜的农业可持续发展方式，实现了山区农业生态效益与经济效益的有机统一，这一山区农业发展模式成为在全国享有盛誉的晴隆模式。经过长期的发展，晴隆县从2012年发展至今，已经基本建成55个羊肉基地、11个育种场、37个人工授精点，建成人工草地76万亩，改良草地42万亩，羊存栏135万只（见表2-7），覆盖整个晴隆县14个乡镇80个村，直接或者间接受益农户27600户，户均年收入在8000元以上。几年来，晴隆县草地农业畜牧业帮助农民增产增收4亿多元，向国家财政提供税收预计增加到700多万元。晴隆县草地中心规划，预计到2020年，努力实现饲养肉羊250万只，全县养羊农户达到3万多户，实现户均收入在10000元以上。

3. 茶产业规模及特点

晴隆县是全国重点的茶叶生产县，茶产业是晴隆县的基础产业之一。近年来，晴隆县委县政府为了积极推动茶叶产业的大发展，以茶叶产业为导向，积极增加农村居民经济收入。例如，依托秀丽的自然风光并结合深厚的人文历史等文化元素，努力打造以"茶籽化石"为灵魂的茶文化知名品牌，大力发展晴隆优质高山茶叶产业，力争把晴隆茶文化打造成为全县的一个知名农产品品牌、一张名片，成为推动晴隆县发展农业山地经济的一个重要产业。

表 2-7　　　　　近五年晴隆县肉羊草地生态畜牧业发展情况

类别	2012 年	2013 年	2014 年	2015 年	2016 年（预计）
羊肉基地	28	33	42	48	55
育种场	2	5	6	9	11
受精点	19	24	27	33	37
草地（万亩）	49	67	85	98	118
羊（万只）	31	50	76	95	135
受益农户	11800	14500	18900	23500	27600
税收（万元）	200	460	540	630	700

资料来源：陈亚林：《晴隆六大特色产业促进农民增收》，《黔西南日报》2016 年 3 月 21 日。

早在 20 世纪七八十年代晴隆县在茶产业方面就有国家免检出口的茶叶产品，晴隆县花贡农场生产的红碎茶，在全国甚至世界都享有很高的盛誉。晴隆高山优质茶叶具有内质丰富、鲜爽醇厚、经久耐泡等独特的高山茶特色，这一特点主要来源于晴隆县的地理优势，来源于得天独厚的自然条件。晴隆县生产出来的优质高山茶叶一直都是全国绿茶中的精品，无论是从口感上还是品质上，都是其他绿茶所无法比拟的。晴隆茶叶绿色、安全、原生态、高原性、健康特质，使晴隆茶叶具有不可复制的竞争优势。1980 年 7 月，在晴隆县碧痕镇云头大山野生茶地，贵州省野生茶树资源调研组成员卢其明研究员发现了世界上迄今为止唯一的一颗"茶籽化石"。这颗"茶籽化石"的发现，后经中国科学院南京古生物研究所、中国科学院贵州地球化学研究所、贵州省地质研究所及贵州省茶科所等专家勘察鉴定，认定为"距今 100 万年的新生代第三纪四球茶的茶籽化石"。对于这颗"茶籽化石"的研究鉴定，多所的研究专家的共同研究报告有这样的叙述："此种茶树茶果实为绿色，每果有种籽 1—5 粒，茶籽呈褐色，是典型的薄壳类种子，直径 1 厘米左右，半球型或前面楔形，背面圆形。"

晴隆县由于地处云贵高原山区，地势地形复杂，海拔高低悬殊，地理气候类型多种多样。晴隆县山区常年云雾缭绕，冬无严寒，夏无酷暑，雨量充沛，土壤有机质含量丰富。依托晴隆县优越的自然环境条件和地理气候条件，晴隆县研制出的"贵隆"系列绿茶，品质独特，品后让人回味无穷，其选用的是无性系良种大叶茶芽叶为原料，经过独特的工艺精细加工而成。根据贵州省农产品质量检验检测中心检测结果，晴隆县研制出的"贵隆"系列的绿茶口感品质好，水浸出物43%、氨基酸3.533%、茶多酚含量高达33%。

晴隆县农业产业结构的调整，坚持因地制宜原则，其中，晴隆县茶产业的不断发展就是晴隆县农业产业结构调整中因地制宜原则的具体体现。近年来，晴隆县委县政府对于晴隆县产业发展的一个主线就是，政府大力推动和扶持，晴隆县在茶叶产业发展过程中，在茶叶品种上，引进了龙井系列、福鼎系列、安吉白茶、金观音、乌牛早等高端的茶种，进一步丰富了茶叶种类。在茶叶加工上，晴隆县政府积极引进沿海茶叶产地的大企业前来投资建厂、生产加工，最大限度地弥补了晴隆县茶叶的外形、包装等方面的不足，在晴隆县茶叶的推广和宣传方面，积极利用外商资源，通过外地的茶商将晴隆县茶叶推广出去。通过多年的努力和发展，晴隆县茶叶生产基地先后被国家农业部命名为"大叶茶树良种苗木繁育基地""名优大叶茶生产基地"和"全国第一批无公害示范基地"。2011年3月，贵州绿茶地理商标经国家工商总局批准，正式被注册使用，至此，贵州茶叶品牌也有了属于自己的茶叶生产地理商标，企业注册的茶叶商标共有16个，主要有"贵隆""贡峰""绿祥"等国内知名茶叶品牌。

根据贵州省茶叶产业的生产和布局规划的相关文件精神，黔西南州晴隆县和普安县被列为贵州省主要早生绿茶和花茶坯的茶叶产业带。晴隆县委县政府结合晴隆县的本地实际情况，制定了以推广无性系良种，建设高产、优质、高效茶园，生产高档名优绿茶为目标，明确提高茶叶加工质量，合力打造"晴隆绿茶"品牌为发展方向。推介其茶叶的"早生、绿色、生态、健康、高山茶"特点，凭借气候，生态环境等方面的优势，推动晴隆茶产业跨越式发展。

目前，晴隆县茶产业的发展正在快速推进，茶叶产业结构调整正在稳步前行，已经初步形成了沿路、沿景和沿江的三沿茶叶产业带布局，沿路茶叶产业带的布局，即沿沪昆高速、晴兴高速和沙八线，依托24道拐和世界唯一茶籽化石发现地，综合布局形成了以沙子镇、碧痕镇和鸡场镇三个镇为中心的以大叶茶为主的种植区域，这一茶叶产业的生产区域，是整个晴隆县茶叶种植生产的集聚区和集散地，该区域现有优质高山茶园4万多亩，茶叶加工企业，茶叶种植生产加工合作社，大大小小的茶叶作坊共计50多家。此外，晴隆县依托三望坪省级风景区的旅游文化资源，在景区周边进行茶叶种植，形成了以大厂镇为中心的3万亩龙井系列生态观光茶园和以花贡镇为中心的福鼎大白1万亩以上的生态茶园。集茶叶种植、生产和旅游生态观光茶园于一体的现代型综合性发展模式，极大地促进了当地居民的经济收益。

近年来，根据晴隆县农业产业带的具体规划要求，充分结合晴隆县茶叶产业发展的实际，县委县政府提出，特色茶叶种植建设按照"山、水、园、林、路"统一规划布局，运用现代化的茶叶种植和生产技术，在茶园内安装太阳能杀虫灯、黏虫板、加大科技的投入、减少农药的使用，保证茶叶质量的安全。晴隆县茶叶公司利用晴隆县境内种植的"云大""金观音""黔湄601"等大叶茶试制高品质红茶的有利条件，成功生产了质量上乘的晴隆红茶。晴隆茶酒、红茶等新产品的开发，进一步优化了晴隆县的茶叶产业结构，为茶农增收，极大地提高了茶农的经济收入，在较大程度上解决了晴隆县夏秋茶放弃采摘、茶园失去管理等严重问题。节约了成本，增加了收入。

晴隆县紧紧抓住被列为全省第一批20个重点产茶县和全国100个重点产茶县的机遇，先后出台了一系列茶叶产业发展优惠政策，鼓励广大群众发展茶叶产业，做大做强茶叶产业。在茶叶的推广和宣传方面，晴隆县委县政府紧紧围绕"晴山千峰翠、隆地万物华"这个主题，倾力打造"茶籽化石"的茶文化名片，强力推介生态、旅游、文化等特色优势资源，树立晴隆对外新形象，着力提高晴隆的对外知名度和美誉度。

依托"全国重点产茶县"的大背景，晴隆县集中茶叶种植生产的专业技术力量，围绕"茶"字做文章，结合晴隆县茶叶种植生产的实际情况，掀起了打造茶叶种植大县的新热潮。晴隆县茶产业经过多年的发展，目前，别具风格的"贵隆"系列绿茶（含大叶毛尖、毛峰、翠芽、明前茶等），多次荣获"国际名茶""中国文化名茶""贵州名牌产品"等国内国际奖项40多项，晴隆县的茶叶产品更是远销深圳、云南、广西、四川、浙江、湖北、山东等地区。晴隆县做优做强做大"晴隆绿茶"产业，大力发展高档名优茶，大量运用现代茶叶生产技术，提高茶叶加工的标准化、机械化水平，大力扶持科技含量较高的茶叶特色产品，实施茶叶精品和茶叶名牌战略，全面提升茶叶产业综合效益。从每年 3 月初开始，晴隆春茶就陆续开始采摘。2015 年调研中，种茶大户小黎介绍，平均每年小叶茶茶青价格每斤在 60 元左右，大叶茶茶青价格每斤 20—30 元，与之前相比，翻了一番，来自江苏、浙江、福建、上海的茶商云集晴隆产茶基地，收购新鲜茶叶。截至 2015 年年底，晴隆县新建茶园 1.6 万亩，改造老茶园 1 万亩，跨年度实施 4000 万亩，新建无性系茶树良种苗圃 100 亩。全县茶叶面积达到 9.3 万亩，同比增长 10.3%；全年茶叶总产量达到 3056.3 吨，总产值 8259.3 万元；农民实现收入 7639.8 元/人，涉茶经济总值达到 9648.5 万元；茶叶企业增加值增长 28%，实现利润增长 21%；种茶收入占全县农民人均纯收入的 20%。晴隆县近五年来茶叶的生产相关情况如表 2-8 所示。

表 2-8　　　　　晴隆县近五年来茶叶的生产相关情况

类别	2012 年	2013 年	2014 年	2015 年	2016 年（预计）
面积（万亩）	5.2	6.8	8.4	9.3	10.2
总产量（吨）	846.5	1034.2	1803.6	3056.3	4633.5
总产值（万元）	2365.8	3786.5	6526.2	8259.3	9438.5
农民收入（元/人）	1968.4	3428.6	6037.3	7639.8	8738.1

资料来源：《晴隆统计年鉴（2015）》。

目前，晴隆县茶叶专业合作社 12 家，各种茶叶加工企业 60 多家，带动了 3.6 万户 10 万多人脱贫致富。晴隆县茶叶公司于 2003 年成为省级龙头企业，其茶叶生产基地先后被评为农业部"南亚热带作物名优基地"、全国"无公害茶叶出口基地"。2003 年率先通过 TSO9001、TSO14001 体系认证，2007 年获得全国工业产品生产许可证书（QS）。晴隆县茶业公司成立于 1991 年，与 1987 年建立的晴隆茶树良种苗圃是两块牌子，一套人马，本着"以人为本，品质至上，诚实守信"的经营理念，形成了集茶叶科研、生产、销售服务于一体的现代型茶叶综合生产加工销售科研公司。晴隆县茶叶公司主营茶叶苗木、茶叶繁育、茶叶引种、茶叶试验、茶叶示范、茶叶推广及名优茶加工。公司总部和茶叶种植加工生产区位于晴隆县南部沙子镇境内，产地海拔 1400 米。这里青峰叠翠，自然气候独特，盛产名优茶优质原料，园区环境优美，远离污染。所以，2011 年被农业部评为全国南亚热带作物名优基地、全国无公害茶叶生产基地、贵州省茶叶出口基地、贵州省级重点龙头企业。

晴隆县茶叶公司研制的"贵隆"系列绿茶,是目前国内茶叶市场上绿茶产品中的优质茶叶,它选用的原料是无性系良种大叶茶芽叶,绿茶的生产加工工艺独特精细,加工出来的绿茶具有外形匀整、翠绿,汤色黄绿明亮、栗香持久,滋味鲜醇,叶底嫩绿、匀整、明亮等特点,整个"贵隆"系列绿茶含有人体必需的多种维生素、氨基酸及微量元素,水浸出物43%,茶多酚含量高达33%,十分有益于人体的养生健康,是真正的原生态高山名优绿茶。产品安全、绿色、优质,一经推出就获得广大消费者的好评,先后荣获国内外多个名优名茶奖项,在国内国际享有殊荣。晴隆县茶叶公司于2007年被贵州省工商局授予"连续十年重合同守信用"企业。

十余年来,晴隆县采取"公司+基地+农户"的产业发展模式,带动基地周边农户4376户种茶迈入小康。公司拥有优秀的管理队伍,精湛的加工技术,发展势头强劲,目前正朝着公园茶、文化茶产业化方向稳步迈进。目前,全县共发展茶园8.7万多亩,辐射14个乡镇,带动农户约3万户近11万人共同发展致富,共计产值6470多万元。现有茶叶加工企业20多家,茶叶农民专业合作社12家。在中国第五、第六、第七届茶叶经济年会上,连续三年荣获得"全国重点产茶县"称号。根据晴隆县茶叶种植和生产估算,预计到2025年实现全县茶叶种植25万亩,全年产量1.3万吨,产值10亿多元,农民茶青收入达5亿元。

近年来晴隆县茶叶加工企业和农民合作社发展情况如图2-7所示。

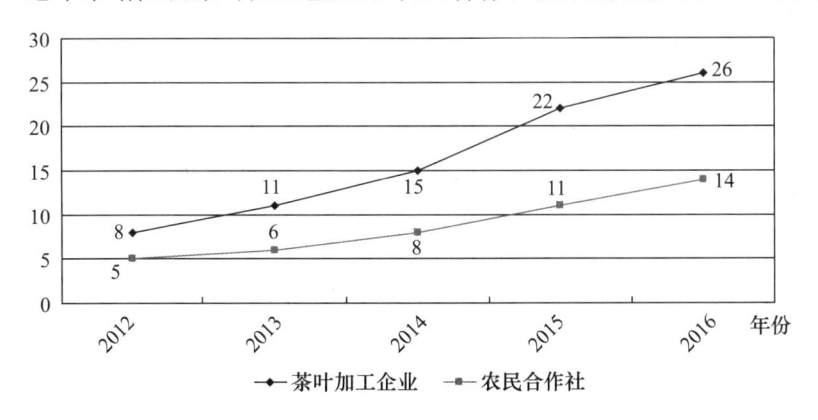

图2-7 近年来晴隆县茶叶加工企业和农民合作社发展情况

资料来源:晴隆县人民政府网。

4. 柑橘产业规模及特点

晴隆县积极依托综合农业的开发政策，大力发展柑橘种植生产加工产业。晴隆县既是种茶产业大县，又是贵州省主要的柑橘产地之一，晴隆县生产的脐橙在水果销售市场上一直备受人们的青睐。近年来，根据晴隆县委县政府对于农业产业结构调整的相关文件精神，晴隆县的柑橘产业逐渐发展成为晴隆县六大农业产业之一。晴隆柑橘场目前是整个晴隆县规模最大的柑橘生产地和加工企业，现有资产总额4530.9万元，固定资产2487.9万元，基地生产的"晴珍"晴隆脐橙、晴隆夏橙获得农业部批准的绿色食品标志。在晴隆柑橘场的柑橘种植和生产辐射带动下，目前，全县柑橘种植面积3.16万多亩，投产2.2万亩，产量5700多吨，产值2210多万元，覆盖全县8个乡镇，受益农户达3800多户近19000人。

晴隆脐橙目前是全县推出的最为知名的柑橘品牌，其具有果皮橙黄、油胞发达、光洁色鲜、果心小、果肉细嫩化渣等特点。晴隆脐橙的主要产地多分布于境内海拔750—1100米的河谷地带及半山台地。晴隆脐橙的产地全年气温较高，终年平均气温维持在16.1—18.2℃，其中大于等于10℃的年积温达4833℃—5933℃；相对湿度81%左右，年降水量1250毫米以上，土质多为紫色沙壤和黄壤，表层结构良好，土层深厚肥沃，富含钾。所产黄果为圆球或扁圆形，果心小，半充实，中心微软，部瓣易剥离，可食部分占全果重量的66%—72%。晴隆脐橙以鲜食为主，十分可口，也可经加工制成原汁、饮料等特色农业商品。据记载，晴隆脐橙距今已有100多年的栽培历史。

晴隆脐橙果型整齐、端庄，色泽橙红、艳丽，果面细腻，肉质脆嫩，汁多，风味浓甜，香味独特，回味悠长，鲜食极佳，具有保健作用，长期食用，有软化血管，增强心脑机能，预防癌症、中风糖尿病、便秘等作用。耐储运，货架寿命长，产品在常温下储藏到第二年4月而味道不变，达A级绿色食品标准，获得绿色食品标志使用权。

晴隆县柑橘场建于1975年，1986年经贵州省农业厅批准为地方国营柑橘场，归口农垦系统，资产总额350万元，固定资产2478万元，经营管理果园面积6100亩。以县柑橘场为依托的脐橙基地也属于国家农业部农垦局命名为南亚热带作物名优基地。2006年基地生产出来的"晴珍牌"商标被贵州省工商局评为贵州省著名商标，2008年晴隆脐橙获得黔西南州优质农产品称号。

晴隆县加大柑橘扶持力度,种植规模不断提升,取得了石漠化治理与农民致富双丰收。截至目前,全县柑橘种植面积达 2.44 万亩,投产果园面积 8000 亩。2014 年柑橘产量 1700 多万斤,实现产值 2480 多万元。

在晴隆县柑橘种植的发展过程中,晴隆县委县政府出台了一系列政策,加快了晴隆县柑橘产业的发展。

一是抓领导,精心组织。晴隆县委县政府严格按照"一个产业,一套领导班子,一个工作机构"的要求,根据晴隆县当地的柑橘种植情况和柑橘产业的发展情况,成立并充实了县柑橘产业发展领导小组,全县柑橘产业的发展严格按照"柑橘产业规模化"发展思路,每年实行责任考核落实制,加大柑橘种植生产的资金投入和政策扶持力度。

二是抓规划,规模发展。主要做好对柑橘植区域和面积的规划,及早谋划落实种植预整地,采取集中连片种植,努力扩大种植面积,形成规模化、产业化发展。

三是抓质量,科学栽种。坚持适地适树原则,加强优良品种的选育工作,做好改良技术培训、苗木的培育、调运工作,保证优质壮苗进入苗地造林,保证新植柑橘苗的成活率。

四是抓管理,促进效益。坚持选择商品价值高、适应性强、丰产性能好的柑橘作为栽种和改良品种,推进品种优化,确保柑橘产量、质量提高。对具备耕作条件的土地,在柑橘树处于幼树期时,通过种植矮杆作物等现代化种植技术,以耕代抚,确保农民收益不受影响。

(二)晴隆县农产品电子商务发展态势

1. 从国内形势看晴隆县农产品电子商务发展态势

当前,在我国电子商务经济发展过程中,电子商务的发展呈现出一些突出特点:一是电子商务的相关服务业发展迅猛,电子商务行业已经形成了功能完善的业态体系;二是零售电子商务平台化趋势日益明显,各个电子商务平台之间竞争激烈,电子商务交易市场日益集中,开始出现一种新型的垄断(或寡头垄断)局面;三是电商平台的地位和作用日益凸显,电商平台、政府监管部门与进行网上销售的企业之间正形成一种新的市场治理结构;四是跨境电子交易发展迅速,但尚未形成有效的发展模式;五是区域发展不平衡显著,电子商务服务企业主要集中在长三角、珠三角和北京等经济发达地区，而且出现企业日益集中的趋势。企业发展的集中，能够形成强大的产业集群，这就为电子商务的发展提供了更广泛的发展和交易平台。当前，随着互联网经济的高速发展，特别是李克强总理提出的大力发展"互联网＋"后，电子商务紧跟推出"互联网＋电子商务"发展思路，积极出台相关的发展渠道，让电子商务的发展在依靠"互联网＋电子商务"的发展机遇之下百尺竿头，更进一步，从而实现电子商务的变革。

近年来，我国的电子商务交易额一直保持快速增长势头，根据国家商务部电子商务司测算，2015年我国各大电子商务平台的电子商务交易额（包括B2B和网络零售）达到约18万亿元，同比增长22%。根据国家统计局的数据，2015年网络零售依然保持高速增长的态势，全年电子商务网上零售额同比增长48.7%，达到3.4万亿元。商务部监测的5000家重点零售企业，网络零售增长33.2%，比上年加快1.3个百分点。专业店、超市和百货店分别增长5.8%、5.5%和4.1%，比上年分别回落1.7个、2.8个和6.2个百分点；购物中心虽增长7.7%，但也比上年回落4.5个百分点。从这一连串的数据可知，我国电子商务行业已经逐步成为我国国民经济的重要的新兴产业之一，而且，每年在电子商务上的销售总额都在高速增长，电子商务行业在促进我国经济增长拉动国内消费和增加国内消费需求上，起到了不可忽视的重要作用。此外，电子商务的一个最明显的特点是：电子商务不是单纯地限制在某个单独的行业发展，它的发展具有多样性和多重性。这也是电子商务能够在极短的时间内在我国快速发展的重要原因。它所涉及的产业之多、行业之广，是其他很多行业都难以比拟的。晴隆县农产品电子商务的发展，正是在全国的浪潮中推进的。

2. 从黔西南州情况看晴隆县农产品电子商务发展态势

从近年来黔西南州电子商务发展情况来看，晴隆县的电子商务业务有了进一步发展，但是，还有待提升和扩大。根据相关资料统计，截至2014年，黔西南州新增了多个大型电子商务交易平台，在新增的大型电子商务交易平台的冲击下，黔西南州的一些传统商贸企业也都采取了相应的适应电子商务发展大潮流的改革，一些传统的商贸企业为了获取更多的市场交易份额，都开展了电子商务业务，电子商务在黔西南州的发展可谓是百花齐放、百家争鸣。根据黔西南州电子商务相关部门发布的统计数据，2015年，全州电子商务企业共194家，而2014年是116家（占省的13%），同比增长明显。州内电子商务服务企业电子商务交易额达到24亿元，同比增长96%，占社会消费品零售总额的9.1%。黔西南州近五年电子商务企业发展情况如表2-9所示。

表2-9　　　　　黔西南州近五年电子商务企业发展情况

类别	2012年	2013年	2014年	2015年	2016年（预计）
销售额（亿元）	13	15	19	24	27
企业数量	56	83	116	194	275

资料来源：《黔西南州统计年鉴（2015）》。

目前，在黔西南州农商产品的销售和推广问题上，主要是依托第三方交易平台开展电子商务。州内比较有名和实际市场占比较大的大型第三方交易平台主要有以下几个：

（1）贵州电子商务云：贵州电子商务云是在"云上贵州"基础上，利用互联网技术，以政府监管与服务、生活性和生产性服务为主要内容，以政府主导、企业投资、知名电商建设、市场化运营为主体思路，创新组织结构和经营模式，引导贵州省传统优势企业和中小微企业，依托贵州电子商务云开展业务，同时整合电子商务服务资源，向平台用户开放，实现聚集贵州省优势产业和企业、整合产业链，实现一站式服务，达到降低企业成本、提高政府效率的目的而搭建的公共服务平台。贵州电子商务云是以坚持政府推动、企业搭建、电商主体、服务支撑、市场运作、典型示范、推广应用为指导，依托市场手段，以平台为核心、以服务为导向、以运营为支撑、以开放为特点的全产业链本土化电子商务服务平台，旨在解决贵州企业在电子商务发展中存在的政策、技术、资金、服务、人才的问题，打造贵州电子商务生态圈，促进贵州经济转型、产业升级，优化贵州人才结构。

贵州电子商务云的运营方式是：采取政府推动、企业搭建的模式，按照市场化方式进行建设和经营。在政府的推动和指导下，按照市场配置资源的原则，由企业投资主体主导组建专业化运营公司，搭建和运营贵州电子商务云。同时，成立电子商务服务联盟、电子商务云专家与顾问委员会、商家诚信联盟等方式为电子商务云提供技术、人才、管理等方面的支持。平台的商业模式和电商生态将由市场决定。平台市场化运营服务是以"让专业的人做专业的事"为指导，通过引入独立软件开发商（ISV）、第三方电子商务服务提供商提供物流、金融、数据、人才培育及整合供应链等专业服务。运营初期，政府可采取政策扶持、减免入驻费用、开展示范工程等措施，解决平台运行初期的商户入驻困境，降低电子商务云商户入驻门槛，形成良好的电子商务云品牌和人气。在 ISV 和第三方电子商务服务提供商具备一定规模后，云电子商务利用政府主管部门的政策引导和电子商务云的生态机制，引导和指引电子商务云上的用户自我发展，逐渐形成良性循环，达到自我"造血"的目的。同时，借助电子商务云平台沉淀的数据，并开放政府自有数据，建立针对商户的信用评价体系，巩固电子商务云生态的"高信用、好口碑"形象，并利用大数据分析结果指导电子商务云生态化发展。

云电子商务结合了 Web3.0、云计算、电子商务功能，是以个人为中心的电子商务时代，是适合于企业、商家、消费者的全新的电子商务管理系统，能够将产业上下游整合在一起，形成产业链。在云平台上，所有的电子商务供应商、代理商、策划服务商、制作商、行业协会、管理机构、行业媒体、法律机构等都集中云整合成资源池，各个资源相互展示和互动，按需交流，达成意向，从而降低成本，提高效率。

（2）淘宝：淘宝网是亚太地区较大的网络零售、商圈，由阿里巴巴集团在 2003 年 5 月创立。它是中国深受欢迎的网购零售平台，拥有近 5 亿的注册用户数，每天有超过 6000 万的固定访客，同时每天的在线商品数已经超过了 8 亿件，平均每分钟售出 4.8 万件商品。截至 2011 年年底，淘宝网单日交易额峰值达到 43.8 亿元，创造 270.8 万直接且充分就业机会。随着淘宝网规模的扩大和用户数量的增加，淘宝也从单一的 C2C 网络集市变成了包括 C2C、团购、分销、拍卖等多种电子商务模式在内的综合性零售商圈。目前，已经成为世界范围的电子商务交易平台之一。

其公司的文化是：淘宝网提倡诚信、活跃、快速的网络交易文化，坚持"宝可不淘，信不能弃"。在为淘宝会员打造更安全高效的网络交易平台的同时，淘宝网也全力营造和倡导互帮互助、轻松活泼的家庭式氛围。每位在淘宝网进行交易的人，不但交易更迅速高效，而且可以交到更多朋友。2005 年 10 月，淘宝网宣布：在未来五年，为社会创造

100万工作的机会，帮助更多网民在淘宝网上就业，甚至于创业。直到2007年，淘宝网已经为社会创造超过20万的直接就业的岗位。特别是在2008年的国际金融危机之下，通过淘宝网进行的消费，无论在数量上还是金额上都在逆势而升。

其网站的特色是：第一，初期营销，"农村包围城市"。从小做起，一点一滴商务积累发展的经验，注重网站的宣传和营销。第二，网站质量，网站界面设计。淘宝网不断地改进和创新，使网站的画面更加简洁。积极构筑线上客服中心和虚拟社区等，为淘宝网消费者提供更加贴心的服务。第三，免费优势。第四，信用体系，淘宝网的实名认证。一旦淘宝发现用户注册资料中主要内容是虚假的，淘宝可以随时终止与该用户的服务协议。利用网络信息共享优势，建立公开透明的信用评价系统。第五，交易平台。着力解决消费者的在线支付难题，解决了买家对于先付钱而得不到所购买的产品或得到的是与卖家在网上的声明不一致的劣质产品的担忧；同时也解决了卖家对于先发货而得不到钱的担忧。第六，安全制度。淘宝网也注重诚信安全方面的建设，引入了实名认证制，并区分了个人用户与商家用户认证，两种认证需要提交的资料不一样，个人用户认证只需提供身份证明，商家认证还需提供营业执照，一个人不能同时申请两种认证。第七，网店过户。从淘宝网获悉："网店过户"线上入口2013年7月24日正式开放，这意味着网店经营者只要满足一些必要条件，即可向平台提出"过户"申请；过户后网店信誉保持不变，所有经营性行为都会统一被保留。同时，淘宝对店铺过户双方也有一定约束，如原店铺参加签署的各类服务协议，过户后一并承接。

淘宝未来的一个发展的战略是：2016年3月29日，在杭州召开2016年度卖家大会，阿里巴巴集团CEO张勇在会上为淘宝的未来明确了战略：社区化、内容化和本地生活化是三大方向。淘宝充分赋予大数据个性化、粉丝工具、视频、社区等工具，搭台让卖家唱戏。利用优酷、微博、阿里巴巴、阿里影业等阿里生态圈的内容平台，紧密打造从内容生产到内容传播、内容消费的生态体系。根据用户的需求，除进行中心化供给和需求匹配，并形成自运营的内容生产和消费传播机制以外，还会基于地理位置，让用户商品和服务的供给需求能够获得更好的匹配。

（3）黔城惠。黔城惠网站成立于2013年8月，是由久网同城科技有限公司独立开发运营的本地生活服务网站和移动手机客户端，同时也是黔西南交通旅游广告FM88.3《美食天天品》和《今晚好去处》栏目战略合作伙伴。致力于打造一个三位一体（网站、手机客户端、广播电台）的本地生活服务、消费体验与分享的网络平台。为消费者提供城市美食、娱乐、购物、休闲等诸多商户的基本信息，以及消费情报、生活资讯、打折信息等城市消费指向的平台，并通过智能移动手机，周边地理位置信息查询，顾客可对商家进行购物点评与分享的网络平台。

（4）美团。美团成立于2010年3月4日，是一家大型的团购网站。美团网的经营和发展本着"美团一次，美一次"的口号。美团网的经营发展目标是："为消费者发现最值得信赖的商家，让消费者享受超低折扣的优质服务。""为商家找到最合适的消费者，给商家提供最大收益的互联网推广。"

美团网凭借其良好的电子商务服务体系，在市场上赢得了广大消费者的一致认可。其良好的服务体系主要体现在：第一，可信性。诚信是团购网站的生存根本，美团网之前没有作假，以后也不会在团购人数上作假。第二，承诺团购无忧。为了更好地服务用户，美团网除严格的商家审核之外，还投入千万元进行呼叫中心建设，同时率先推出"7天内未消费，无条件退款""消费不满意，美团就免单"和"过期未消费，一键退款"等一系列消费者保障计划，构成了完善的"团购无忧"消费者保障体系，为用户提供最贴心的权益保障，免除消费者团购的后顾之忧，让消费者轻松团购，放心消费。

美团网始终遵循消费者第一、商家第二、美团第三的原则，自成立之初就非常重视诚信经营，迄今已有一整套体系为消费者提供好价格、好商品和好服务。美团网是国内第一家在消费者消费后，让消费者对消费进行评价的团购网站，以便于能够及时地发现消费中存在的问题。美团网是国内第一家在消费者美团券过期前会多次给消费者发短信提醒的团购网站。美团网是国内第一家建大型客服中心的团购网站。销售额快速增长，客服电话是否能接通成为消费体验中非常重要的一个要素。美团网推出了"团购无忧"的售后服务计划。

晴隆县的农产品电子商务，紧紧依靠黔西南州内入驻的电商企业及交易平台而发展。

3. 从晴隆县快递业的增长看农产品电子商务发展态势

相较于 2014 年的快递数量,2015 年晴隆县的进口快递件增长了 27%,出口快递件增长了 31.8%。进口快递件与出口快递件之比为 6∶2。进口快递件远远大于出口快递件。快递行业在整个晴隆县的发展,极大地提升了晴隆县各个乡镇电子商务的发展。如今,顺丰、申通、中通等快递公司的快件正在进入晴隆县的每家每户,包括农村地区也是这些快递公司的运营对象。快递行业给晴隆县带来的不仅是经济增长和消费提高,同时,也将晴隆县特有的一些特色产品推向了全国乃至世界各地。借助黔西南电子商务快速发展的平台,晴隆县委县政府抓住机遇,抢占先机,根据晴隆县的实际情况和晴隆县电子商务的发展优势,积极推动晴隆县电子商务的发展。如今,晴隆县的各种特色农产品,诸如晴隆绿茶、晴隆脐橙、晴隆蔬菜、晴隆糯薏仁米等通过电子商务的平台向全国推销出去。每年从晴隆县走出的各种农产品数不胜数。通过晴隆县境内快递两年以来的双增长态势,也从另一个方面反映出晴隆县电子商务的飞速发展。

表 2-10　　　　　　　　晴隆县近年来快递业发展情况

年份	进口件(万件)	出口件(万件)	进口价值(亿元)	出口价值(亿元)
2013	65.7	7.5	1.1	0.12
2014	86	13.9	1.4	0.22
2015	107.4	21.3	1.7	0.34
2016(预计)	154.8	34.6	2.5	0.55

资料来源:《晴隆统计年鉴(2015)》。

虽然晴隆县依靠黔西南州电子商务发展的大平台积极地对本县的电子商务进行规划发展,但是,晴隆县电子商务的发展仍然有诸多不足,需要加强的主要有以下五个方面:

第一,重点培养从事电子商务的人才。与国家、省有关培训机构、国内知名电商企业联系对接,邀请专家、电商高管来晴隆县举办面向企业技术业务人员、公司老总、各级领导干部的不同层次的电子商务培训班,加强技术人才的培养培训,推动各级领导干部顺应发展形势,调整转方式调结构的决策思维方向。支持电子商务企业与晴隆县合作建立电子商务人才培训基地。

第二，重点培育电子商务典型企业。开展"晴隆县电子商务示范企业"培育创建工作，制订认定办法，扶持和培育一批模式先进、有一定规模和知名度的电子商务品牌，给予重点支持。积极开展国家级、省级电子商务示范企业、示范基地示范企业创建活动。

第三，制定完善的电子商务扶持政策措施。以晴隆县打造省级电子商务示范基地为契机，充分调研，广泛听取相关政府本门、企业、专家的意见。结合晴隆县经济发展现状、产业特色和战略定位，制定出适合晴隆县电子商务发展特色的相关规则、政策措施。同时，吸引晴隆县境内电子商务示范企业聚集发展，最大限度地发挥辐射带动作用，促进电子商务应用和模式的创新，推动产业转型和升级。

第四，成立电子商务协会。以晴隆县境内的知名电商企业牵头、骨干企业为主要成员，成立晴隆县电子商务协会，发挥协会桥梁纽带作用。指导协会在行业自律、统计监测、技术推广、交流合作等方面发挥积极作用，提高行业管理服务水平。

第五，建立多部门协作机制。发挥各级商务主管部门对电子商务工作的协调指导作用，加强与各有关部门的沟通与协调，建立部门协作机制，建立工作联席会议制度，为电商企业的创业与发展提供支持和帮助，共同推动晴隆县电子商务的快速发展。

二 晴隆县农产品电子商务存在的主要问题及成因

（一）调研问卷的设计、发放、回收与结果分析

1. 问卷设计

（1）问卷设计思路。问卷设计思路为：问卷调查是根据我们需要的信息，把它编制成问答题；然后把问卷调查分发给被调查者，被调查者根据问题与给出的答案进行选择；最后在被调查者回答完毕之后收回问卷，对问卷进行整理、统计以及分析。由于考虑到被调查者的文化水平与愿意花费的时间，以及便于被调查者的回答，我们采用的是封闭式调查问卷。封闭式调查问卷的答案是标准化的，而且问题的含义相对于其他调查方式更清楚。我们的调查目的是了解晴隆县电子商务的发展情况和农民对于农产品电子商务的了解给农业农民带来的影响，所以，我们主要将从农民对于农产品电子商务的了解和对于农产品电子商务政策的认识以及政府部门对于农产品电子商务的支持力度等方面来设计问

卷，同时在答案的设计上，也会按照程度轻重递减及问题可能涉及的方面进行设计，尽量避免被调查者使用过多的文字语言进行问卷的作答。

（2）问卷主要内容。调研问卷的主要内容包括对象基本信息（性别、年龄、教育程度、职业、家庭年收入）、对农产品电子商务的认识、对农产品电子商务的利用和政府对农产品电子商务的支持。

（3）问卷对象分类。问卷调查的主要对象有晴隆县正在从事农产品电子商务的或者即将从事农产品电子商务的农民、大量使用电子商务平台进行农产品销售的电子商务的商家或企业、晴隆县农产品电子商务的有关管理部门和地方政府四类。

首先是农民。农产品电子商务的快速发展以及它所带来的对于农产品网络销售的巨大影响，首先得到体会和影响的便是正在从事农产品电子商务的或者即将从事农产品电子商务的农民。因为广大农民是农产品生产和加工的第一人，农产品数额的多少、质量的好坏、品种的分配等问题首先面对的是农民。农产品电子商务的出现以及它的快速发展，对于农民生产出来的农产品在网络销售和电子商务的销售上具有重大的影响。在农产品电子商务没有进驻到晴隆县之前，农民在农产品的销售上，销售方式单一，一般都是进行传统的农产品销售，受物流以及保鲜技术等各方面因素的影响，农民生产出来的农产品很难销售到其他地区，大部分都是在本地进行销售，而且在销售过程当中，由于技术不到位，会损坏大量的农产品。农民生产出来的农产品在进入流通领域的第一个环节就需要投入大量成本，而且投入大量成本之后，整体收入却没有多大的提高，所以，很多农户会慢慢地放弃种植行业，放弃生产农产品，从而转行到外地打工。但是，农产品电子商务进驻到晴隆并且发展得到不断加快，使农民在农产品的销售方面掌握了更多的销售方式和销售渠道，在农产品的生产和销售上的投入相对减少、国家政策的支持和引导、专业技术的培训和教育、基础设施的建设和完善、农业税收在不断减少甚至运用电子商务进行农产品的网络销售在税收方面的优惠等，使农民的收入不断提高。以前种粮最好的情况就是能解决温饱问题，而现在，种植农产品都能发家致富，这也让农民对于农产品的种植积极性不断提高，农产品的需求越大，农产品的销售就越大，种植面积也就在不断扩展，所以，农产品电子商务在晴隆县的快速发展，对于正在从事农产品电子商务的或者即将从事农产品电子商务的农民影响甚大。

其次是商家。对于大量使用电子商务平台进行农产品网络销售的电子商务商家或企业,农产品电子商务的快速发展,对于他们的影响主要表现在农产品的销售方式上的多样化、农产品商品交易的便捷化和快速化。在电子商务没有得到快速的发展以前,巨额的农产品销售成本就像一根鱼刺卡在电子商务企业和商家的喉咙上一样,每年生产出来的农产品,需要投入大量的销售成本才能销售出去,而且由于销售方式的单一,在销售的过程中也会损失很多,相对于投入的物力、人力、精力,得到的收入减少,这使部分企业和商家最后的利益也就勉强能够发工资、支付一些技术费用等,企业和商家没有足够多的钱来进一步发展与建设,银行也不敢过多地给企业和商家贷款,这也是电子商务企业和商家发展困难的原因之一。而现在,由于电子商务的运用和快速的发展,使企业和商家在农产品的销售模式上有了更多的选择,农民对于农产品的销售成本等费用在不断减少,使企业和商家的收入变相增多,而且政府还给许多电子商务企业和商家提供大量的政策性支持,比如在减税的基础上给予企业足够多的便利,比如业务渠道这一块,手续不再像以前那样烦琐,给电子商务企业提供专门的技术服务支持,在政府部门办理企业业务时,以前办理业务或者手续什么的少说也要两三个月,而现在基本上一个星期就可以搞定,让企业省去了大量的时间。同时,由于农产品电子商务平台的实施,大大提高了企业和商家的网上交易成交额,基于此,银行也给企业和广大商家打开了方便之门,企业和商家根据自身的实际情况,可以向银行贷款来发展企业,让企业有较强的资金资本,发展壮大有了必要的基础。

再次是管理部门。对于农产品电子商务的有关管理部门来说,职能发生了变化。农产品电子商务的实施和快速发展,使农民在农产品的销售方面投入的成本减少,农民的收入渐渐提高,进一步提高了农民生产种植积极性,农民生产出来的农产品不愁销售不出去,而且在销售上投入的成本越来越低,农民生产出来的农产品无论质量还是数量,都在不断超越以往,而且农产品电子商务平台在运营和维护上也引进了许多先进的技术,这让农民加工出来的产品质量提高。对于这些改变,农产品电子商务管理部门也就不必再花费较多的时间去管理,毕竟在电子商务网络销售这一块,只要农民、企业、商家生产和加工出来的产品基本上符合行业标准等级,市场需求。相关的农产品电子商务就会发展得越来越好。

最后是地方政府。农产品电子商务的实施和快速发展,农产品电子商务网络销售行业欣欣向荣,农民的温饱问题解决了,农民的生活质量也在不断提高,逐渐走向了发展致富的道路,社会治安也在不断改善。作为政府,这是它们所愿意看到的,也是它们想要做的,更是它们所追求的。作为地方政府,这些现象突出体现了政府部门的管理水平。农产品电子商务的发展,是一个地区紧跟当代信息发展潮流的一个重要体现,它不仅体现了一个地区的信息化水平越来越高,而且从政府部门的管理层面来说,也体现了政府部门管理的信息化和现代化。

(4)问题梳理统计。根据问卷调查结果进行统计(详见本节附录)。

2. 问卷发放

本次问卷的发放时间分两次,第一次为晴隆县果蔬销售时节;第二次为晴隆县高山茶收货的时节。这主要考虑到在这两个时节,农产品电子商务企业和商家比较集中,而且农产品电子商务企业和商家也在这两个季节比较活跃,这对我们的调查有很大的好处,问卷调研比较容易完成,而且调查到的结果信息比较全面。

问卷的发放地点主要有:从事电子商务的农民家中、电子商务企业和商家的厂地及商铺所在地、政府部门等。在从事电子商务的农民家中主要针对一线从事农产品电子商务的农民,因为这些从事电子商务销售的农民既是农产品生产者,也是农产品第一电子商务销售者,他们更加具体地掌握农产品的生产和销售第一手数据和价格,他们在农产品电子商务销售上的收入直接体现了农产品电子商务给农民带来的最真实的经济效益,能够直接反映出农产品电子商务对于他们的农产品销售产生的推动作用。对于这一类的人群要重点调查,也是我们此次问卷调查的重点对象,这也便于我们完成问卷。而关于农产品电子商务销售企业和商家的问卷调查,对于我们来说,也能够更加真实地体现农产品电子商务的发展给广大农产品电子商务的从业者带来巨大的利益。农产品电子商务的销售企业和商家是农产品电子商务最大的利用者和实际的运营者,对于他们的调查,不仅能够得到最为真实、具体的农产品电子商务的销售业务数据,还能根据电子商务对于这些企业和商家的销售业务的影响,从而给出相应的电子商务发展的合理化建议,帮助电商企业和商家在电子商务的销售领域发挥自我创新的能力,争取把晴隆县农产品电子商务发展得更快、更好。而关于政府部门的问卷调查,主要收集晴隆县相关政府部门对于农产品电子商务政策的颁布与落实过程中出现的问题,以及农产品电子商务在晴隆县的快速发展中政府的作用,这让我们更清楚地了解到农产品电子商务政策在整个晴隆县产生的经济效益和社会效益。

本次问卷调查的发放问卷为200份,其中,对于正在从事农产品电子商务或者即将从事农产品电子商务的农民,发放的调查问卷为110份,其次是大量使用农产品电子商务平台进行农产品销售的企业和商家,发放的调查问卷为69份,而对于农产品电子商务的有关管理部门和政府部门,本次发放的调查问卷为21份。对于调查问卷的数量控制在200份,这主要是考虑到如果调查问卷的数量过多,那将会极大地增加问卷调查组的工作量,这样,时间成本与经济成本将会大大地增加,而且问卷的数量如果太多,有可能会导致有些问卷的填写质量下降,或者在调查问卷进行统计的阶段出现漏掉或者统计错误的问题。这个调查问卷的数量分配主要是根据人数确定的,比如说,正在从事农产品电子商务或者即将从事农产品电子商务的农民在调查对象中占的比重非常大,其次就是大量使用农产品电子商务平台进行农产品销售的企业和商家,而农产品电子商务的有关管理部门和政府部门中占的比重相对较少,而且掌握信息也较少。

3. 问卷回收

主要采取面对面方式发放问卷,以及问卷调查组成员持调查问卷到相应的被调查对象的工作(活动)地点,发放调查问卷后,指导被调查对象完成问卷的填写,然后即时收回。采取这种方式的主要原因是我们针对的调查主体大多数是从事农业生产的农民,他们的文化程度不高,对于农产品电子商务方面的信息不是很了解,如果我们采取在线调查的方式的话,问卷的回收率将会很低;而电子邮件邀请调查方式,问卷的回收率将会更低,不仅是因为使用网络的用户少,而且我们掌握被调查对象的邮件地址更少,这将会让我们的邮件调查问卷成为垃圾邮件,回收率会更低。而采取面对面的问卷发放方式,它不仅发放方式简单,而且被调查对象完成的概率比较高,同时收回更加容易、更加快捷。这有利于我们能够对回收的调查问卷进行及时的整理与分析。同时，这种发放方式也不会造成过多的浪费。虽然花费的人力、财力相比要多，但是效果比较理想，调查出来的结果也是较符合实际的。

4. 问卷结果分析

(1) 问卷的描述性统计分析。采用 SPSS 软件对调查问卷得出的数据进行描述性统计，对被调查者的信息、对农产品电子商务的认识程度，还有相关的电子商务的落实和实施程度，农民和企业（商家）对于农产品电子商务快速发展的满意度以及农产品电子商务的普及程度进行简单的分析。

问卷题目内容分别是：年龄、教育程度、职业、家庭平均年收入，是否知道农产品电子商务，是否知道农产品电子商务政策，是否知道银行的农产品电子商务政策，是否知道农产品电子商务的网络销售方式，是否了解农产品电子商务销售网站受消费者欢迎的原因，农产品电子商务对业务销售的作用，当前农产品电子商务存在的主要问题，对农产品电子商务政策的实施是否满意，对农产品电子商务的前景展望是否满意，对政府对于农产品电子商务的支持力度是否满意，所在区域宣传农产品电子商务的相关政策、负责人的态度，农产品电子商务政策对个人的影响，农产品电子商务政策对所在企业的影响。

收回的全部是有效问卷（是因为我们采取的是面对面的当场指导被调查人填写调查问卷并当场收回的方式）。问卷包含被调查者的一些基本信息，比如性别、年龄、职业以及收入等，问卷包含 20 个问题，每个问题深入浅出，并且基本上都是围绕农产品电子商务的发展及农产品电子商务的相关知识展开的。比如，农产品电子商务相关政策以及政策的落实程度，对于农产品电子商务相关知识的认识和运用程度以及相关政府部门对于农产品电子商务的支持力度等。对这些问题进行进行调查，对进一步了解和掌握农产品电子商务在晴隆县的发展，以及农产品电子商务给广大晴隆县农民、企业和商家带来的巨大的经济效益，都是必要的，对所要研究的问题有很大的意义和效用。

在进行问卷调查时，有两个问题是每一个调查组成员都必须要关注的，这将直接涉及问卷调查的成功和对调查问卷结果的分析效果。第一，对于调查问卷当中问题的设计，既要注意问题设计的简便性，因为调查的对象大部分是文化水平相对较低的人群，要考虑到他们回答问题时不会有困难；还要注意问题的设计一定要紧紧围绕所要调查的重点，这样才能得到更加准确和具体的调查数据。第二，调查问卷回收的有效性。这是问卷调查非常重要的一个问题，保证每一份回收的调查问卷的真实性和有效性，是问卷调查的成功的关键所在。

从表 2-11 可知，被调查者的年龄分布情况，其中，20 岁以下的有 24 人，20—35 岁的有 65 人，35—50 岁的有 76 人，而 50 岁以上的有 35 人。在总人数 200 人中，男性占 56.5%，女性占 43.5%。

表 2-11　　　调研问卷的"性别×年龄"交叉分析　　　单位：人

性别	年龄				合计
	20 岁以下	20—35 岁	35—50 岁	50 岁以上	
男	14	36	44	19	113
女	10	29	32	16	87
合计	24	65	76	35	200

资料来源：调研问卷整理。

从表 2-11 可知，此次被调查的人员主要年龄分布在 20—50 岁，大多数为农村的青壮年，这从另一个层面反映出了目前农村从事农产品电子商务行业的人员大多是农村的青壮年，说明我们的农村条件在慢慢地变好，正在慢慢地吸引着大量的年轻人回乡创业，极大地有利于农村的经济建设和更好解决目前出现的许多农村问题。

表 2-12 的分析数据是针对被调查者的教育程度，可以看出，小学以下的有 41 人，小学的有 43 人，初中的有 76 人，高中以及高中以上的有 40 人，从这些数据可以看出，被调查者的受教育程度不是很高，初中以及初中以下的所占比重很大。

表 2-12　　　调研问卷的"性别×教育程度"交叉分析　　　单位：人

性别	教育程度					合计
	小学以下	小学	初中	高中	高中以上	
男	21	24	43	16	9	113
女	20	19	33	7	8	87
合计	41	43	76	23	17	200

资料来源：调研问卷整理。

此次调查的 200 名对象中,有 80% 以上的被调查者是高中以下文化水平,这反映出一个比较重要的信息就是,在晴隆县农村从事农产品电子商务的人大多数都是文化水平比较低的人群,这个信息折射出的一个在晴隆县农产品电子商务的发展过程当中比较突出的困难就是,晴隆县农产品电子商务在发展的过程当中缺乏高质量的、专业性较强的高端型和专业型人才。人才的缺乏尤其是高级知识分子缺乏,在农产品电子商务发展的过程当中,将不利于晴隆县农产品电子商务的发展,从而影响晴隆县农村社会经济的快速发展。

表 2-13 的数据分析是针对此次问卷调查中的被调查者所从事的行业,其中,正在从事农产品电子商务或者即将从事农产品电子商务的农民有 110 人,大量使用农产品电子商务平台进行网络销售农产品的企业人员有 69 人,晴隆县农产品电子商务相关管理部门人员和政府部门人员有 21 人。由于晴隆县农产品电子商务在农村的发展直接关系到的是最广大农民的利益,所以,此次问卷调查工作在进行中,把重点放在农民身上,而且从他们身上所调查到的信息也将会是最有用的,这将会对所要研究的目的有着必要的支撑。

表 2-13　　　　调研问卷的"性别×职业"交叉分析　　　　单位:人

性别	职业			合计
	农民	企业人员	政府人员	
男	59	42	12	113
女	51	27	9	87
合计	110	69	21	200

资料来源:调研问卷整理。

表 2-14 的数据分析是针对此次问卷调查中被调查者的家庭平均年收入,从统计的数据可以看出,家庭平均年收入在 1 万元以下的有 78 人(一个调查者为一户),家庭平均年收入在 1 万—3 万元的有 61 人,家庭平均年收入在 3 万元以上的有 61 人。从这些统计数据可以看出,在问卷调查过程当中很多人都处于低收入家庭,高收入家庭的较少,说明晴隆县农产品电子商务的发展给晴隆县人民带来的经济效益还是比较低的,有待于进一步提升。晴隆县委县政府还需要加大对晴隆县农产品

电子商务的支持和扶持力度，只有得到政府的大力支持，得到政府的各项扶持才能进一步又好又快地促进晴隆县农产品电子商务的发展，才能提高晴隆县农民的经济收入，才能进一步地推进晴隆县农村社会经济的快速发展。

（2）问卷的信度检验。问卷设计质量的信度检验是指对问卷测量结果准确性的一种分析。是指问卷在多次反复调查下得出的数据结果的可靠性的分析。它关系到问卷的最终结果，是根据结果提出建议的依据。问卷设计的不断修改与完善将有助于得出高质量的调查数据。表2-15是对本次调查的信度分析。

表2-14　　　调研问卷的"性别×家庭平均年收入"交叉分析　　　单位：人

性别	家庭平均年收入				合计
	1万元以下	1万—3万元	3万—5万元	5万元以上	
男	40	34	23	16	113
女	38	27	13	9	87
合计	78	61	36	25	200

资料来源：调研问卷整理。

表2-15　　　　　　　调研问卷的信度检验分析

案例	样本	比重（%）
有效	200	100
排除[a]	0	0
总计	200	100

注：a. 在此程序中基于所有变量的列表方式删除。
资料来源：SPSS软件统计分析。

从数据分析得出，α系数为0.985，其标准化后的α系数为0.984，说明量表的信度很好。

（3）问卷的效度检验。问卷调查设计质量的效度检验分析包括以下三个方面：一是内容效度。它指的是测量的内容与测量的目标之间是否合适，也可以说是测量所选择的项目是否符合测量的目的和要求，这主要是依据调查设计人员的主观判断。二是准则效度。它是指量表所得到的数据和其他被选择的变量（准则变量）的值相比是否有意义。根据时间跨度的不同，准则效度又可以分为同时效度和预测效度。三是建构效度。它包含同质效度、异质效度和语意逻辑效度。它规范了问卷调查的功能和范围,从不同的角度收集各方面的信息进行分析。影响效度检验的主要因素有被调查者的兴趣、动机、情绪等。只有真实地反映情况,才能了解到调查的真实情况。

从表2-16可以看出,提取值都大于60%,说明分析因子的效度很好,说明调研问卷中的题目,能够反映晴隆县农产品电子商务存在的主要问题。

表2-16　　　　　　　调研问卷解释的总方差数据分析

成分	初始特征值			提取平方和载入		
	合计	方差百分比(%)	累计方差百分比(%)	合计	方差百分比(%)	累计方差百分比(%)
1	15.822	79.111	79.111	15.822	79.111	79.111
2	2.048	10.238	89.349	2.048	10.238	89.349
3	0.518	2.591	91.940			
4	0.305	1.523	93.463			
5	0.201	1.007	94.471			
6	0.176	0.880	95.351			
7	0.172	0.859	96.210			
8	0.133	0.663	96.873			
9	0.111	0.557	97.429			
10	0.100	0.502	97.931			
11	0.077	0.387	98.319			
12	0.062	0.311	98.630			
13	0.056	0.278	98.908			
14	0.053	0.266	99.174			
15	0.046	0.232	99.406			
16	0.037	0.186	99.592			
17	0.031	0.157	99.749			
18	0.029	0.145	99.894			
19	0.018	0.089	99.983			
20	0.003	0.017	100.000			

注:SPSS软件统计分析;提取方法:主成分分析。

（二）晴隆县农产品电子商务存在的主要问题

目前，随着电子商务在晴隆县的快速发展，电子商务交易平台为晴隆县的各种商品提供了一个更加有效、便捷、广阔的销售途径。晴隆县的各种地方性特色的产品逐渐走上了网络电子商务销售平台。但是，由于晴隆县实际情况的制约和电子商务在晴隆县发展不成熟，电子商务出现了一些比较突出的问题。

1. 上网销售的农产品种类和数量少

晴隆县很长时间以来就是国家重点贫困县之一，经济发展相对较落后，农村主要的经济收入还是要靠农民的务农生产。长期以来，由于现代农业技术在晴隆县还得不到广泛的推广和使用，造成了晴隆县农业生产方式长时间以来比较单一，从而使农产品的种类也比较单一，数量也达不到规模化农业生产的要求。农产品品种单一，数量缺少是目前制约晴隆县农产品销售的主要原因之一。

根据目前晴隆县农产品电子商务的销售情况来看，产品单一主要表现在以下三个方面：

第一，目前能够进行上网销售的农产品大多是初级加工农产品。比如，晴隆薏仁米、晴隆脐橙、晴隆柑橘、晴隆高山茶、稻米等，这些都是属于一些初级加工的农产品，晴隆县目前还没有大量进行农产品深加工、精加工的技术和企业，出售一些初级农产品，种类单一，无法在电子商务的销售平台上吸引众多商家和顾客的注意力。这就必然阻碍晴隆县农产品的电子销售。

第二，晴隆薏仁米、脐橙、柑橘、茶叶、稻米等初级加工的农产品，受生产和销售受季节性的影响比较大，大田生产基本上一年一季，这就必然导致农产品数量的缺少。同时，受季节性影响，在很多时候，在一个固定的时间，只能固定销售一个或者两个品种的农产品，这不仅导致了品种的单一，还导致了数量的缺少。农产品的生产销售如果不能实现规模化，必然会大大影响其在各个渠道上的销售，包括电子商务。

第三，目前，晴隆县农产品的生产和营销尚未达到一个较大的规模，传统的小店铺式的生产营销仍然占据着大部分的农产品销售市场，这就使农产品的电子销售出现了比较分散的情况，这种情况所带来的一个负面影响就是，农产品的电子销售长时间得不到有效提升。

2. 特色农产品未做品牌宣传

晴隆县由于其得天独厚的地理位置，适宜的自然气候，淳朴的农民风情，形成了特有的农民生活文化风情。电子商务进驻晴隆县，为晴隆县的经济发展添砖加瓦，也为晴隆县农产品的销售提供了一个现代化的销售平台和销售渠道。虽然电子商务在晴隆县得到了良好的支持与发展，但是，一些问题的存在也为农产品电商销售造成了阻碍。目前，许多问题已经在这个环节中表现出来，其中一个比较影响巨大的问题就是，一些特色农产品没有进行一个较好的知名品牌的宣传。这是一个影响销售质量和销售成绩的主要因素。

目前，在晴隆县电子商务销售的农产品中，比较出名和销售量较大的农产品主要是晴隆县的高山茶、晴隆脐橙、晴隆柑橘和晴隆糯薏仁米。但是，就在这几个较为突出的电商销售的农产品中，基本上没有一个晴隆县特有的比较知名的农产品品牌。受许多因素的制约，农产品的品牌宣传未得到一个很好的推广。没有一个农产品知名品牌的带领，农产品电子商务在销售领域上就不能得到一个有效的突破，无法和其他地区的知名的农产品品牌进行市场上的有力竞争，不能争取到更多的市场销售份额。在这一个过程中，品牌的缺失导致农产品的销售得不到一个良好的发展空间，这是一个"短板效应"。由于这个"短板"效应的影响，更多的问题将会出现在农业和社会经济发展的过程中，这就是"短板效应"引发的"连锁反应"。

在"短板效应"和"连锁反应"的双重影响之下，晴隆县的农产品电子商务要得到一个很好的发展，就必须要解决一个最为迫切的问题，那就是晴隆县农产品特色品牌的宣传和推广，解决了这一难题，就为晴隆县农产品电子商务的发展找到发展动力，找到其发展壮大的机遇。

3. 农产品电子商务在线支付使用频率低

在整个电子商务发展的过程当中，在线支付问题一直是众多商家需要面对和解决的一个头痛和急迫的一个问题。因为支付问题的完善和支付环境的安全，直接影响到整个电子商务交易的成功。所以，解决这一个问题，尤为重要。

在晴隆县电子商务发展的过程中，支付问题也是必须要解决的问题之一，直接影响电子商务交易的成交比例。目前，这一个问题在晴隆县农产品电子商务的发展过程中，主要表现为农产品电子商务在交易的过程中、在线支付的使用频率非常低。这是一个严重制约晴隆县农产品电子商务发展的因素。支付问题得不到解决，电子商务就得不到进一步的发展。对于支付使用频率低，一个原因就是支付环境不安全，目前网络上出现过很多在线支付诈骗的事件，受这些事件的影响，许多电子商务交易的双方都认为这是一个相对不安全的支付环境。另外，网络支付有一些诸如单笔限额、单日限额、账户限额等针对交易双方的限制，也严重影响了在线支付的使用频率。

在线支付使用频率低下，会直接影响到农产品电子商务在线交易的效率，很多农产品在交易的过程当中不能第一时间得到交易，这就为农产品电子商务交易的成功设置了一个很大的障碍。交易双方在谈妥之后，由于第一时间没有进行支付，交易在实质上没有得到成功，在完成支付之前的这一段时间之内，双方可能会因为更多的经济利益等诸多因素宁愿支付小额的违约金也不愿完成交易。而这种现象往往发生在买卖双方中的买方，通俗地说，就是消费方，如果在农产品电子商务的交易中发生这样的情况，那么农产品电子商务的交易额将会急速地下滑，甚至出现负增长的情况，这就相当于农产品在电子商务销售平台上出现的零收入，这将严重影响农产品电子商务的发展。所以，解决农产品电子商务在线支付使用是在整个晴隆县农产品电子商务发展过程中一个十分重要而又十分迫切的问题。

4. 农产品"产—销—送"体系不健全

在晴隆县农产品电子商务发展的过程当中，晴隆县的农产品电子商务物流配送体系不健全也是制约农产品电子商务发展的一个重要因素。依托贵州省大数据产业发展的趋势，紧跟黔西南州电子商务发展的大潮流，要建设现代化的、符合自身电子商务发展实际情况的电子商务物流配送体系，是晴隆县在整个农业电子商务发展过程中的关键环节。

晴隆县地处贵州省的西南部、黔西南州的东北部，全县位于云贵高原的中心地带，地形复杂多样，且全县境内有多条河流穿过，使晴隆县的地势起伏大、落差大，多条河流穿过导致全县被分割成许多块，交通极差，给晴隆县农产品电子商务的物流配送造成了极大的困难。俗话说，"想致富，先修路"，几年来，晴隆县委县政府大力发展解决交通问题，目前，由于国家交通道路路线的规划布局，有多条国家级的交通道路干线经过晴隆。如沪昆高速公路、320 国道经过晴隆，长沙至昆明的快速铁路客运专线（在建）横穿整个晴隆县境内的中部地区；省内方面，晴隆至兴义高速公路和毕水兴高速公路纵贯县境南北。层次分明、衔接顺畅、快捷高效的新交通网络使晴隆县具备建设成为毕水兴经济带连接黔中经济区交通枢纽和物流中心节点的基础条件，为晴隆县电子商务的物流配送奠定坚实的基础。

由于晴隆县地处云贵高原山区、农业生产人员相对分散、农业生产规模小等因素，因此，要想进一步促进农产品电子商务的发展，建设和完善现代化的电子商务物流体系显得尤为重要。目前，我国农产品电子商务真正实现现代化物流配送的很少，如果晴隆县能够借助贵州省大数据产业的发展和黔西南州电子商务快速发展的契机，抓住机遇，迎难而上，在电子商务的物流配送方面有所突破的话，将会给整个晴隆县乃至于整个黔西南州电子商务的发展提供一个良好的发展机会，若能让黔西南州、晴隆县的电子商务物流配送的发展走在全省的前列，将会极大地促进黔西南电子商务的发展。物流配送需要大量的保鲜设备，而目前的设备老旧，在运输设备和人力等方面，需要进一步建设和发展。

5. 电子商务农产品尚未标准化

受多方因素的制约，晴隆县电子商务农产品的标准化和品牌化建设还不完善。目前晴隆县农产品电子商务发展还不够完善，在高山茶电子商务销售方面还没有一套很完善的保障体系来确保茶农和茶商的经济权益，在这种情况下，如果因错过茶叶的采摘和生产期而使茶农和茶商在销售方面面临巨大的经济损失的话，将极大地影响晴隆县高山茶茶叶的销售，进而影响高山茶在电子商务方面的销售，无法使高山茶从电子商务的销售方面打出自己的茶叶知名品牌。最终将无法走出黔西南、走出贵州，无法发展成大型的规模化的茶叶电子商务销售，在这个问题上，能够有效地缓解茶农和茶商的经济损失的一个措施，就是进行针对茶叶生产的投资，建立高山茶的生产和加工场地，将每年采摘出来的新鲜茶叶进行就地加工，将初级生产出来的茶叶进行深加工和品牌的包装，这样的深加工产品再经过电子商务的平台销售出去，会产生更多的经济收入，可为高山茶在电子商务的销售方面找到一条较好的销售渠道。

在晴隆县进行电子商务销售的农产品中，受同样因素影响较大的还有晴隆脐橙和晴隆柑橘，采摘和生产受季节的影响比较大，如果错过了采摘和生产期的话，也会对农民和收购商家造成损失。但是，如果有收购商或者是大型的食品加工企业在晴隆县就地投资，建立大型的脐橙和柑橘的深加工场地，将每年生产出来的新鲜的脐橙和柑橘通过食品加工的程序深加工成为诸如果汁、水果罐头等之类的具有地方特色的深加工食品，打造一个属于自己的水果深加工产品的知名品牌，然后再通过电子商务的销售平台销往全国乃至世界，不仅能够增加晴隆县农民的收入，还能够通过农业带动整个晴隆县经济模式的转型，最重要的是，通过电子商务销售自己地方特色的农产品和深加工产品，最终实现电子商务的快速健康发展。

值得一提的是，农产品电子商务需要更好地利用农产品编码化和分级标准化以及包装规格化等手段，使农产品在销售的过程当中提升自己的品牌化和规模化，使农产品的交易更加便利便捷。与此同时，由于晴隆县地域差异，地处云贵高原的腹地，地貌复杂，地形多样，境内有多条河流通过，地区分割严重，部分地区交通不便，农产品的生产者和生产区域都相对分散，农产品电子商务物流不够通畅，严重阻碍着晴隆县农产品电子商务化的发展。

（三）晴隆县农产品电子商务存在问题的成因

当前，虽然晴隆县委县政府大力发展晴隆县的电子商务，农产品电子商务也得到了很好的发展，但是，由于地区差异、季节的变换、地形等诸多因素的影响，晴隆县农产品的电子商务在发展过程中也存在许多突出和难以解决的问题，具有以下六个方面：

1. 交易主体电子商务观念滞后

晴隆县地处于贵州山区，由于交通不便等众多因素的制约，导致了晴隆县农村的人口受教育程度普遍偏低，加之晴隆县地处山区，交通信息闭塞，从而致使晴隆县大量农民对于农产品电子商务知识的学习和认识极度匮乏，加之很多农民受到我国传统思想的束缚，很难自主融入电子商务的发展中去。

目前，晴隆县在电子商务的发展方面，农业信息化建设的人才是极度短缺的。从晴隆县农产品电子商务的发展现状来看，晴隆县农业信息化发展中技术人员的缺乏是较为严重的。如果农业与现代信息技术没有相互依托与融合，将严重影响农产品电子商务的发展。而农产品电子商务网站的开发、运营和维护等方面的工作，都需要大量的专门人才。缺乏高素质的农产品电子商务人才是晴隆县农产品电子商务发展的又一大"瓶颈"。

农产品电子商务的交易主体对农产品电子商务的认识不足。目前，晴隆县农产品电子商务的交易主体在晴隆县农产品电子商务方面的销售经验是比较欠缺和匮乏的。农民和行业的参与者对电子商务的认知，直接关系到农产品电子商务的发展。农民对网络信息知识缺乏，许多农民及企业没有认识到农产品电子商务的巨大发展潜力。以上种种原因，最主要的是，晴隆县农产品电子商务的交易主体的电子商务的观念相对来说比较滞后，这也是影响晴隆县农产品电子商务发展的一个重要的因素。

2. 农民信息素养缺乏

晴隆县地处贵州山区，长期以来，由于交通不便，导致大量农民和外界的联系少之又少，加之信息获取不及时，导致农民在对外界的信息获取方面出现严重的问题，农民获得的信息极度缺乏，源于使大量农民的信息素养极度落后。

大量的农民不能及时地获知外界交流沟通的第一手信息资料，不能及时提升自身信息素养，必然在农产品电子商务的交易过程当中渐渐处于劣势地位，无法取得市场上的交易主动权和支配权。这种结果直接影响到晴隆县农民在农产品电子商务交易过程中的切身利益，极大地打消农民对于农产品电子商务的信任，使大量的农民在农产品的销售方面不再或者极少地使用电子商务的平台，转而用传统的农产品的交易形式。这样，极大地阻碍了农产品电子商务在晴隆县的发展，更为严重的是，晴隆县生产出来的农产品，不能及时有效地通过快捷高效的销售渠道（农产品电子商务平台），从而减少农民在农产品销售方面的效益，直接影响农村经济社会的发展。由此可见，晴隆县农民信息素养的落后，是制约农产品电子商务发展的一个根本性的、前提性的原因，要更快更好地发展农产品电子商务，必须着力解决农民信息素养缺乏问题。

3. 农村信息化基础设施薄弱

晴隆县农村信息化基础设施建设主要存在两个急需解决的问题。一是硬件设施整体水平相对落后。晴隆县农村信息化基础设施目前来说是相对落后的，平均每100户的农民家中拥有计算机的只有4台，有些农户还没有手机，大部分信息来源主要是通过电视和广播。获得的信息资源少且相对比较缓慢，跟不上外界信息更新与发展。在农产品电子商务方面，很难有效地通过交易平台将农产品销售出去。二是晴隆县农村信息化基础设施建设使用费用高，用户负担重。这主要表现在农村本身信息化基础设施不够完善上，如果进行大量的农村信息化基础设施的建设，需要投入大量的建设资金，有可能进一步加大对这一方面的使用成本。大量的使用费用的投入会加大农民的负担，不利于农村经济的发展。

所以，解决好晴隆县农村信息化基础设施薄弱这个重大问题和环节，能很好地为农产品电子商务的发展奠定设施基础和发展基础，从而促进晴隆县农产品电子商务的发展。

4. 高素质的农产品电子商务人才缺乏

晴隆县农业信息化建设的人才短缺。农产品电子商务的发展需要信息化的人才。目前，晴隆县农业信息化发展中技术人员的缺乏较为严重。农产品电子商务网站的开发、运营和维护等，都需要大量的专门人才。缺乏高素质的农产品电子商务人才是晴隆县农产品电子商务市场发展的"瓶颈"。

目前，晴隆县的电子商务在特色农产品的品牌宣传效应、电子商务网站建设、维护与运用和电子商务在线支付运用等方面的突出问题，都急需大量高素质电子商务人才来加以解决。

人才的缺乏，对晴隆县这种边远山区县来说，是很难实现快速发展的。针对农产品电子商务，大多数主体主要是农民等知识水平相对来说比较欠缺的人群，如果没有专业的农产品电子商务专业人才对他们进行管理和销售等方面知识的教育和培训，将会使大量农民在农产品电子商务的发展和运营方面遇到许多的问题，会使他们在市场竞争中渐渐丧失主体地位，不能更好地保障广大农民在市场上的合法权益和经济效益。

所以，晴隆县高素质的农产品电子商务人才的缺乏，不仅给晴隆县农产品电子商务的发展带来许多难以解决的问题，还给广大农民的经济利益带来隐患。人才的缺失是阻碍晴隆县农产品电子商务发展的一个非常重要的原因，解决好这一个问题，将为农产品电子商务的发展提供更大的发展动力和源泉。

5. 农产品物流配送落后

建设现代化的物流配送体系，是农业电子商务发展的关键环节。晴隆县农作物多为一年一季，农产品多为"一个生长季腐蚀性产品"。

目前，晴隆县农产品电子商务真正实现现代化物流配送的很少。物流配送需要高质量的保鲜设备，一定规模的运输设备和人力，因此，需要进行大量的投资。农产品电子商务很多是以批发市场为基础发展起来的，亟待建设现代化的物流配送体系。

首先，晴隆县农产品物流人才整体素质低，专业人才匮乏。

其次，晴隆县农产品物流信息化程度低。目前，晴隆县农产品物流多数主要依靠农户运输，低效率，难以提高物流效率，难以缩短运输时间，极大地阻碍了产品物流业的发展。

最后，晴隆县农产品物流运输企业对现代物流认识不够。目前，晴隆县还没有形成适应现代农产品物流发展整体环境，这也在很大程度上阻碍了农产品物流业的发展。

国内的许多省份，尤其是沿海的一些发达省份，在农场开始实施了统一的计划、实施，生产和销售，实现了农产品的供应链物流配送一条龙服务。而晴隆县农产品物流配送还处于起始阶段，功能比较单一，在许多方面不足，在运输方面利用率不高，配送不够及时，在信息交流及信息响应方面滞后。

6. 产品标准化与分拣工艺流程有待提升

农产品电子商务中，产品标准化一直是晴隆县发展过程当中遇到的一个难以快速解决的问题。现代农产品的生产区域和生产者都相对落后与分散，农产品不耐保存，再加之品种繁多，因而不能大量集中保存，不能集中大量加工和销售，导致农产品的产品标准化大大降低，极大地阻碍着农产品生产产业化和流通现代化，使农产品电子商务的发展不能快速推进。

农产品电子商务要求网上交易的产品品质分级标准化，包装规格化以及产品编码化，为交易各方提供最大便利。我国的农业产品标准化体系由国家标准、行业标准、地方标准、企业标准构成，质量标准体系目前还不够完善，与国际的标准体系有一些脱节。晴隆县农产品电子商务中产品的标准化建设，需要根据国内外的先进经验和做法，结合自身的产品标准化发展和升级的体系进一步提升。

三 促进晴隆县农产品电子商务发展的对策建议

（一）提高农民电子商务意识

要发展特色农产品电子商务，就要提高农民对特色农产品电子商务的认识。目前，晴隆县在一部分农村地区已经有农民在家里配上了电脑，连接了网络，但是，人们对于电脑还只是停留在休闲娱乐上，发展特色农产品电子商务需要充分调动农民利用电子商务的积极性，提高其对电子商务的认识。

农产品电子商务要得到发展，必须转变农民的传统销售观念。思想观念的转变和管理理念的更新对农产品电子商务的发展起着领导性的作用。晴隆县与农业相关的行业员工普遍缺乏信息技术和电子商务以及电子商务建设等方面的专业的、系统的知识，思想认识也有不足，这使企业和政府对农产品电子商务发展的投入不够，进一步制约了农产品电子商务的发展。要提高农民的电子商务意识，提升他们的电子商务专业知识，需要政府扶持和做好服务，农民发展电子商务的积极性才能得到极大提高。相关电子商务企业和政府引导、鼓励网络人才，推广网络的应用水平，广大人民群众自身切实地接触网络，运用网络，才能了解到网络对于农业发展的强力推动作用。因而，只有农民获得和使用新知识的能力大大得到提高，才能有效地推动农产品电子商务的快速发展。

（二）加强当地农业网站建设

当前，随着国民经济的快速增长，随着社会事业的不断发展，人们生活水平不断提高，城乡居民对于饮食文化和消费需求也在不断提高，人们的饮食文化和消费观念在发生着不小的变化，特色农产品越来越受到消费者的青睐。但是，特色农产品的电子商务平台少之又少，在我国农村特色农产品电子商务的发展过程当中，其中，做得比较早的有上海的"菜管家"，做得比较好的有淘宝网的"特色中国"频道，但这些仍无法满足广大消费者的购买需求。因此，在黔西南州电子商务快速发展的大背景之下，晴隆县委县政府要加大扶持农村特色农产品电子商务的网站建设，研究农产品电子商务网站的支付功能与实用性，让更多的用户能在特色农产品电子商务网站销售或者购买。

加快农村信息网络基础设施建设。晴隆县委县政府各级部门要做好农村网络基础设施的建设，提高互联网的普及率和使用率，为开展电子商务创造有力的基础条件。继续加强农村信息服务体系建设，加强农民电子商务知识的普及和宣传，带头开展和建设多媒体信息化服务，解决农村信息化建设投入上的不足，鼓励社会企业积极参与到农产品电子商务的建设中来，构建安全、稳定、开放的网络体系。有针对性和目的性地鼓励和帮助农民开展各类电商活动。

晴隆县急需发展和建设具有整合增值能力的、具有品牌效应的、能适应农业发展新需求的农产品电子商务网站。因此，对于具有发展潜力的农产品电子商务网站，政府应增加支持力度。按照性质、作用和功能等的不同要求，农产品电子商务平台大体上可分为三类：第一类是起宏观指导作用的政府农业网站。此类网站的特点是农业信息服务和管理，其最大的一个特点就是网站涵盖的资源相对来说比较丰富，信息比较全面，而且更新速度较快，还有就是信息的发布官方性质较强，可信度高，消费者或者商家在这一类网站上面进行产品交易，安全程度较高。第二类是起农业信息中介作用的非政府组织网站，此类网站的性质是提供综合性农业信息或者专业化信息，其明显的特点是：网站的建设、经营和管理都是由专门从事农产品电子商务网站的专业人员进行，其网站所提供的服务与资源都是比较专业的，但此类网站的一个弊端就是由于网站的审核制度不是很严格，难免会出现少量的虚假信息，所以建议商家和消费者在进行农产品交易过程当中最好选择商家的官方网站，这样能够及时避免许多安全方面的隐患。第三类则是直接用于农产品交易的网站，这是农业电子商务的最终表现形式，其特点是能够提供产品网上交易的服务，相比于前两种网站来说，这类网站的最大优势就在于专业、专一。此外，此类网站还可以根据各地的特色和特点搭建特色农产品交易平台，网站的服务更加实际化，实用力度较强。农业网站应研究和开发适于农民需求和使用的便捷商务服务模式，应根据农村特点，提供适应农民需求的、简便的、多维的电子商务延伸服务，将互联网技术与先进的移动通信技术相结合，利用手机短信、语音通信、视频讲解、网上交易知识直播、信息发布等多种服务手段，进行网上农业贸易，市场行情检测，产品展示和广告宣传，尽快地提升农产品电子商务网上成交率，让当地农民真实体验到农产品电子商务的威力和实效。

(三) 加快培养农业电子商务人才

培养和引进农业信息化建设人才。首先，农产品电子商务需要具有现代农产品知识、电子商务知识和网络信息技术的复合型人才。政府应发挥指导作用，鼓励各级教育机构开设农业信息化或电子商务相关专业（课程），培养高素质、多层次的农业信息化人才。高校积极开设"电子商务专业"、开设电子商务课程，鼓励毕业生从事农产品电子商务工作。其次，开展信息化知识培训及讲座，提高广大从业人员的信息素养，培养、储备人才。最后，开展远程技术支持，提高劳动者素质，强化农民信息化意识，培养高素质的新型农民。

发展农产品电子商务离不开具有现代农产品专业系统知识、商务知识和掌握网络技术的复合型人才。政府应发挥好指导性作用，积极鼓励各级电子商务和相关教育机构，给予一定的政策倾斜和资金资助，培养从高等教育到职业教育等多层次的农业信息化人才。高校根据自身实力开设电商课程，鼓励优秀人才毕业后从事农业电子商务工作。

（四）加快农产品物流体系建设

加强农产品物流体系建设。合理布局，统一规划农产品物流系统，大力提升农产品物流行业水平。重点培育一批相关的农产品物流企业，加大物流设备和资金投入，努力建设和培育一批产区大型重点专业市场，努力发展成为具有代表性的较大的农产品电子交易中心。

晴隆县作为一个以农业为支柱的贫困县要坚定发展农产品电子商务信念，大力培养电子商务方面的技术人才，加大基础设施建设，建立健全物流体系，坚持正确的发展方向，稳步推进农产品电子商务改革和建设。

由于农村地区交通不便，大部分物流公司的业务只覆盖到县一级地区，限制了特色农产品电子商务的发展。晴隆县委县政府应在资金、税收、财政等方面应给予支持，鼓励物流配送企业扩大配送范围，大力发展特色农产品物流。此外，在特色农产品物流配送体系发展过程当中，鲜活的特色农产品，例如新鲜的蔬菜、水果、鸡蛋等都需要冷藏车来配送。因此，特色农产品电子商务除鼓励物流企业发展农产品物流外，还应该建立配套的冷链运输体系，其中包括冷链措施、配送系统和其他配套技术。以一套专业的、优质的农产品物流体系来保证农产品电子商务的发展。

现代企业管理中，人力资源在企业发展中具有重要作用，是现代农产品物流企业的重中之重。晴隆县目前许多物流企业原来是运输物资供应部、运输公司，公司人员未经过专业知识培训，员工知识水平，与发达地区物流企业存在较大的差距。

制定合适政策。制定促进和推动农产品物流发展的相关政策，从资金和政策等方面给予支持，帮助企业排忧解难。再造现有物流企业，转变观念，完善服务功能。对目前市场上的农产品物流企业进行整合和管理，促进其规模化发展，实现规模经济效益。

对于农产品来说，物流是尤其重要的，大力建设和提升现有农产品批发市场，将市场网络覆盖到各个区域中心。扎实建设和培育一批产区大型重点专业市场，并在此基础之上，发展大宗农产品电子商务交易中心。

(五) 促进农产品生产品牌化和标准化

加强农产品标准化与品牌化建设。政府应加强农产品电子商务的质量认证与管理。采取一些优惠措施，鼓励有关组织或企业进行品牌申报和产品认证。大力推进农产品名牌战略，加快实施农产品包装化、商标化销售策略。具体来说，政府应主要抓住以下四个方面的建设：一是利用一些优惠政策，帮助相关企业做大做强，从而提高我国农产品的流通。二是强化农产品信息的准确和质量保证，提高农民的信息化知识水平。三是积极推进农产品的标准化和品牌化建设等。四是政府和相关行业应积极引导和促进广大农民及涉农企业执行国家的有关农产品质量标准、等级标准、包装规格等，为实现农产品的电子交易奠定基础。

电子商务的一个重要的特征就是商品的品牌化和标准化，农产品作为特殊的产品，其生产受到多种因素的影响，标准是农产品电子商务得以广泛运用的一个先决条件，没有标准，就不能对产品进行比对，就没有衡量产品质量的准绳。农产品尤其是鲜活农产品的品牌和标准化生产体系建设滞后，将成为制约农业产业化发展的重要障碍。为了适应电子商务发展的需要，需要大力推进农产品名牌战略，加快实施农产品包装化、商标化销售策略。另外，政府或者行业协调机构应尽力指导广大农民和涉农企业规范生产，提高效率，减少资源浪费。

第三章 河北省农村发展与新型城镇化

本章有三节，分别是河北省农村医疗人才队伍建设、河北省人口老龄化对农村发展的影响和河北省秦皇岛市新型城镇化。

第一节 河北省农村医疗人才队伍建设

本节主要内容包括河北省农村医疗人才队伍现状、河北省农村医疗人才队伍建设中存在的问题与成因、推进河北省农村地区医疗人才队伍建设的建议。

一 河北省农村医疗人才队伍现状

为了更全面、更具体地了解河北省农村地区医疗人才队伍的结构特征，2013年9月至2014年3月，综合考虑了河北省经济发展水平、地理位置等特点，分别抽取河北省经济发展水平与地理位置较好的石家庄、廊坊两个城市的4个县；经济发展水平与地理位处于中等水平的沧州、保定两个城市的4个县；经济发展水平与地理位处于较差水平的邢台、衡水两个城市的4个县，展开了实地调研。其中，确定了石家庄的元氏县、深泽县，廊坊的香河县、文安县，沧州的献县、河间县，保定的蠡县、唐县，邢台的清河县、南宫县以及衡水的冀州县、枣强县等12个县所管辖范围内的220所村卫生室作为现场调查地区。通过问卷调查、实地考察、电话访谈等方式展开调查，其中，实地考察了206个农村，对这些村卫生室的医疗人员共发放了344份调查问卷，共收回336份，对24个农村的村卫生室进行了电话访谈，共计整理了360份调查问卷。问卷调查的情况主要针对220所村卫生室的基础设施、工作环境与360名医疗人员的性别、年龄、学历、职称、收入状况、治疗方式、出诊情况、是否愿意进行后续培训等方面主要展开调查，对调查问卷进行整理，对数据进行统计分析。主要从以下六个方面来分析：

(一) 乡镇卫生院与村卫生室的基本情况

1. 乡镇卫生院的基本情况

河北省地处华北平原，东邻渤海，与天津市毗邻，西为太行山地，与山西省为邻，南部、东南部与山东、河南两省交接，北为燕山山地。全省共包括地级市 11 个、县级市 22 个、县 113 个、乡镇 1959 个、居民委员会 3709 个、村民委员会 48606 个。河北省的发展总体处于全国中等水平，河北省的农村医疗人才队伍的现状可折射出我国中东部地区经济处于中等水平省份的一个现状。

2013 年，河北省基层医疗卫生机构数为 78485 个，其中，乡镇卫生院为 1960 所，村卫生室 62311 所。农村地区的 1960 所乡镇卫生院和 62311 所村卫生室覆盖了河北省的 48606 个行政村（覆盖率为 100%），为农村的 5659.96 万人提供医疗卫生服务。河北省农村地区的医疗人员数为 308097 人，其中，医疗技术人员为 186788 人，乡村医生和卫生员为 83849 人。[1]

河北省 1960 所乡镇卫生院中共有 55165 名医疗人员，其中，包括 45467 个医疗技术人员，占总人数的 82.42%，平均每个乡镇卫生院拥有医疗人员 28.15 人，其中医疗技术人员每个乡镇卫生院为 23.20 人，每千农业人口乡镇卫生院人员数 1.09 人。医疗技术人员中包括执业（助理）医师 24033 人（其中执业医师有 12031 人）和注册护士 6408 人。1960 所乡镇卫生院共有病床数为 60836 张，每个乡镇卫生院平均拥有病床数为 31.04 张，每千农业人口拥有乡镇卫生床位数为 1.20 张。

河北省 48606 个行政村的 62311 所村卫生室拥有医疗人员总数为 112443 人，平均每个村卫生室人员为 2.31 人。其中，乡村医生和卫生员共计 83849 人，执业（助理）医师为 25335 人，注册护士为 3259 人，平均每千农业人口村卫生室人员数为 2.22。[2]

农村地区卫生院医疗服务情况主要包括医疗服务提供与医疗服务利用。医疗服务利用主要是由诊疗人次数、入院人数、平均住院日、病床使用率等组成。2013 年，河北省 1960 所乡镇卫生院诊疗人次数为 4266

---

[1] 河北省统计局：《河北农村统计年鉴（2014）》，中国统计出版社 2014 年版。
[2] 河北省统计局：《河北经济年鉴（2013）》，中国统计出版社 2013 年版。

万次，入院人数为 157 万人，病床使用率为 58.3%，平均住院日为 7.0 天，医疗人员平均每天的诊疗人次为 7.1 人。

2. 村卫生室的基本情况

2013 年，河北省共有 62311 所村卫生室，对河北省农村地区的 1564.25 万户共计 5659.96 万人提供医疗服务。共有 48606 个行政村，村卫生室在行政村的覆盖率为 100%，村卫生室数量平均到每个行政村为 1.28 所。在调查的 220 所村卫生室中，大部分都是个体自行经营，少部分为村办，村卫生室的面积多基本在 30—60 平方米，多数为自家房屋改建而成，这些村卫生室基本没有实行城乡医疗系统一体化管理。220 所村卫生室中有 95 所村卫生室治疗方式以西医治疗为主，占总数的 43.18%；有 12 所村卫生室治疗方式以中医治疗为主，占总数的 5.45%；有 113 村卫生室治疗方式以中西医结合为主，占总数的 51.37%，以中西医结合治疗方式为主的占多半。整个村子全部人口的基本医疗卫生都是由村卫生室负责，这些村卫生室的基本设备主要是一支体温表、一副听诊器、一台血压计，医疗人员也只是用这些最简单的设备应对患者，维持基本的日常工作。村民日常的头疼脑热的小病都是首选去村卫生室治疗，长期不愈或村卫生室无法治疗的病才去乡镇卫生院或地区医院治疗。

（二）医疗人才队伍城乡分布特征

表 3-1 显示，截至 2013 年年底，河北省，城市医疗人员总数为 155186 人，农村医疗人员总数为 308097 人（其中乡村医生和卫生员数量为 83849 人），医疗技术人员总数城市地区为 128145 人，农村地区为 186788 人。其中，执业医师数量城市地区为 50944 人，农村地区为 63606 人；注册护士数量城市地区为 58140 人，农村地区为 53386 人。虽然农村地区的医疗人员总数约为城市地区的两倍，但是，医疗技术人员的数量差距大大缩减。

表 3-1　　　　2013 年河北省城市与农村医疗人才数量

地区	医疗人员（人）	医疗技术人员（人）	执业医师（人）	注册护士（人）
城市	155186	128145	50944	58140
农村	308097	186788	63606	53386

资料来源：《中国卫生和计划生育统计年鉴（2014）》《河北农村统计年鉴（2014）》。

表 3-2 显示,河北省 2008 年城市地区每千人口医疗技术人员数为 5.61 人,农村地区每千人口医疗技术人员数为 2.23 人;2013 年城市地区每千人口医疗技术人员数为 10.28 人,农村地区每千人口医疗技术人员数为 3.18 人。

表 3-2　　河北省城市与农村每千人口医疗人才数量对比

年份	医疗技术人员(人)		执业(助理)医师(人)		注册护士(人)	
	城市地区	农村地区	城市地区	农村地区	城市地区	农村地区
2008	5.61	2.23	2.45	1.01	1.86	0.45
2009	5.97	2.42	2.68	1.17	1.99	0.49
2010	9.19	2.88	3.88	1.40	3.66	0.66
2011	9.37	2.97	3.89	1.42	3.78	0.73
2012	9.71	3.06	4.00	1.48	4.06	0.97
2013	10.28	3.18	4.17	1.53	4.37	0.86

资料来源:《中国卫生统计年鉴》《中国卫生和计划生育统计年鉴》《河北统计年鉴》。

其中,河北省 2008 年城市地区的执业(助理)医师人数为 2.45 人,农村地区的执业(助理)医师人数为 1.01 人;2013 年城市地区的执业(助理)医师人数为 4.17 人,农村地区的执业(助理)医师人数为 1.53 人。河北省 2008 年城市地区注册护士人数为 1.86 人,农村地区的注册护士人数为 0.45 人;2013 年城市地区的注册护士人数为 4.37 人,农村地区的注册护士人数为 0.86 人。通过表 3-2 的数据可得出,2013 年河北省每千人口医疗技术人员城市地区为农村地区的 3 倍多。河北省每千人口医疗人才数量无论是在城市地区还是在农村地区都有所增长。相比之下,每千人口医疗技术人员、执业(助理)医师、注册护士的数量在城市地区的增长幅度都要高于农村地区。

全国城市与农村每千人口医疗人才数量对比如表 3-3 所示。通过表 3-2 与表 3-3 的对比可以得出,2010 年以前全国城市地区每千人口医疗技术人员总量高于河北省的水平,2010 年河北省每千人口医疗技术人员总量城市地区为 9.19 人,已超过全国 7.62 人的水平,并且,从 2010—2013 年河北省城市地区每千人口医疗技术人员均高于全国水平。其中,每千人口执业(助理)医师与注册护士在城市地区的变化与医疗技术人员变化相同。

表3-3　　　全国城市与农村每千人口医疗人才数量对比

年份	医疗技术人员（人）		执业（助理）医师（人）		注册护士（人）	
	城市地区	农村地区	城市地区	农村地区	城市地区	农村地区
2008	6.68	2.80	2.68	1.26	2.54	0.76
2009	7.15	2.94	2.83	1.31	2.82	0.81
2010	7.62	3.04	2.97	1.32	3.09	0.89
2011	6.68	2.66	2.62	1.10	2.62	0.79
2012	8.54	3.41	3.19	1.40	3.65	1.09
2013	9.18	3.64	3.39	1.48	4.00	1.22

资料来源：《中国卫生和计划生育统计年鉴（2014）》。

分析图3-1可知，全国农村地区每千人口医疗技术人员数量普遍高于河北省的水平，而通过表3-2与表3-3的对比可以得出，2010年以前河北省城市地区每千人口医疗技术人员总量低于全国水平，2010—2013年河北省城市地区每千人口医疗技术人员总量高于全国水平。可见，河北省医疗技术人员城市地区发展较快，而农村地区则发展较慢。因此，河北省农村地区的医疗技术人员还有待提高。

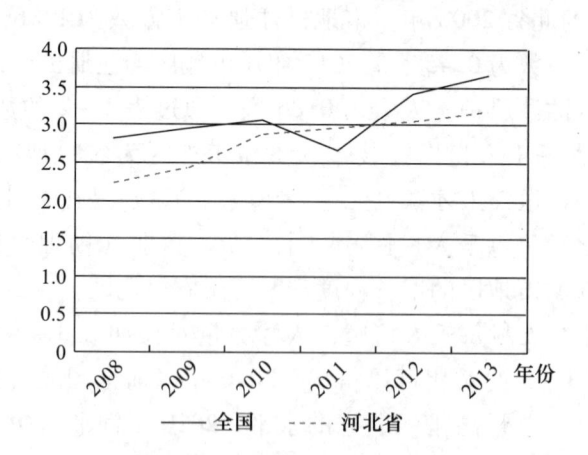

图3-1　全国与河北省农村地区每千人口医疗技术人员数量对比

资料来源：《中国卫生和计划生育统计年鉴（2014）》。

(三) 农村地区医疗人才队伍结构特征

2013年河北省农村地区的医疗人员总数为308097人,平均每千农业人口医疗人员数为3.18人,而当年全国每千农业人口医疗人员数为3.64人。从每千农业人口医疗人员数量来分析,河北省低于全国水平,是全国的87%。2013年河北省农村地区的村卫生室人员数为112443人,每千农业人口村卫生室人员数为1.48人,而当年全国每千农业人口村卫生室人员数为1.72人。从每千农业人口村卫生室人员来分析,全国比河北省高16个百分点。2015年1月19日,国务院总理李克强主持召开的常务会议上确定,全国乡村医生的配备原则上按照每千服务人口不少于1名的标准。从每千农业人口村卫生室人员数来看,河北省的每千农业人口虽已达到规定的标准,但仍然低于全国水平,并且农村地区的水平远远低于城市地区。在农村地区医疗人员中,拥有乡村医生证书的医师数量最多,占总人数的79.03%;其次是执业(助理)医师,占总人数的19.46%;注册护士人数最少,占总人数的1.54%。①

调查的河北省220所村卫生室的360名医疗人员队伍的结构特征主要从以下四个方面来分析:

1. 性别构成

2013年河北省农村医疗人员的性别,所调查的220所村卫生室的360名医疗人员中男性有240人,女性有120人。

2013年河北省农村医疗人员中男性为66.7%、女性为33.3%,略低于全国(同期全国农村医疗人员中男性为70.8%、女性为29.2%)。可见,无论是全国还是河北省,农村医疗队伍中男性人员数量明显高于女性。

2. 年龄构成

河北省360名(抽样)农村医疗人员的年龄分布如表3-4所示,他们的平均年龄为48.5岁。

从表3-4可以看出,30岁以下的农村医疗人员只有1.9%,医疗人员的年龄几乎都在30岁以上,换言之,这些农村医疗人员大多都出生在1985年以前,而1985年后基本上没有年轻人愿意从事农村医疗人员这一职业。

---

① 张晓凤、曹志辉、陶四海、王晓阳:《河北省村卫生室卫生人力资源调查与分析》,《中国农村卫生事业管理》2012年第2期。

表3-4 2013年河北省360名（抽样）农村医疗人员的年龄分布情况

年龄段	人数（人）	比例（%）
30岁以下	7	1.9
30—44岁	122	33.9
45—59岁	146	40.6
60岁及以上	85	23.6

资料来源：笔者调研。

河北省与全国农村医疗人员的年龄分布对比如图3-2所示。从图3-2可以看出，30岁以下的农村医疗人员所占比例很小，60岁以上的农村医疗人员所占比例偏大，结构存在不合理的现象。河北省与全国相比较，44岁以下的中青年所占比例低于全国水平，而45岁以上的中老年所占比例高于全国水平。可见，全国农村医疗人员结构相对年轻，河北省的农村医疗人员年龄结构有待改善。应吸引年轻人到农村医疗机构工作，优化河北省农村医疗人员队伍的年龄结构。

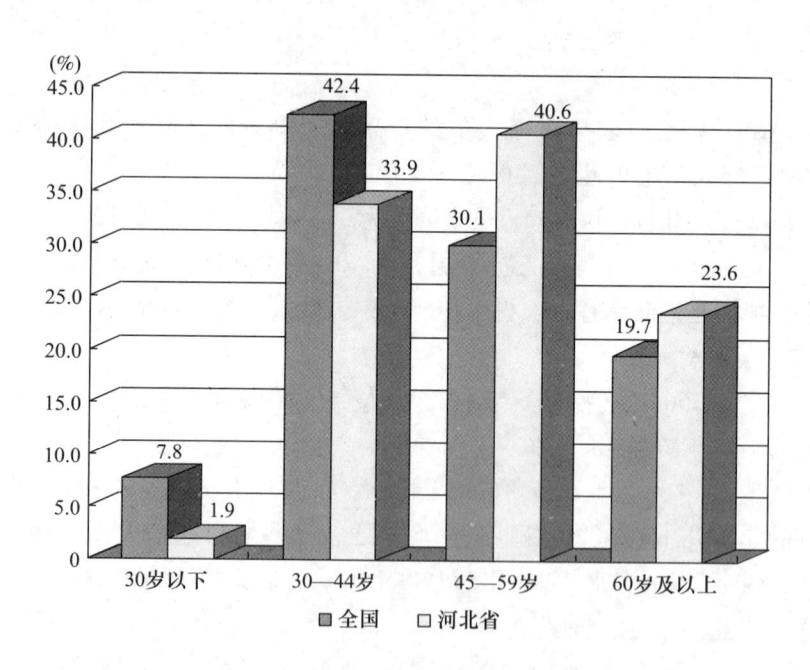

图3-2 2013年全国与河北省农村医疗人员的年龄分布比例

资料来源：《中国卫生和计划生育统计年鉴（2014）》，笔者调研。

3. 学历构成

河北省 220 所村卫生室的 360 名（抽样）农村医疗人员的学历构成如表 3-5 所示。

表 3-5　　2013 年河北省（360 名样本）与全国农村医疗人员的学历构成

学历	河北省人数（人）	河北省比例（%）	全国比例（%）
大学本科及以上	0	0.0	0.3
大专	58	16.1	16.1
中专	230	63.9	79.1
高中及以下	72	20.0	14.1

资料来源：《中国卫生和计划生育统计年鉴（2014）》，笔者调研。

从表 3-5 可以看出，中专学历的医疗人员为 230 人，占总人数的 63.9%；高中及以下学历的医疗人员为 72 人，占总人数的 20.0%；大专学历的医疗人员为 58 人，占总人数的 16.1%；无大学本科及以上学历的医疗人员。即河北省农村医疗人员受教育程度较低，以中专教育水平为主，这主要是因为多数的农村医疗人员基本上都是由本地的卫生学校培养出来的。

从表 3-5 可以看出，河北省农村医疗人员学历构成与全国相似，但大学本科及以上的高学历构成比例低于全国水平，高中及以下的低学历构成比例高于全国水平。因此，河北省农村医疗人员的学历有待提高。

4. 职称构成

河北省 220 所村卫生室 360 名（抽样）农村医疗人员的职称构成如表 3-6 所示。

由表 3-6 可知，副高级及以上医疗人员为 0 人；中级医疗人员为 2 人，占 0.6%；师级/助理级医疗人员为 39 人，占 10.8%；士级医疗人员为 101 人，占 28.1%；无专业技术资格的医疗人员最多，为 218 人，占 60.6%。通过分析数据得出，主要人员不具有专业技术资质。

表 3-6　2013 年河北省 360 名（抽样）农村医疗人员的职称构成

专业技术资格	人数（人）	比例（%）
副高及以上	0	0.0
中级	2	0.6
师级/助理级	39	10.8
士级	101	28.1
无专业技术资格	218	60.6

资料来源：笔者调研。

2013 年全国与河北省农村医疗人员职称构成比例如图 3-3 所示，河北省农村医疗人员队伍职称结构与全国基本相同，但结构均不合理，无专业技术资格医疗人员所占比例大，职称级别较高医疗人员所占比例小。因此，农村医疗人员的职称有待提高。

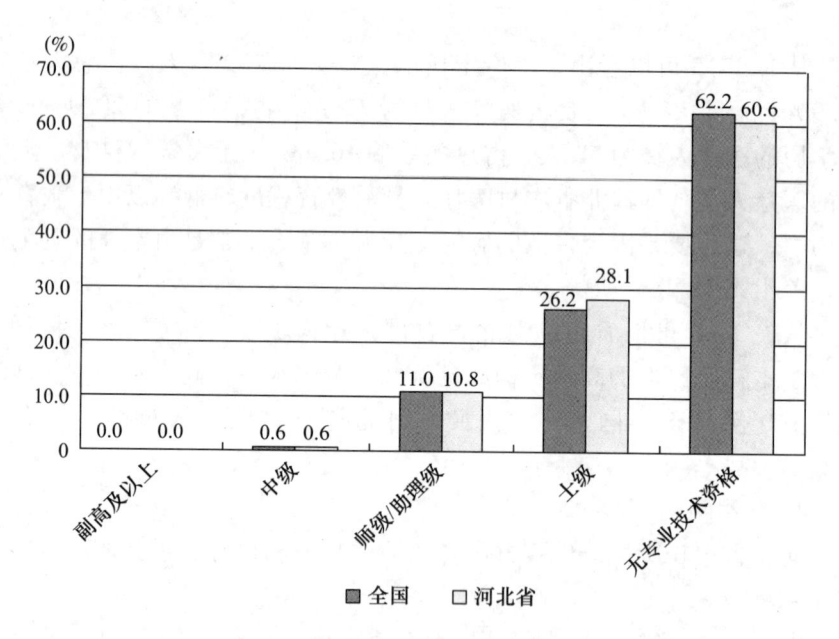

图 3-3　2013 年全国与河北省农村医疗人员职称构成比例

资料来源：《中国卫生和计划生育统计年鉴（2014）》，笔者调研。

（四）农村地区医疗人才队伍收入状况

随着我国对农村地区基础医疗卫生服务的重视以及医疗卫生改革的

深入，这几年农村地区医疗人员的收入情况也在不断发生变化。一直以来，农村医疗人员的收入主要来源于诊断费与药品的差价，但2009年《关于深化医药卫生体制改革的意见》出台以后，这种收入方式被打破。在调查中发现，99%的农村医疗人员在给患者诊治的时候是不收取任何诊疗费用的，大部分收入都来自各类药品的销售。调查的220所村卫生室的医疗人员在医改前，每个月的平均收入情况为：村子较大，人口较多，医疗人员负责的任务较重时，收入在1000—1500元，有些还要高于1500元，而医疗人员负责的农村人口较少时，收入在500—1000元。调查结果显示，这些医疗人员期望每月收入在2000—2500元的占78%，1500—2000元的占9%，2500元以上的占13%，可见，农村医疗人员的实际收入与期望收入还有一定的差距。

河北省积极落实乡村医生补助政策，截至2014年，所调查的220所村卫生室基本都得到了补助。一般是从基本公共卫生服务、一般诊疗费补偿和药品零差率销售三个方面来对乡村医生进行补助，补助标准在村民每人每月26元左右。由于是国家或省级补偿，经过层层扣除，一般村卫生室得到的补助远远不及政策规定的标准，调查的大部分村卫生室每年得到的补助平均在2000—3000元。可见，在众多行业中，服务于农村医疗行业的人员为低收入群体。

（五）农村地区医疗人才的身份状况

农村医疗人才诞生于20世纪50年代，最初被称为"赤脚医生"，现在也被称为"乡村医生"。这些人在农村地区默默地付出了数十年，在保障广大村民的身体健康方面做出了不可磨灭的贡献。近年来，随着农村经济体制改革和医疗体制改革的推进，农村医疗人才队伍的发展面临着新的问题与挑战。虽然已经有很多地方开始建立农村医疗人员养老保险制度，但按照制度的规定，有很大一部分农村医疗人员处于一个很尴尬的境地。由于自身年龄限制，缴费年限没能达到规定的标准，无法享受退休养老待遇。

2015年"两会"召开之际，大部分地区开设了《地方领导留言板》，供人们提出意见及表达意愿。许多网友通过留言的方式对农村医疗人才身份及养老保障方面表达自己的期盼。其中，一位河北网友在留言板上提到"亏欠一个'承诺'"："我们这些扎根在农村多年的乡村医生，与农村地区的人民健康紧密相连。担负着农村居民的基本医疗服务已有许多年。如今,许多已经年过六旬,有的甚至年岁更大,想到老年我们仍没有任何保障,自己晚年的生活依然没有着落,心中不免感到凄凉,政府是否欠我们一个承诺呢。"①

一直以来,农村医疗人员都是搞好农村地区医疗工作的主力军,他们一代代默默无闻地扎根在农村,承担着农村人民基本的医疗服务任务。在调查中发现,89%以上的村卫生室承担着村里面的预防保健工作,医疗人员每天的接诊时间不固定,大多为8—12小时,有些甚至要高达12小时以上,每天接诊的病人数量也不固定,流行性疾病盛行期间,接诊病人数量较多,一般在10人以上,接诊病人病情主要为感冒发烧等常见病、摔伤烫伤等外伤、需长期诊治的慢性病等。农村医疗人员出诊率为100%,并且经常出诊,不收任何服务费。有些村民生病输液会选择在家而不会去村卫生室,医疗人员需要带上相应的药物上门服务,无论刮风下雨,这些医疗人员都需要坚持上门服务一个疗程,确保病人身体能恢复到正常,付出了艰苦的劳动和巨大的代价。本着敬业与负责的态度对待医疗工作却没有稳定的收入和合理的待遇,会导致农村医疗人员工作积极性下降,难以全身心致力于农村医疗事业。可见,河北省的农村医疗人才在身份与养老方面还有待改善,河北省农村地区的医疗人才在身份问题与养老问题上也在等待政府帮助解决。

(六)农村地区医疗人才队伍培训情况

目前,河北省农村医疗状况尤其是医疗人才的业务素质令人担忧,医疗人才的知识结构及服务水平还不能适应农村地区的需求。国务院办公厅于2015年3月印发的《关于进一步加强乡村医生队伍建设的实施意见》提出,按照《全国乡村医生教育规划(2011—2020年)》的要求,各地要加强对农村医疗人员的岗位培训,确保开展的免费培训不少于两次,累计培训时间不少于两周;每3—5年免费组织农村医疗人员到有条件的中心乡镇卫生院或县级医疗卫生机构进行原则上不少于一个月的脱产进修。为进一步提高农村医疗人员的执业素质和服务能力,该意见指出,可选派具有执业(助理)医师资格的优秀农村医疗人才到省、市级医院接受免费培训。

---

① 《乡村医生捎话"两会":身份尴尬生活无保障》,http://news.sohu.com/20150303/n409286174.shtml。

经调查发现，河北省大部分农村地区一年有两次到三次针对基础知识的巩固与培训，培训地点一般设在特定的乡镇卫生院，部分人员会积极参加这些培训，但仍有部分医疗人员因为种种原因不去参加培训，没有接受过系统培训的医疗人员，基础理论薄弱，实践技能缺乏，他们对易发的"流行病""传染病"的防治了解甚少，处理存在误区，滥用激素、抗生素，造成病情被拖延、浪费医药资源、医疗市场混乱等现象。调查得知，愿意去参加培训的人员为192人，占53.3%，其中，85%以上的人员希望参加培训的方式为到乡镇卫生院进修实习或到县级以上医疗卫生机构进修实习；不愿意参加培训的人员为168人，占46.7%，造成这些农村医疗人员不愿意去参加培训的原因主要有：培训费用较高；培训内容不系统、不连贯，培训人员学历偏低，总结能力较差，不能运用自如；培训内容空洞且与农村卫生室的实际情况不符，不能运用到实践当中等。

二 河北省农村地区医疗人才队伍建设存在的问题与原因

（一）农村医疗人才队伍建设存在的问题

1. 城乡分布不合理

中共中央、国务院共同向社会公布的新医改《关于深化医药卫生体制改革的意见》，于2009年3月17日施行。为深入贯彻党的十七大精神，逐步实现人人都享有最基本的医疗卫生服务的目标，《关于深化医药卫生体制改革的意见》中提出的建立具有中国特色的医药卫生体制的远期目标："在基本医疗卫生制度方面，要加强对城乡居民的全覆盖，切实为群众提供安全有效、方便价廉的医疗卫生服务。"我国人口众多，优质资源匮乏导致了医疗资源的过度集中，这就导致很多贫困地区甚至中小型城市享受不到良好的医疗资源。党的十八大以来，我国努力推进医疗卫生事业发展，取得了一些成绩。河北省也积极响应国家的政策号召，在医疗卫生方面紧跟国家的脚步，但是，当前医疗事业发展水平仍不能满足群众的健康期望，资源配置不合理、城乡医疗发展不均衡等问题仍需要解决。

河北省努力加大在医疗卫生方面的投入，医疗人才队伍的数量不断增长，总体上呈现日趋饱和的状态，但从城市与农村的比较来看，城市的医疗人员增长较迅速，农村的医疗人员增长与城市相比较为缓慢，且每千人口医疗技术人员的数量城市地区远远高于农村地区。直接面向基层农民的医疗服务人员,尤其是乡村医生和卫生员在一些边远地区还是较为缺乏,农村地区医疗人员的素质也有待提高。这些因素都影响了河北省农村医疗人才队伍的整体服务能力。

2. 队伍结构不合理

(1) 年龄方面。调查结果显示,从2014年河北省农村医疗人才构成情况看,医疗人员结构分布较为合理,医疗人员分布在各个年龄阶段,既有占将近半数人的年富力强的中年组,又有丰富经验的高年龄组,同时也有青年组作为后备力量。但是,从比例来看,45岁以上的医疗人员比重较大,30岁以下的医疗人员比重较小,易造成人才结构老龄化,后备力量不够充足的现象。因此,要加大力度吸引年轻的医疗人员到农村地区服务。

(2) 学历方面。用来衡量医疗人员专业知识与技能水平的一个重要标准就是学历。调查发现,河北省农村医疗人员多半为中专学历,其次为高中及以下学历,最后为大专学历,大学本科及以上学历的医学生无一人留在农村地区。可见,河北省农村地区的医疗人员在学历方面,整体水平偏低。卫生部《2001—2015年卫生人力发展纲要》中规定,我国的医疗人员在2015年时要求学历全部达到大专以上水平,而河北省与国家卫生部规定的目标还有相当大的差距。

(3) 职称方面。职称等级既是对医疗人员的专业水平与工作业绩综合分析评价的结果,也是对医疗人员技术能力的肯定。全省各级医疗机构中的医疗人员均可根据自身的情况报考相应的专业类别和级别的考试,通过考试的人员即可获得相应的技术资格。科学并客观地对医疗人员的职称进行评定能更好地激励医疗人员主动地从事科研和技术工作。调查结果显示,河北省农村医疗人才的职称等级普遍偏低,职称结构存在不合理的现象。

3. 员工待遇普遍较低

《关于深化医药卫生体制改革的意见》出台以后,基本药物的采购方式都是由政府进行公开招标,统一采购、统一配送。基本药物的零售价格也由国家制定,各地区药物的价格需在国家制定的范围内,由各地省政府根据招标情况和本地的实际情况确定采购价格。这种药物零差率销售在我国全面实行以后,直接影响了农村医疗人员的收入。由于药品没有差价,失去利润,所以,农村医疗人员的收入普遍呈大幅度下降的趋势，下降幅度在50%左右。

新型农村合作医疗制度在我国全面实施以来，农村卫生室的业务在一定程度上受到了冲击。河北省农村地区实施新型农村合作医疗制度以来，让农民切切实实得到了优惠，在较大程度上解决了当地许多农民看病贵、看病难的问题，卫生事业也因此得到了发展，政府也赢得了民心。但是，基本药物制度的改革，一方面促进了乡镇卫生院的发展，另一方面削减了村卫生室医疗人员的收入，由于参加新农合的病人在乡镇卫生院住院的费用大部分都可以报销，这就使许多病人从村卫生室流入乡镇卫生院，这样，农村医疗人员的收入又减少了许多。

河北省虽积极响应并落实乡村医生补助政策，但一般村卫生室得到的补助远远不及政策规定的标准。因此，农村医疗人员的收入要低于其他许多行业。由于收入过低，无法维持正常家庭开支，所以，在调查中发现，有些曾经的农村医疗人员现在已经转行，也有些在经营村卫生室的同时兼职其他职业，一般在距离卫生室较近的地方上班，有村民需要看病的时候，直接打电话给他们，他们再回卫生室，或者自己经营淘宝网店，部分以销售医疗器械为主。待遇普遍较低是农村地区留不住医疗人才的一个重要原因。[1] 因此，提高农村医疗人才的待遇是需要重点解决的问题。

4. 员工身份不明确

农村医疗人员的身份既是基层医疗工作者普遍关心的问题，也是农村医疗人才队伍建设的关键问题。农村医疗人员是基层公共服务体系的"网底"，如果身份一直定义为农民的话，将不利于基层医疗事业的发展。农村医疗人员都分布在不同的机构，身份存在一定的差异，但绝大多数农村医疗人员的身份一直被普遍定义为农民，但既不是纯粹的农民，也不是纯粹的医生，没有明确的身份。农村医疗人员对村卫生室的发展起决定性作用，而其身份问题又影响着待遇与合法权益，这是农村医疗事业不能又快又好发展的关键。因此，国家应尽快明确农村医疗人员的身份，合理确定其地位和待遇。

政府应发挥其职能作用，大力支持农村医疗事业的发展，绝不能任

---

[1] 次仁顿单：《解决乡村医生待遇 稳定乡村医生队伍》，《西藏医药杂志》2010年第31期。

其市场化，应在财政方面给予大力支持。由于农村医疗人员的身份不能确定，致使待遇与合法权益没有保障，这也是造成医疗人才流失的一个重要原因。解决农村医疗人员的身份问题是深化医疗体制改革的一项重要内容，也是巩固农村医疗服务的关键。①

5. 缺乏有针对性的培训

目前，河北省针对农村医疗人员的培训较少，已有的培训也存在两个方面的问题：一是培训不系统，培训内容都只是些皮毛，由于农村医疗人员自身文化基础较差，因此，对培训学到的东西不能很好地进行总结。二是部分培训内容不适宜，因为村卫生室条件有限，无法将这些知识（如培训课堂上放手术病例录像）运用到实践操作。调查发现，大部分农村地区医疗人员希望接受培训，但是，由于他们文化基础和自学能力都较差，接受新知识、新技术的能力有待提高，并且，培训内容空洞、不切实际，很难运用到实践中来，他们觉得这些培训是没有实际意义的。另外，由于相关政策保障的缺失与退休福利待遇的不到位，他们面临着脱产学习将减少收入、影响正常生活的危机。因此，许多农村医疗人员根本无心去参加培训，以提高医疗技术或提升学历。长此以往，就导致农村地区的医疗技术落后，医疗卫生服务很难满足广大农民的需求。

（二）农村医疗人才队伍建设存在问题的原因

河北省虽然紧邻京津地区，但整体的经济发展居于中等水平。李克强总理在 2014 年 3 月 5 日的政府工作报告上提出的京津冀一体化的发展战略，加快促进了河北省的经济发展。但无论经济发展速度多快，仍然和其他地区一样，农村地区的医疗人才队伍在发展中都不可避免地存在难题。虽然我国近年来都高度重视农村地区医疗的发展，也陆续出台了许多政策来扶持和支持农村医疗卫生事业的发展，但是，农村地区医疗人才依旧严重缺乏。在我国高度重视农村医疗卫生的今天，农村医疗人才仍然存在许多问题值得我们思考。以下笔者就河北省农村医疗人才队伍建设存在问题的原因主要从社会因素、经济因素和管理因素三个方面来分析。

---

① 张宗光：《深化农村医疗卫生体制改革的几个关键问题》，《河北大学学报》2014 年第 2 期。

1. 社会因素

社会因素主要体现在城乡二元经济结构方面，城乡二元经济结构使城市与农村地区的差距进一步增大，破坏了医疗卫生要素流动的合理性。单就城市与农村医疗人员的收入问题来看，就有很大的差距。当然，收入有如此大的差距并不完全是市场取向的结果，也有一部分原因来自机会不平等。农村地区比城市地区的经济较为落后。因此，农村地区医疗设施的配备比城市地区落后许多，医疗人员的待遇水平也比城市地区低，这就导致许多在农村基层工作的医疗人员不愿安于现状，对提高待遇有所期望，对生活水平与工作环境有更高的向往。农村医疗人员在工作中所承担的压力比城市医疗人员大，但是，两者的收入与付出却不成比例。因此，许多农村医疗工作者涌入城镇地区，直接导致了农村地区的医疗人员不足。同时，面对压力增大与待遇不高的双重困境，许多农村医疗工作者放弃了医疗事业，选择其他出路。但是，到目前为止，我国还没有出台一项足以让人甘心留在农村医疗卫生服务机构中施展才华的政策。[1]

近年来，河北省为加快地区发展，又修建了许多公路，交通极为便利，现在的交通工具也日益发达，农村到县城以及市区的交通非常方便。交通的便利给医疗卫生服务带来了双重影响，一方面解决了广大农村人民治病难的困难，另一方面从农村医疗人员来讲，导致了两种现象：一是农村人民去城镇就医的现象导致了农村地区医疗卫生机构的资源流失，使农村医疗工作者的收入更是每况愈下；二是交通的便利也使农村医疗人员尤其是农村地区年轻的医疗工作者选择去城镇的医疗机构工作。这样，农村医疗人才流失现象就越来越严重。这就导致了一个恶性循环，农村医疗人才越来越少，就医的患者就越来越少，患者越少，能留在农村地区工作的医疗人才就越来越少。[2]

2. 经济因素

国家对农村地区的医疗投入，主要是指各级政府及相关部门在财政方面对农村地区医疗事业进行补助，主要体现为中央政府和地方政府的

---

[1] 吴丹：《长沙市农村乡镇卫生院卫生人才队伍现状分析与管理对策》，硕士学位论文，中南大学，2010年。

[2] 孙晓杰、孟庆跃、袁蓓蓓等：《乡镇卫生院人员经济激励因素分析》，《中国卫生政策研究》2010年第10期。

财政部门、计生委部门和其他相关政府部门对县以及县以下农村医疗卫生机构的建设投资补助、正常经费补助、农村合作医疗补助、农村扶贫基金补助、农村计划生育费用补助以及专项补助等。[①] 农村地区的公共医疗服务大部分由农村医疗机构来承担，主要的经费和经济来源都是政府的资金投入。虽然政府的投入是呈逐年增长的趋势，但是，对于农村地区来讲，医疗资金的投入还处于严重不足的状态。改革开放以来，我国财政体制有过两次较大幅度的调整，第一次是1985年实行的"分灶吃饭"，医疗投入改为由"块块"负责安排；第二次是1994年实行的分税制，保证充足且稳定的税源上缴中央财政后其余的归地方，地方税源经过省、市逐级分割后，余下的再分给县、乡。因此，最后留给县乡的既不充足也不稳定。县、乡财政困难的现状直接影响了农村地区医疗事业的发展。分税制在实际执行中采取"抓大放小"的策略，财政投入"重城市轻农村"的现象直接导致了政府对乡镇卫生院以及村卫生室的投入极其微薄，使"以农村为重点"的方针长期得不到落实。

村卫生室是农村三级医疗服务体系的"网底"，是距离农民最近的医疗服务点。近年来，河北省加大了对基层医疗卫生的投入，农村医疗人员的总体水平有所提升，百姓看病也更加方便，但相对于基层群众日益提高的医疗需求，还远远不够。[②] 在"药品零差价"政策实施以前，农村医疗机构医疗人员过半的收入，甚至高达80%以上的收入都是来自对药品的出售。而现在，"药品零差价"政策实施以后，原来以药品差价作为主要经济来源的途径被截断，相关部门的财政补贴又不能及时到位，农村医疗人员反映：老百姓得到了实在的优惠，但是，农村医疗人员的收入普遍下降，这是导致医疗人才不稳定工作的主要原因。可见，资金支持不到位是阻碍河北省农村医疗人才队伍建设与发展的一个关键因素。缺少资金，就无法更换医疗机构陈旧的设备，公共医疗服务就会减少，就不能对医疗人员进行继续教育与培训等，就无法留住农村现有的医疗人才以及提高他们的业务水平与技能，更不能吸引高素质人才到农村来工作。

---

① 舒展：《我国农村公共卫生政府补偿政策研究》，博士学位论文，华中科技大学，2010年。

② 王晓霜：《一个乡村医生服务两三千人》，《齐鲁晚报》2015年6月27日。

3. 管理因素

(1) 人事管理制度不完善。对河北省农村医疗人员的实地调研发现，河北省农村医疗人员还在采用比较传统的人事管理制度，医疗人员的调配由当地卫生局统一负责，各乡镇卫生院对所有人员都没有调配的权力。这种管理制度有利有弊，利是便于对医疗人员的统一管理与协调，弊是不利于各基层医疗机构根据自己的实际情况招聘、引进人才或者是辞退不需要的人员。在待遇方面，因为每个农村医疗机构的医疗人员数量不多，分工也不明确，有些地方是一个医生承担着全科医生的职责，人员关系又简单，整体收入较低，基本平均分摊补贴。这种管理制度比较传统，不利于医疗机构做到人事相宜。因此，影响着农村地区医疗人才队伍的建设和医疗机构的整体发展。[1]

(2) 人才培养不到位。要加强农村医疗人才队伍建设，人才的培养是主要途径。河北省在农村医疗人才队伍建设方面主要存在以下三个问题：一是对人才培养需求的认识不到位。目前，河北省对于针对农村医疗人员开展的培训和继续教育的必要性认识不充分，因财政或其他条件制约，培训主要由上级卫生主管部门统一举办。卫生主管部门不能根据每个乡镇医疗机构的实际情况制订培训计划，没有针对性，即使开展了培训，也达不到预期的效果，造成资源浪费。二是现在许多医学院校对学生的教育都有倾向性。到目前为止，高等医学院校的教育都以向大城市输出人才为主，重视研究不注重实践，针对农村的常见病、农村居民的基础预防以及开设全科护理型课程的培养较少，使刚毕业的学生在进入基层医疗单位工作时很难适应环境，不能有效地提供服务。三是培养项目针对性不强。本来农村医疗人员的培训机会就少，上级安排的培训课程很多时候都没有结合当地农村的实际情况，对当地农村的医疗卫生服务没有实际意义。因此，医疗人员参加培训的积极性不高，培训的时效性不强。[2]

(3) 卫生支农政策难落实。近些年，我国针对人才到基层服务相继出台了许多鼓励政策。虽然河北省相关部门都采取了措施，但是，许

---

[1] 陈俊：《浅析医院人才流失的原因和对策》，《中外医学研究》2011年第18期。
[2] 郑雪：《甘肃省农村乡镇卫生院卫生人才队伍建设研究》，硕士学位论文，兰州大学，2013年。

多政策的制定缺乏实际效力,没有真正在医疗卫生行业落到实处,尤其是卫生支农政策。由于政策本身的不完善,人才支农缺乏激励机制,又缺乏动力,所以,政策一直处于形式阶段,没有落到实处。有一部分人员钻政策的空子,投机取巧,先进入基层医疗队伍享受一些优惠政策,服务两三年,随后又找各种机会离开,导致基层的人员流失现象严重。而对口支援工作,虽然报道被派遣到基层的医疗人员的数量及被派遣批次是呈逐年递增的趋势,但调研发现,在河北省有些被派遣的医疗人员并没有在支援时间内到农村去执业,而是仍然在原单位工作。可见,政策无法落到实处,农村的医疗服务业没有多大起色。主要是因为医疗机构的管理与考核制度不到位,一般都是由县或市级卫生部门统一抽调派遣人员,基层的卫生部门没有权限管理这些被派遣人员,而卫生部门也没有制定相关的考核制度。①

三 加强河北省农村地区医疗人才队伍建设的建议

我国农村人口众多,乡镇卫生院及村卫生室是为广大农村居民服务的基层医疗机构,是农村医疗体系最重要的组成部分。一直以来,农村地区医疗人才缺乏,服务水平低,在一定程度上困扰着农村居民的正常就医,给农村居民带来了极大的不便。近年来,随着我国农村地区的迅速发展、人口城镇化加剧和老龄化加剧,农村居民医疗服务的需求明显增加。建议给农村地区培养一批"下得去、留得住、用得上"的医疗人才,提高基层医疗机构的服务水平,充分发挥乡镇卫生院及村卫生室在农村地区预防、保健、医疗的主导作用。河北省是一个医疗资源大省,医疗服务水平在全国居中等水平,但医疗资源在城乡的分布存在不平衡的现象。加强农村医疗人才队伍的建设,就要逐渐缩小城乡医疗差距,使医疗卫生体系逐渐均衡。针对河北省农村地区医疗人才队伍建设存在的主要问题,提出如下对策建议:

(一)完善农村医疗人才的教育与培训制度

1. 构建适应农村医疗人才队伍建设的教育体系

对高等医学教育要在结构和规模上进行适当调整。注重全科医学教育,提高医学教学质量,完善规范化、标准化的临床医学教育。河北省

---

① 宋奎勋、孟庆跃等:《乡镇卫生院人员对非经济激励因素的满意度分析》,《中国卫生政策研究》2010年第10期。

的医学教育要以当地农村的实际医疗需求为向导，围绕教育、培训、准入、稳定环节，切实加快农村地区医疗人才队伍的建设。

一套完整的医学教育体系应该包括学校的基础教育、毕业后的再教育以及工作中的继续教育。应根据不同层次的医疗人才有针对性进行学校基础教育。在我国，医疗人才在医学高等院校的培养属于对医疗人才的最高教育，而专科人才的教育是理论与实践并重，更贴合实际，专科医疗人才是服务在医疗行业的专门人才，专科医疗人才在河北省乃至全国很长一段时间内都是可以为农村切实服务的"下得去、用得上、留得住"的实用型人才。因此，河北省的政府部门应倡导和鼓励中专毕业生进入医学专科继续接受培训教育。

加强基层医疗机构人员的医学继续教育，以继续教育项目为主要学习形式，同时多种形式并举。中等卫生学校在具备一定条件后，可在合理布局并有利于农村医学人才培养的原则下申办医学高等专科学校，提高医学院校的办学层次，为农村培养高等医学专科人才；同时，在医学专业结构和教育层次调整的情况下，可继续保留在中等医学专业中的医疗卫生保健及中医（民族医）类专业，以适应本地区农村人民对医疗人才的需求。河北省的农村医疗人员 2/3 为中专学历。因此，政府部门应倡导和鼓励中专毕业生进入医学高等专科学校继续接受培训教育。同时，政府应加大对农村医疗人才继续教育的投入力度，为农村医疗人员的继续教育提供财政支持。

2. 增强农村医疗人才教育与培训内容的实用性

卫生行政部门、省级教育部门应该根据本地区的教育资源状况和经济与社会发展需要，结合区域医疗卫生规划，制订相应的农村医疗人才教育计划，合理配置医学教育资源。建立健全农村在职医疗人员和在岗农村医疗人员的培训制度。[1] 可制订终身接受教育培训计划，将不断巩固和更新医学知识、提高实际的医疗服务能力作为农村在职医疗人员和在岗的农村医疗人员必须履行的义务。各级医疗行政部门应制定具体措施，认真落实。县级医疗机构要发挥培训职能，承担乡、村两级医疗技术人员的培训任务，有计划地开展培训工作，为农村医疗人员接受培训

---

[1] 卫生部、财政部、人事部、农业部：《关于加强农村卫生人才培养和队伍建设的意见》，《中国农村卫生事业管理》2003 年第 1 期。

提供必要的条件。① 根据本地区的实际情况制定培训内容，保障培训内容的实用性，主要从以下四个方面进行。

第一，根据不同地区不同疾病的发病情况，加强对农村医疗人员进行当地多发病的认知以及临床实践的培训，使其熟练掌握多发病的预防及治疗方法，同时对日常的健康知识进行培训。

第二，由于农村地区的医疗人员专业水平个体差异较大，因此，个人对专业知识的需求侧重不同，针对此问题，可以在日常的培训过程中增加一部分选修课程，让医疗人员根据自己的实际需求，自主选择培训课程，有选择性地进行培训。

第三，加强中医药人才队伍建设，加大对农村医疗人员进行中草药知识推广及常见中医疗法的培训，例如，拔火罐、刮痧、推拿按摩等安全性高、操作简单的技能培训。中草药的价格公道，副作用小，也受广大群众的欢迎，同时，中医疗法又能帮助人们进行日常保健与疾病预防。

第四，尽可能地通过日常的课程培训，对医疗人员在执业（助理）医师考试方面有所帮助。专门设立与执业（助理）医师知识有关的培训课程，让基础理论知识与临床实践技能共同提高，从而提高执业（助理）医师资质水平。

3. 加大农村医疗人才教育与培训的投入力度

医疗事业是我国公共事业的重要组成部分，农村医疗人才又是农村医疗事业的重要因素。因此，农村医疗人才队伍的发展直接影响到农村医疗事业的发展。政府应对医学基础教育方面加大投入，采用定向免费培养等方式，大力发展面向社区、面向农村的医学本科与专科的高等教育，培养出一批能扎根农村、服务农民的实用型的医疗人才。② 同时，针对农村医疗人才继续教育政府应加大投入力度，大力支持农村医疗人才的培训，尤其是加大费用的补贴力度。在费用补贴上，可按照实际情况，进行不同程度的补贴。如短期培训项目，尽可能实行免费培训制度，并发放交通补贴、就餐补贴等，从费用支持方面调动农村医疗人员

---

① 李长明：《2002 年基层卫生与妇幼保健工作进展》，《中国初级卫生保健》2003 年第 1 期。

② 吴昌平、王智刚：《培养基层医院全科医师的思考》，《江苏卫生事业管理》2010 年第 2 期。

学习的积极性。重点要对健全社区医疗人员和农村医疗人员的在岗培训加大投入，完善全科医师的任职资格制度，尽快实现基层合格医疗人才的普及。

(二) 实施农村医疗人才激励措施

1. 加强基层医疗机构条件建设

人才是加快医疗事业改革与发展的重要因素，是医疗卫生工作的重要部分。只有当环境、设备、技术、资金等相关的外部因素与医疗人才互相匹配时，才能最终达到提高人民群众健康的目的。同时，医院的医疗环境也是影响病人身心舒适的一个重要因素。环境性质决定病人的心理状态，它与治疗效果及疾病的转归紧密相关。[1] 因此，首先要保证医疗人员有一个整齐、舒适、安全、安静、健康的工作环境。政府应加大对工作环境的投入，改善农村地区医疗机构的工作环境，尤其是经济较落后的地区。根据不同地区乡镇卫生院与村卫生室的实际情况，对医疗设施要进行不同程度的投入，医疗基础设施要定时替换，尽量为医疗人员营造一个良好的工作环境，使其在工作中心情舒畅，更有积极性。

加强基层医疗机构建设是夯实基层医疗基础、深化医药卫生体制改革的重要内容，是统筹城乡医疗事业发展的重大举措。各县（市、区）要充分认识强化基层医疗机构建设对统筹城乡医疗发展、改善民生及促进社会和谐的重要性。强化基层医疗机构建设，是基层医疗机构在当前深化医药卫生体制改革中必须面对并切实予以解决的问题。强化基层医疗机构建设主要是强化乡镇、街道卫生院（社区卫生服务中心）、村卫生室（社区卫生服务站）等医疗机构的基础设施建设，进一步规范基层医疗机构的人员配备、科室设置、设施设备配置，并根据实际需要，更新更换必要的设施设备，以满足基层群众的健康需求。乡镇、街道卫生院（社区卫生服务中心）可以适当增加开展三大常规检查所需的显微镜、血糖测量仪及心电图机或其他医疗服务设备。

2. 解决农村医疗人员的待遇与养老保险问题

发展农村医疗人才主要应该依靠政府购买服务的方式，不能采用政府"养人"的办法。既要切实保障农村医疗人才的合理收入，又要保

---

[1] 刘冰、王保郓、卢祖洵：《我国卫生人力资源现状及其研究进展》，《中国社会医学杂志》2008年第4期。

障并提高农村医疗人才的养老待遇。

河北省的农村人口依然占总人口的多半以上,大部分农村人在很长一段时间里看病还是主要依靠农村医疗人才。因此,要千方百计地提高农村医疗人才的待遇,稳定农村医疗人才队伍,解决他们的后顾之忧。要逐步规范农村医疗人员队伍的建设。对于现在在岗的年纪较轻的农村医疗人员可加强理论知识的学习与实践技能的培训,增加执业(助理)医师资质覆盖率,让更多的农村医疗人员能正式成为执业医师,不仅在待遇上有所提高,还能按照国家标准享受养老保险福利。

为保证农村医疗队伍源源不断地注入具有新思维、新观点的年青医疗人才,应严格实施准入机制、晋级制度、淘汰制度与退休制度等。所谓退休制度,是指医疗人员工作年限到达一定程度或医疗人员达到一定年龄,按规定离开所在岗位,并享受一定待遇以终养余年的制度。农村地区有年龄较大的医疗人员服务于医疗事业是好事,但位置总被年龄大的占着,而年轻人员无法补充进来,将导致农村医疗行业老龄化严重,因此到规定年龄就要退休。当然,退休要根据各地区具体情况,制定适应本地区的较为人性化的政策,对于老人既可以进行一次性补偿,也可以按月发放退休金。总之,应对为农村医疗事业付出过贡献的人进行妥善安置。给当前在岗的和今后新进的农村医疗人员办理社会养老保险,在有制度保障的基础上,使年龄较大的人员逐年往下退,逐渐优化医疗人才队伍的年龄结构。

目前,河北省农村医疗人才队伍的组成较为复杂,水平参差不齐,年龄跨度大,现在还无法从根本上解决医疗人员的养老保障问题,需要针对农村医疗人才的特殊性,完善养老保险制度。对工作在农村的医疗人员,实行职业工龄划分,对年迈的老医生可以定期定额地发放养老金,根据不同层次实行不同办法。总之,想要稳定农村医疗人才队伍,就要切实解决农村医疗人员的养老保险问题。

3. 完善农村医疗人员职称评定制度

从政府方面来讲,要在不同的地区制定适应本地区吸引人才的优惠政策,才能更好、更多地吸引医疗卫生方面的优秀人才到社区、农村地区服务。从人员职称评定制度来讲,长期工作在农村基层的医疗技术人员在待遇、职称晋升及业务培训方面应注重实绩。由于农村地区的工作条件有限,因此,在职称晋升方面,针对农村医疗人员,政府应该制定相应的优惠政策，例如，对这些人员放宽论文发表与外语方面的要求，评价体系的建立以实际操作水平为准。

4. 明确农村医疗人才的身份

要解决农村医疗人才队伍的建设问题，就必须从根本上解决他们的身份问题。农村医疗人才数十年来为农村医疗事业所做的贡献有目共睹，国家应充分考虑他们未来的发展，明确定位他们的身份和社会地位，把农村地区医疗人才的人事关系纳入乡镇卫生院，以乡村卫生服务一体化管理为依托，进行统一管理，统一调配，结束"农民"给农民看病的历史，使农村地区医疗人才有一个名正言顺、名副其实的身份，明确农村地区医疗人才卫生职能的法律地位，增强农村医疗人才在医疗事业上的职业归属感。这既符合我国农村医疗卫生发展战略，也符合农村医疗人才队伍建设的长远规划，政府也能收到更加明显的农村医疗投入绩效。

（三）完善农村医疗人才队伍管理

1. 推进城乡医疗系统一体化管理

按照相关政策的规定，在乡村一体化管理进程中，乡镇卫生院受上一级卫生部门委托，负责管理本辖区的医疗工作，指导和管理各村村卫生室，同时向广大村民普及多发病、常见病的预防与治疗等知识，提供公共卫生服务等。村卫生室则主要承担村民的一般疾病的诊治及公共卫生服务。村卫生室与乡镇卫生院之间应该加强业务往来以及人才之间的交流，制定乡镇卫生院的医疗人员轮岗定期到村卫生室进行服务的制度，并制定相应的考核制度，使工资、奖金都与轮岗考核挂钩。乡镇卫生院的医疗人员要加强自身的专业知识与实践技能的学习，同时根据村卫生室医疗人员的需求对其进行培训，在农村医疗卫生的服务中起到枢纽作用。对医院管理者的任职条件要进行规范，积极促进不同机构之间医疗人才的交流，稳步推动医疗人才的合理流动，使医疗人才队伍的专业能力逐步增强，注重加强高层次卫生管理的人才队伍建设。①

2. 确保卫生支农政策落实到位

农村医疗是整个医疗体系中最薄弱的环节，也是国家医疗工作的重点。卫生支农是在现实条件下加强农村医疗卫生工作、提高农民健康素

---

① 卫生部：《中国卫生人力发展报告》，中国协和医科大学出版社2010年版。

质、缩小城乡医疗卫生差别的有效方式，是我国为提升农村医疗人才专业技术水平、提高农村的医疗卫生保障能力的一项措施，有利于促进农村医疗事业的发展。2009年出台了《中共中央国务院关于深化医药卫生体制改革的意见》，随即发布了《城乡医院对口支援工作管理办法（试行）》，这充分彰显了政府对卫生支农工作的高度重视和全面考虑。为响应政府的号召，保障卫生支农政策落实到位，可采取以下两个方面的措施：

（1）实施卫生下乡工程。定期安排各类医疗技术人员到本地区乡镇卫生院以及村卫生室进行对口支援工作。参加卫生支援的医疗人员帮助基层医疗人员提高技术服务能力，推广与本地区相适宜的医疗技术，科普疾病预防知识，宣传健康知识，切实提高基层医疗人员的业务能力，推动基层医疗技术的进步。

（2）完善卫生支援人员考核制度。为切实保障卫生支援工作能落到实处，加强对卫生支援人员的管理考核。从遵纪守法、工作态度、到岗出勤、履行职业道德情况和完成工作任务情况等方面对卫生支农人员进行考核，考核不合格者面临被取消申报职称资格的风险。卫生支援考核制度的完善，能确保卫生支农工作取得实效，有助于防止"下不去、蹲不住、干不好"的现象。

3. 努力留住乡土人才

引进人才是当务之急，培养人才是百年大计。为加快河北省农村地区医疗人才队伍的建设，不但要制定相应的鼓励政策，吸引各地区的医疗人才，更要留住乡土人才。农村地区医疗人才流失严重，人才队伍不稳定是现在面临的主要问题。为了增强农村医疗人才队伍的稳定性，在对现有的人才进行激励的同时，要吸引乡土人才留在家乡，管理部门可根据具体人才的需求情况，针对性地给予一定的照顾，挽留人才，减少乡土人才的流失。[1] 同时，也可针对乡土医疗人才，制定特殊的优惠政策，吸引医疗人才留在乡土。

医疗人才是医疗事业发展的核心，只有用好人才，留住人才，才能使本地区的医疗事业立于不败之地。如何留住人才是一个长期且系统的

---

[1] 韩翠：《广东省农村卫生人才培养现状及队伍发展对策研究》，硕士学位论文，广州中医药大学，2011年，第3页。

工程，医疗管理者应本着"以人为本"的理念，积极营造良好的人才环境，构建人才能充分施展的平台，才能最大限度地留住乡土人才，才有助于推动农村医疗人才队伍的建设。

第二节 河北省农村人口老龄化对农村发展的影响

本节主要内容包括河北省农村人口老龄化现状及特点、河北省农村人口老龄化对经济社会发展的影响以及河北省应对农村人口老龄化影响经济社会发展的建议。

一 河北省农村人口老龄化现状及特点

为了更全面、更具体地了解河北省农村人口老龄化现状，笔者通过问卷调查、实地考察、电话访谈等方式展开研究。

（一）调研设计

1. 选点依据

本次调查选取了河北省石家庄、沧州、邢台和衡水4个城市8个乡镇8个村作为样本点，它们分别是槐底社区槐底村、南楼乡南楼村、长丰镇北张村、兴济镇港西村、桃城区东明村、留府乡朴庄村、浆水镇前南峪村和王道寨乡孝昌村。选点的基本依据是这8个乡镇都是人口大乡且经济实力相差较大，随着经济水平的提高，农村人口老龄化现象比较突出，进而对农村发展的影响较大，选取乡镇具有较强代表性。

2. 调研方法

本书通过问卷调查、实地考察、电话访谈等方式展开调查，主要对8个村的老年人口基本情况、年龄结构、收入情况、身心健康情况、社会保障情况、全面二孩政策认识情况等方面展开调查，对调查问卷整理、统计汇总、计算分析并归纳总结调查数据。本次调查共计发放调查问卷550份，其中收回有效问卷536份。

3. 选点概况

本次调查的8个村共有农户7400户，人口总数为22750人，其中，老年人3185人，女性老年人1719人，男性老年人1466人。

调查数据结论如下：

(1) 本次调查的结果符合河北省统计数据。男性 223 人,所占比重为 41.6%;女性 313 人,所占比重为 58.4%;

(2) 60—69 岁的 254 人,占 47.4%;70—79 岁的 220 人,占 40.9%;80 岁及以上的 62 人,占 11.7%。

表 3-7 2014 年河北省与全国老年人口年龄构成 单位:%

年龄段	河北省	全国
60 岁及以上	15.1	14.4
65 岁及以上	9.17	9.34
60 岁及以上增长率	1.57	0.46
65 岁及以上增长率	0.43	0.08

资料来源:2014 年河北省调研数据,《中国统计年鉴(2014)》。

(二) 河北省农村人口老年化现状

河北省地处华北平原,共包括地级市 11 个,县级市 20 个,县级单位数 171 个,乡镇级单位数 2246 个,居民委员会 3853 个,村民委员会 48636 个。① 河北省农村老年人口现状折射出我国华北、中东部地区经济处于中等水平省份的现状。

1. 老龄人口基本情况

下面结合表 3-8 对河北省人口绝对数量、增长率进行详细分析(增长速度的计算以 1990 年为基期)。

表 3-8 河北省 1990—2014 年(部分)总人口与老年人口增长情况

年份	总人口(万)	老年人口(万)	总人口增长率(%)	老年人口增长率(%)	倍数
1990	6159	359.43	—	—	—
1999	6614	436.80	7.39	21.53	2.91
2005	6851	559.93	11.24	55.78	4.96
2006	6898	585.53	12.00	62.91	5.24
2007	6943	615.13	12.73	71.14	5.59

① 河北省统计局:《河北经济年鉴(2015)》,中国统计出版社 2015 年版,第 223 页。

续表

年份	总人口（万）	老年人口（万）	总人口增长率（%）	老年人口增长率（%）	倍数
2008	6989	610.78	13.48	69.93	5.19
2009	7034	622.90	14.21	73.30	5.16
2010	7194	592.68	16.80	64.90	3.86
2011	7241	591.59	17.57	64.59	3.68
2012	7287	623.47	18.31	73.46	4.01
2013	7332	666.53	19.05	85.44	4.49
2014	7383	677.09	19.87	88.38	4.45

资料来源：《河北经济年鉴（2015）》。

由表3-8可以看出，在1990—2014年的24年间，河北省全省总人口增长率为19.87%，老年人口增长率却高达88.38%，老年人口增长率是同期河北省总人口增速的4.45倍。这从一个侧面反映出河北省老年人口增长趋势远远快于河北省总人口。通过观察可以看出，1990—1999年，老年人口增速远超总人口增速；1999—2015年老年人口增速是总人口增速的4倍；2005—2010年总人口增速与老年人口增速差距越来越大；2010—2014年，总人口增速与老年人口增速的差距与前阶段相比略有缩小。河北省老年人口增速以倍数快于总人口增速问题值得关注。

从表3-9中的年龄来看，河北省老年人口最大年龄区间在60—69岁，共242人，占老年人口总数的45.2%；老年人口年龄区间在70—79岁年龄段内的次之，共233人，占43.5%；80岁以上的高龄老人最少，共61人，占总老年人口的11.3%。

从被调查的农村老年人受教育水平看，60岁以上老年人受教育程度较低，无任何受教育经历即文盲的老年人257人，小学程度的老年人为187人，完成义务教育的老年人为81人，高等学历的老年人仅有11人。

被调查农村老年人的婚姻情况：有配偶的老年人为269人，占50.1%；无配偶的老年人数也达到267人，占49.9%。

表 3-9　　　2014 年河北省老年人口（调研）基本情况

项目	分类	人数（人）	百分比（%）
性别	男	223	41.6
	女	313	58.4
年龄	60—69 岁	242	45.2
	70—79 岁	233	43.5
	80 岁及以上	61	11.3
文化水平	文盲	257	47.9
	小学	187	34.8
	中学	81	5.2
	大专及以上	11	2.1
婚否	有配偶	269	50.1
	无配偶	267	49.9

资料来源：2014 年河北省调研。

2. 农村人口老龄化程度

因为经济发展水平、社会繁荣程度及生育状况不尽相同，所以，各省老龄化程度差距较大。2014 年，河北省人口老龄化程度位列全国第 13 名，名次靠前。

自河北省进入老龄化社会后，老龄化情况日益严重，老年抚养比虽然偶有下降，但总体呈上升趋势，老年人口数量变化如表 3-10 所示。2014 年河北省老龄化程度高于全国平均水平两个百分点；2014 年河北省农村老年人口占全省老年总量的 60.91%，而这个比例在全国范围内是 58.64%，两者相差不大。因此我们可以说，农村老年人口问题相较城镇更加严重。

3. 城乡人口老龄化程度对比

通过整理数据，我们制作出河北省城镇和农村老龄化发展趋势，如图 3-4 所示。2014 年城市老年人占比略高于农村老年人占比的一半，比全国低 5 个百分点。因而河北省城乡人口老龄化之间差异水平高于全国城乡差异平均水平。将城镇与农村人口老龄化过程进行比较，可以得出两个结论：一是农村人口老龄化比城市起步早；二是农村人口老龄化发展速度快。在所有年份的相关统计中，农村人口老龄化程度均高于城镇，从 2007 年起，河北省农村老龄化态势逐步上升，而城镇老龄化发展相对缓慢，个别年份甚至呈下降趋势。

表 3-10　　　　　　河北省 2005—2014 年老龄化指标

年份	老龄化人口程度（%）	老年抚养比	乡村老年人口所占比重（%）
2005	8.2	11.02	69.75
2006	8.5	11.33	65.38
2007	8.9	11.91	65.37
2008	8.7	11.62	68.94
2009	8.9	11.59	69.38
2010	8.3	11.61	68.56
2011	10.4	11.79	56.17
2012	12.3	11.91	51.20
2013	14.7	12.45	56.48
2014	15.1	12.55	60.91

注：人口老龄化程度指 65 岁及以上占总人口比重、老年抚养比指 65 岁及以上人口与 15—64 岁人口之比。

资料来源：《河北统计年鉴（2015）》。

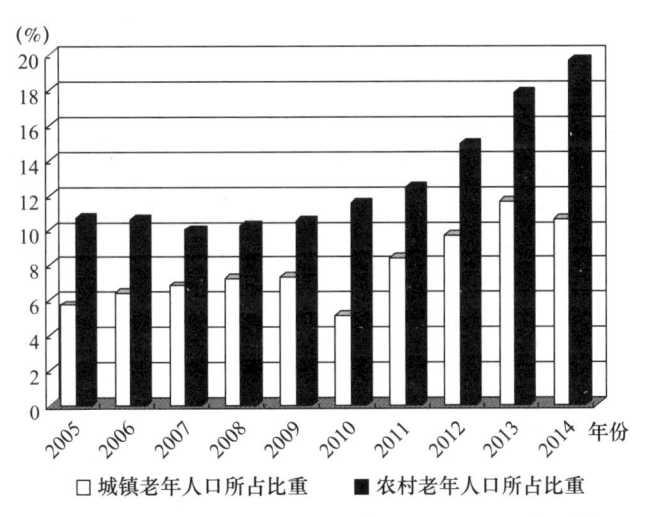

图 3-4　2005—2014 年河北省城乡老龄化程度比较

资料来源：《中国卫生和计划生育统计年鉴（2015）》。

4. 农村老年人收入水平

2014 年河北省农村人均可支配收入为 6500 元。实地调查结果显示,农村老年人口年平均收入低于4000元的为126人,占总调查人口的23.6%。以4000元为界,作为贫困标准。农村老年人口平均年收入在4000—6500元的为365人。年收入超过全省平均界限的老年人口均有45人,占总老年人口的8.4%。可见,大部分农村老年人口处于贫困状态,仅有少数老年人口物质生活富裕。如图3-5所示。

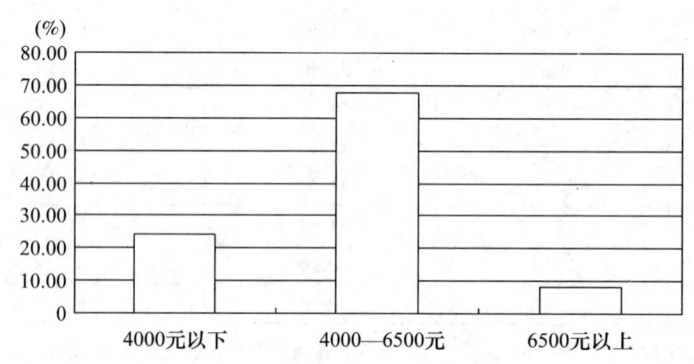

图3-5 2014年河北省农村老年人收入情况

资料来源:2014年河北省调研。

5. 农村老人独居情况

河北省大部分农村老年人口依靠女子赡养这一传统养老方式养老,倾向于居住在子女周围一定的地方。调查数据表明,河北省农村老年人口大部分与子女共同居住,共享一套房的占53.5%,在子女附近安家的占28.1%,共计81.6%的老人可以享受子女照料,没有与老人住在一起的占18.4%。如图3-6所示。

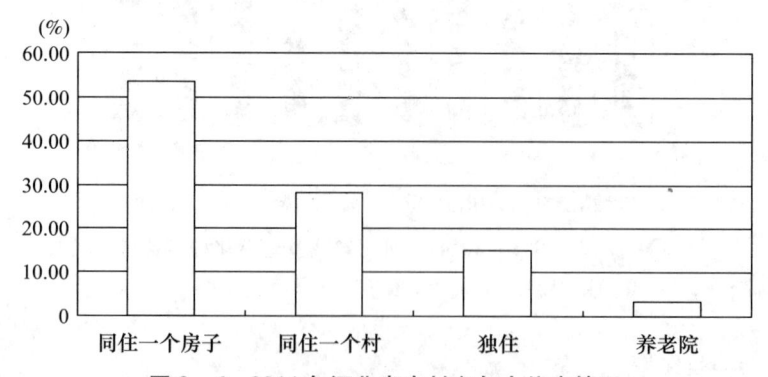

图3-6 2014年河北省农村老年人住房情况

资料来源:2014年河北省调研。

6. 农村老年人身心健康水平

调查表明，2014 年河北省农村老人身体不尽如人意的占 68.51%，河北省老年人口健康水平处于及格线上。但是，仍要重视 31.49% 的患病老人健康情况的改善，加强农村基层医疗事业建设。河北省老年人口具有独自生活能力的近七成，完全依靠他人照料才能继续生存的占三成（见表 3－11），说明河北省农村老年人口自理能力超过及格水平，大部分不用担心。调查数据为老年人社会事业发展提供了参考信息。

表 3－11　　　　　　　　2014 年河北省农村老年人健康情况

项目/类别	满意程度	人数（人）	所占比重（%）
农村老年人对自身健康满意程度	较满意	149	27.8
	还可以	198	36.9
	不满意	189	35.3
农村老年人生活自理程度	可自理	128	23.8
	半自理	245	45.7
	不能	163	30.5

资料来源：2014 年河北省调研。

中华民族的传统美德是哺育与反哺。但是，随着中国现代化建设时期的推进，特别是经济体制转型时期中，家庭小户型的增加对传统的家庭养老模式产生了重大冲击，社会上重视少年、轻视歧视老年人口的现象频频发生。老年人因为生活单调，无人看护，精神层面长期空缺，进而成为"个性"人员，对农村精神文明建设具有巨大的消极影响。根据在河北省的调查数据（见图 3－7），有 19.1% 的老年人认为需要精神需求，33.9% 的老年人认为需要物质需求，仅仅半数老人认为老年人有精神和物质两者皆需，还有少数人老年人没有考虑过这个问题。随着老年人口增多，精神娱乐必然成为要解决的问题，需要重视老年人口的精神满足。

7. 农村老年人医疗养老保障覆盖面

老年人需要消耗更多的医疗资源。目前，国家大力改革医疗制度，尤其把农村基层医疗队伍建设作为重点，使农村老年人口患病能够及时就地治疗、保健预防有地可询，减少看病时附带的交通开支。全面实施的新型农村合作医疗制度加大了老年人口疾病治疗的力度。在农村，绝大部分的花费在于重病治疗，政府应在制度上向农村老年人口的社会保障及商业保险倾斜。

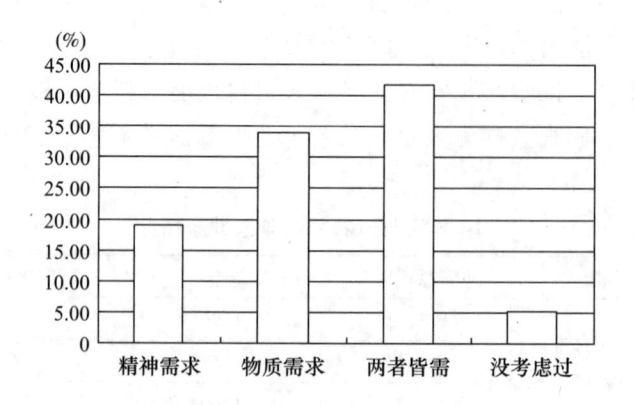

图 3-7　2014 年河北省农村老年人心理健康情况

资料来源：2014 年河北省调研。

2015 年河北省农村人口首次低于城镇人口，占总人口数量的 48.7%，但农村仍是政府工作的重点，农村老年人口不仅数量多，而且程度深。目前，农村社会保障形式仍然是以家庭和土地为主，制度化的养老保障只涉及少量农村老年人口。农村几乎没有养老院、老年人口活动中心等福利养老机构。主要原因是农村人口快速流动和不确定性。农村老年人口已陷入既无法依赖国家养老又不能依靠子女养老的困境。调查数据显示，河北省农村老年人口经济上有养老金支持的仅有 5.5%，0.4% 的农村老年人口有集体养老补贴，94.1% 的农村老年人口没有社会养老保障。老年群体数量大，但社会地位很低，需要得到更多关注以保证他们安享晚年。如图 3-8 所示，河北省共有 28.8% 的农村老年人没有养老保障，社会保障行业有待发展。

8. 农村老年人养老服务组织队伍

图 3-9 显示，46.5% 的农村地区不存在老年服务性社会组织，41.1% 的农村地区有老年服务组织机构，但老年服务机构质量不佳。

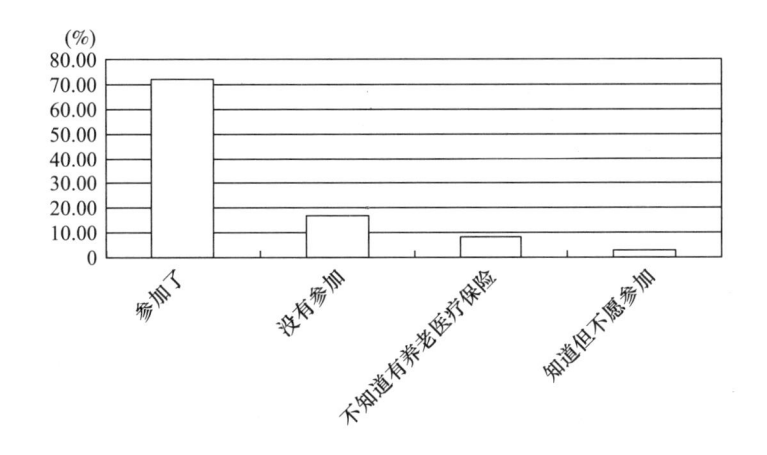

图3-8　2014年河北省农村老年人社会保障情况

资料来源：2014年河北省调研。

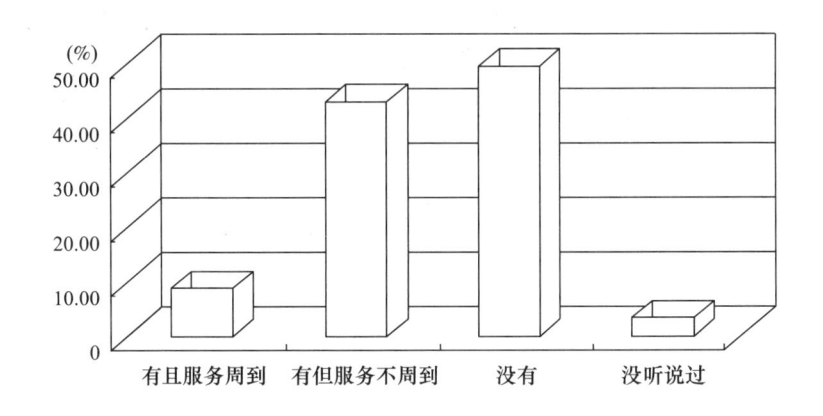

图3-9　2014年河北省农村老年人养老服务情况

资料来源：2014年河北省调研。

9. 农村老年人对全面二孩政策的认识

调查结果显示，农村老年人希望立即放开二孩政策的比重为21.3%，希望在1—3年内放开二孩政策的老年人口比重为17.3%，希望未来3—5年内放开二孩政策的老年人口比重为39.2%，5年以上放开和不放开二孩政策的老年人口的比重为22.2%。老年人希望子女必须生二胎的比重仅仅有13.7%，农村老人不希望子女生二胎的比重为49.4%，没关注全面二孩政策的老年人口的比重为36.9%。在农村老年人中，支持目前生育政策的占37.9%，建议全面放开二孩政策的占24.8%，建议全面放开生育政策的仅占5.7%、逐步修订二孩政策的占31.6%。这说明在农村全面放开二孩政策的受欢迎程度并没有想象中的那么高，说明目前人们的生育观念正在发生变化。

（三）河北省农村人口老龄化特点

从农村老龄人口所占比重以及增长和发展的速度可以预测出，未来一段时间内，老龄化程度将快速增长。下面结合调查数据、结果、人口统计数据，分析河北省农村人口老龄化的特点。

1. 农村老年人口性别比不平衡

对农村老年人口进行抽样调查，在接受调查的几个村中，老年男性223人，占41.6%；老年女性313人，占58.4%，老年人口中女性多于男性。

2012年河北省百岁以上人口普查中女性占80%；2013年河北省有登记记录的百岁以上老年人中有77%是女性。通过比较两次相关数据，可以进一步发现，老年人口中女性居多。

2. 农村老年人心理健康状况不佳

随着老龄化加速发展，农村青壮年大量向发达城市转移，农村"空巢"老人数量增多，家庭联系减少，独居老人孤独无助，精神疾病扩散，农村老年人需要得到更多关注与精神娱乐。调查数据显示，河北省农村老年人精神需求无法满足，心理健康情况处于不良状态。

3. 农村老龄化程度空间差异明显

根据调研结果，石家庄及沧州共收回问卷323份，衡水及邢台共收回213份，老龄化人口数量有明显差异。

河北省行政区划共11个地级市，城市间发展存在不同程度的差异，基础设施建设与文化产业发展也各有不同，所以各城市间老龄化程度差别很大。河北省统计局的普查资料显示，2003年11个地级市均已进入老龄化社会，但老龄化程度不尽相同。经过十余年的时间，全省农村老龄化程度提高，老龄化增长率差异化明显。如表3-12显示了河北省11个地级市农村常住人口老龄化比重情况。

河北省11个地级市老龄化差异的原因主要有以下几点：

一是唐山市经济水平跳跃式发展，人口基数大。10年间1.79%的增长率相对较低，其主要原因是20世纪50年代前出生的人群数量在

1976年的唐山大地震后因死亡、灾后移居等原因在唐山市大量降低，而这部分人现在正属于65岁以上老年人，因此低增长率得以出现。

表3-12   2003—2013年河北省11地级市农村人口老龄化比重

地区	2003年老龄化率（%）	2013年老龄化率（%）	2003年增长（%）	2013年增长（%）
石家庄	10.65	12.13	1.48	3.72
秦皇岛	11.83	13.46	1.63	2.62
张家口	11.84	14.34	2.50	3.07
邯郸	10.08	11.05	0.97	2.30
邢台	10.40	11.22	0.80	1.78
唐山	12.19	13.19	1.00	1.79
保定	11.15	12.11	0.96	1.41
承德	11.18	12.59	1.41	2.14
廊坊	10.94	11.75	0.81	2.47
沧州	10.94	11.75	0.81	2.47
衡水	11.32	12.57	1.25	1.92

资料来源：《河北农村统计年鉴》。

二是石家庄、秦皇岛、张家口、保定、承德、廊坊、沧州等城市依靠地理位置优势和政治地位优势，经济及社会发展水平提高较快，在此10年间老龄化增长率均保持较高态势。由于石家庄的省会地位、张家口的申奥成功、京津冀协同发展等原因，社会发展和经济水平的提升速度会更快，加大了老龄化速度。

三是邯郸、邢台等南部城市，由于社会发展态势相对平稳，其老龄化发展速度较其他城市较缓，其老龄化程度在未来相比其他8个地级市也会较低。

4. 人口老龄化程度超前于社会经济水平

西方发达国家人口老龄化出现在经济较为发达时期，国内生产总值较高，生产类型已完全转变，而且有比较健全的社会保障体系和社会福利事业。例如，日本在1970年左右进入老龄化社会，当时日本的人均国内生产总值超过20000美元。而河北省人口老龄化并不是自然发展过程，而是人为的利用人口控制政策使出生率短期内快速下降产生的。2014年我国国内生产总值636463亿元、全国人均GDP水平为46356.1元。换算成美元约为7485美元。而2014年河北省实现生产总值5426.8亿元，人均生产总值为29421.2元，农村人均为10186元，远低于平均水平。其次，河北省应对人口老龄化的物质基础薄弱，经济发展水平远远落后于人口老龄化程度。

如调查数据所示，河北省农村老年人口的收入水平低于河北省农村人均水平，河北省农村老年人口有两成多处于贫困线以下。老龄化速度不断提高，但是，经济发展水平却没有跟上这个发展速度，农村老龄化水平超前于经济发展水平。

5. 农村社会养老保障及医疗发展滞后

中国农村老龄化的速度迅速提高，老龄化规模日趋庞大，但与之相配的农村社会保障制度并非完美无缺，农村生产总值及人均GDP增长率变动较小，农村老年人养老问题日益严重。

1992年民政部制定出台了《县级农村社会养老保险基本方案》，促进河北省短时间段内农村基层养老保险事业蓬勃发展，但从1999年国务院做出整改农村基层社会养老保险事业决定后，农民停止对社会保障的投入，甚至索回已投入资金。自此，虽然局部地区农村基层养老保险领域仍在探索前进，但全省的农村基层社会保障事业存在很多问题，难以为继。

截至目前，河北省积极制定出台多个政策，推进和引导社会力量参与社会养老服务建设发展，但是，农村养老福利事业进程艰难前进。截至目前，政策实施对于农村老年人养老服务需求来说不够完善。调研结果显示，仅有5.5%的老年村民有退休金，0.4%的老年村民由政府发放补贴，这表明94.1%的老年人没有健全的社会保障。老年村民中有养老保险的只有1.5%。农村老人养老需求远远超于现有社会养老保障。

2014年河北省基层医疗卫生机构数为78493个，其中，乡镇卫生院为1968所，村卫生室62319所。农村地区的1968所乡镇卫生院和62319所村卫生室覆盖了河北省的48606个行政村。农村老年人口由村卫生所解决患病治疗及疾病预防。日常的头疼脑热的小病都是首选去村卫生室治疗，长期不愈或村卫生室无法治疗的病才去乡镇卫生院或地区医院治疗。①

自党的十八大后,我国推进农村基层医疗队伍发展的工作取得了较大成果。河北省积极响应国家的政策号召,在农村医疗卫生方面紧跟国家的脚步,但是,当前河北省农村医疗事业发展水平仍不能满足老年人口健康期望,资源配置不合理、直接面向基层农民的医疗服务人员,尤其是乡村医生和卫生员在一些边远地区还是较为缺乏,农村地区医疗人员的素质也有待提高。这些因素就影响了河北省农村医疗事业的发展。

6. 农村老年人社会组织比较薄弱

调查结果显示,46.5%的农村没有老年性社会服务组织,41.1%的农村有但服务不尽满意的社会组织。这说明农村老人服务需求很大,但没有相对应的服务组织为其提供服务。

河北省社会结构随着人口老龄化程度加剧,发生了巨大改变,老年人口服务组织需进一步完善,以满足老人生活和娱乐的需求。老年人和社会组织服务将急剧增加、快速形成,这是社会发展的必然趋势。与城市相比,调查中农村老人和建设社会服务事业的社会组织均没有意识到社会养老服务组织的重要性。老年人口的增多将大大改变社会组织结构,以为老年人服务为宗旨的社会组织将不断壮大。老年人问题日益突出,老年人为实现自己的经济和政治权益、满足自身物质精神需要,老年社会组织将自觉自发形成及超速发展是社会发展必由之路。立足当下,农村的老年社会组织建设意识与城市相较非常薄弱。农村老年人口未充分重视老年社会组织的建设。

准确把握河北省农村老龄化的上述特点,研究其特殊性,并根据特点研究对农村社会发展、经济增长产生的影响及原因,是本书研究的重点。

二 河北省农村人口老龄化对经济社会发展的影响

河北省是农业大省,是全国粮、油、棉主要集中产区之一。农村经济社会的发展对全省经济社会发展举足轻重。随着河北省农村人口老龄化日益突出,其对农村经济社会发展的影响日趋显现。本章节以1990—2014年河北省农村人口老龄化与经济发展的相关数据为基础,

---

① 谢丽春:《偏远地区乡村医生队伍建设研究》,四川农业大学出版社2013年版,第12页。

对人口老龄化对经济发展的影响进行实证分析，作为提出河北省人口老龄化的对策建议的基础。

（一）农村人口老龄化对经济发展的影响

农村人口老年化制约经济发展。调查显示，目前河北省农村闲置的耕种土地较多，大约为4.7万亩，占耕地总面积的7.8%，集约型种植的耕地占50.7%。由于农村青壮年劳动力大量流向城镇，参加农业生产活动的劳动力年龄集中在50岁及以上。老年人保守的思想、落后的环境及较低的文化水平和接受能力，导致他们在接受农业现今生产技术与农业现代化机械设备过程中存在一定障碍，从而严重制约着农村经济水平的提高。

1. 影响农村家庭收入

经济发展是包含经济增长，而又高于经济增长的概念。人均收入能够较好地反映经济增长。笔者在此选用人均收入作为经济发展水平的衡量指标，并以1978年作为基期来剔除价格因素的影响。通过对自变量和因变量进行研究设计，建立相应的数学模型，查阅年鉴数据进一步分析老龄化程度变动对经济收入的影响。

对于河北省人口老龄化的衡量指标，在众多衡量人口老龄化的指标中，选择老年抚养系数，因为该指标既体现了人口年龄结构的老龄化，又体现了老龄化所带来的社会负担。

（1）变量数据选取。衡量农村家庭收入情况的指标一般有农民人均纯收入，农民人均纯收入的处理以1978年为基期做指数折算，记为PGNP。衡量人口老龄化我们选择老年抚养比。这里的老年抚养比使用65岁及以上的老年人口数与就业人数比来代替，记为RO。与此同时，为了全面考察河北省农村人口因素对收入的影响，还选取了人口自然增长率作为控制变量，记为PR。

河北省人口老龄化与经济发展相关变量的数据（见表3-13）来源于《河北农村统计年鉴（2015）》，样本区间是1995—2014年。为了避免存在异方差性影响回归结果的准确性，对选取的变量取自然对数：ln-PGNP、lnRO、lnPR。

由表3-13可知，1995—2014年农村人均收入迅速增长，增长了8倍多，老龄化率同时增长将近3倍。人口自然增长率下降一半。说明人口的自然增长率呈下降趋势，老龄化却呈现上升趋势。

表 3-13　河北省农村人口老龄化对家庭收入影响指标

年份	人均收入（元）	老年抚养比	自然增长率（%）
1995	1668.73	5.90	7.61
1996	2054.95	6.00	7.30
1997	2286.01	6.20	6.29
1998	2405.32	6.41	6.83
1999	2441.50	6.54	6.73
2000	2478.86	6.70	5.09
2001	2603.60	6.90	4.98
2002	2685.16	6.96	5.28
2003	2853.29	7.10	5.16
2004	3171.06	7.30	5.79
2005	3481.6	47.50	6.10
2006	3801.8	27.60	6.23
2007	4293.4	37.70	6.55
2008	4795.4	67.90	6.55
2009	5149.6	78.10	6.50
2010	5957.9	88.30	6.81
2011	7119.6	98.50	6.50
2012	8081.3	99.70	6.47
2013	9187.71	10.10	6.17
2014	10186.14	12.55	6.95

资料来源：《河北农村统计年鉴（2015）》。

（2）实证分析过程

①ADF 平稳性检验。本书所使用的数据是时间序列，使用时间序列进行分析，对数据的要求比较高，即必须是平稳序列，以避免"伪回归"问题的产生。判断"伪回归"比较可靠的方法是从时间序列的非平稳性出发，检验其本身是不是平稳序列。而现实经济中平稳的时间序列非常少见，所以，第一步要检验变量的平稳性，并考察变量的单整阶数，即对变量原序列和差分序列进行单位根检验。本书采用 ADF 检验方法。

表 3-14 显示了各变量的自然对数值的水平值、一阶差分、二阶差

分进行 ADF 检验的结果。

表 3-14　　　　变量的 ADF 单位根检验结果汇总

变量	ADF 统计量	1%显著性水平	5%显著性水平	10%显著性水平
lnPGNP	1.425284	-3.831511	-3.02997	-2.655194
D(lnPGNP, 1)	-2.809676	-3.857386	-3.040391	-2.660551
D(lnPGNP, 2)	-3.741059	-3.92035	-3.065585	-2.673459
lnRO	2.83822	-3.959148	-3.081002	-2.68133
D(lnRO, 1)	1.712556	-3.886751	-3.052169	-2.666593
D(lnRO, 2)	-9.665088	-3.886751	-3.052169	-2.666593
lnPR	-2.123603	-3.831511	-3.02997	-2.655194
D(lnPR, 1)	-3.869811	-3.857386	-3.040391	-2.660551
D(lnPR, 2)	-5.950048	-3.886751	-3.052169	-2.666593

注：D(lnPGNP, 1)、D(lnPGNP, 2) 分别表示 lnPGNP 的一阶差分、二阶差分；其余类推。

资料来源：Eviews 软件分析。

通过表 3-14 可知，lnPGNP 和 lnRO 变量的 ADF 统计量为 1.425284 和 2.83822 均大于在各个显著性水平下的临界值，无法拒绝数据非平稳性的假设，认为这个变量为非平稳序列，进一步对 lnPGNP 和 lnPO 变量进行一阶差分处理后，得到 ADF 统计量分别为 -2.809676 和 1.712556，还是大于各个显著性水平下的临界值，再进一步对这两个变量进行二级差分处理，得到 ADF 统计量分别为 -3.741059 和 -9.665088，均小于在各个显著性水平下的临界值，拒绝数据非平稳性的假设，可见，lnPGNP 和 lnRO 二级阶差分后为平稳序列。

lnPR 变量的 ADF 统计量为 -2.123603，大于在各个显著性水平下的临界值，无法拒绝数据非平稳性的假设，认为这个变量为非平稳序列。进一步地，对 lnPR 变量进行一阶差分处理后，得到 ADF 统计量为 -3.869811，小于在各个显著性水平下的临界值，拒绝数据非平稳性的假设，可见，lnPR 一阶差分后为平稳序列。经过二阶差分后，在 1%—10%显著性水平下，lnPGNP、lnRO、lnPR 都是平稳的。因此，lnPGNP、lnRO、lnPR 是一阶单整序列。

②协整检验。有一些经济变量，它们本身是非平稳的，但将它们线

性组合,这个组合却有可能是平稳序列。因此,本书需要对模型中所使用的变量进行协整检验,即对方程的残差进行单位根检验。

由表 3 - 15 可知,ADF 检验的统计值 ADF = - 7.754052,小于 1%—10% 的显著性水平下的临界值,因此可以拒绝 H_0:残差序列有一个单位根的假设,即残差序列是平稳的,同时可以认为,变量 lnPGNP、lnRO、lnPR 之间存在协整关系。

表 3 - 15　　　　　残差序列单位根检验结果汇总

变量	ADF 统计量	1%显著性水平	5%显著性水平	10%显著性水平
D(RESID,1)	-0.60361	-3.886751	-3.052169	-2.666593
D(RESID,2)	-7.754052	-3.886751	-3.052169	-2.666593

资料来源:Eviews 软件分析。

为了证明 ADF 检验结果的有效性,本书对变量之间的协整关系用 Johansen 方法做进一步的检验。Johansen 协整检验中有两种统计量:特征根迹检验统计量和最大特征值检验统计量。检验结果如表 3 - 16 和表 3 - 17 所示。

表 3 - 16　　　　　迹统计量协整关系个数的检验结果

假设系数量	特征值	迹统计	5%临界值	概率
None	0.803052	36.97904	29.79707	0.0063
At most 1 个	0.344065	7.732395	15.49471	0.4944
At most 2 个	0.007853	0.141920	3.841466	0.7064

资料来源:Eviews 软件分析。

表 3 - 17　　　　　最大特征根协整关系个数的检验结果

假设系数量	特征值	迹统计	5%临界值	概率
None	0.803052	36.97904	21.13162	0.0029
At most 1 个	0.344065	7.732395	14.26460	0.4219
At most 2 个	0.007853	0.141920	3.841466	0.7064

资料来源:Eviews 软件分析。

以上两个表显示了迹统计量检验的结果,第一列"None"表示检验原假设"存在零个协整关系",该假设下的迹统计量为 36.97904,

5%临界值为29.79707，迹统计量大于临界值，因此拒绝原假设，从而表明模型中各变量之间至少存在一个协整关系；"At most 1""At most 2"分别表示检验原假设"至多存在一个协整关系""至多存在两个协整关系"，这两个假设下的迹统计量均小于5%临界值，因此不能拒绝原假设。迹统计量检验结果表明，在5%显著性水平下存在一个协整关系。表3-17显示，最大特征值统计量检验结果，其检验结果也表明5%显著性水平下存在一个协整关系。

协整检验结果表明，lnPGNP、lnRO、lnPR之间存在稳定的均衡关系。由此可以认定本书所使用的数据在长期来看是平稳的，不存在"伪回归"问题。

③格兰杰因果检验。各变量之间有长期均衡关系，但这种关系是否构成因果关系。笔者接下来采用格兰杰检验分析lnPGNP、lnRO、lnPR之间的因果关系。

根据表3-18，从格兰杰因果检验结果可以看出，在5%显著性水平下，lnRO对lnPGNP滞后一期和滞后两期的格兰杰因果关系显著，所以河北省农村人口老龄化影响经济增长。反过来，在5%显著性水平下，lnPGNP→lnRO三个滞后期中的P值均大于0.05，因此，经济增长和河北省农村人口老龄化无必然联系。这也符合客观的现实情况，因为老龄化并不是单一要素影响经济增长，有其他各方面要素影响经济增长。

表3-18　　　　　　　　　格兰杰因果检验结果

变量　　格兰杰因果性	1	2	3
lnPR→lnPGNP	0.0609	0.7421	0.7015
lnRO→lnPGNP	0.0469	0.0388	0.0131
lnPGNP→lnRO	0.4379	0.6504	0.2492
lnPR→lnRO	0.6723	0.2116	0.4471
lnPGNP→lnPR	0.1733	0.1342	0.0857
lnRO→lnPR	0.1709	0.2619	0.5449

资料来源：Eviews软件分析。

因此，河北省农村人口老龄化与经济增长之间存在单向的格兰杰因果关系，即河北省农村人口老龄化影响经济增长；反之则不一定。

（3）估计回归方程。由上述检验可知，数据是平稳的，对该时间序列数据，建立多元回归模型：

$\ln PGNP = C(1) + C(2) \times \ln RO + C(3) \times \ln PR$

其中，$\ln PGNP$ 代表农村人均收入；$\ln RO$ 代表老年抚养比；$\ln PR$ 代表人口自然增长率。

模型的 R^2 为 0.962（见表 3-19），值较大，模型的拟合优度比较满意，DW 值为 1.604，比较接近 2，说明残差间具有独立性。

表 3-19　　　　　　　　　　模型汇总[b]

模型	R	R^2	调整后的 R^2	标准估计的误差	DW
1	0.981[a]	0.962	0.955	546.65843	1.604

a. 预测变量：（常量），自然增长率 lnPR，老年抚养比 lnRO
b. 因变量：人均收入 lnPGNP

资料来源：Eviews 软件分析。

模型的 F 值为 43.537（见表 3-20），数值较大，而且 P 值为 0.000，说明回归分析有意义。

根据回归系数可以发现，模型变量在 5% 显著性水平以内，根据系数（见表 3-21），可知模型为：

$\ln PGNP = 5.279114 - 2.699333 \times \ln RO + 0.2688890 \times \ln PR$

其中，$\ln PGNP$ 代表农村人均收入；$\ln RO$ 代表老年抚养比；$\ln PR$ 代表人口自然增长率。

表 3-20　　　　　　　　　　方差分析

模型		平方和	自由度	均方	F	P 值
1	回归	1.287E8	3	42893991.562	43.537	0.000[a]
	残差	5080202.395	17	298835.435		
	总计	1.338E8	20			

a. 预测变量：（常量），自然增长率 lnPR，老年抚养比 lnRO
b. 因变量：人均收入 lnPGNP

资料来源：Eviews 软件分析。

表 3-21　　　　　　　　　　回归方程系数

模型		非标准化系数		标准系数	t	P 值
		B	标准误差			（双侧）
1	（常量）	5.279114	0.639572		-9.506	0.000
	老年抚养比	-2.699333	0.189513	0.657	5.370	0.000
	自然增长率	0.2688890	0.299009	0.272	4.803	0.000

a. 因变量：人均收入 lnPGNP

资料来源：Eviews 软件分析。

(4) 模型结果意义。从回归估计的结果看，模型拟合较好，有合理的回归标准误差。估计系数全部在 99% 的显著性水平下通过了 t 检验和 F 检验。DW 检验显示了模型基本上不存在自相关。对数据方差的检验 F 值达到 43.537，P 值为 0.000，回归方程有意义，应接受原检验，即原方程的残差不存在异方差。人均纯收入增长率的增长伴随着老年抚养比负相关增长，可以理解为，人口老龄化减缓经济增长。农村老龄化对收入影响具体体现在以下四个方面：

第一，农民的主要收入来源于农业产品的售卖，生产资料的发展更新是农民收入增加的直接途径。现代农业要求劳动者有辨别知识、合理分配已有资源、高精准操作机械、生产高效率的能力，来实现农业产出大大提高的目标，增加劳动力农业收入。而收入提高运用的科技知识不能被老年人快速接受甚至不能掌握，而机械操作业是老年人口无论在体力或精力方面均不能达到要求。

第二，随着河北省市场不断发展，非农产业得到快速发展。非农产业无论是农村非农产业就业还是农民个体创新就业都需要有一定的科学文化知识做铺垫。农村自主创新就业还需要农民劳动力对市场有评估、抵抗风险及创新能力，这需要农民劳动者身体、心理高素质。劳动者身体心理质量越高，信息获取及辨别、合理分配资源、农业生产能力越强，劳动者的收入就越高。农村老龄化的发展，降低了劳动者的身体、心理素质质量，对农村收入有抑制作用。

第三，河北省农村老龄化的到来，导致农村劳动力数量和质量同时下降，更不利于提升劳动力的整体素质。河北省农村村民不能很好地完成九年义务教育，教育水平低下，缺乏生产最根本的知识和能力。在调查数据中发现,受调查的农民中,文盲的比重将近一半,小学水平的将近三成半,中学以上的只占17%,比重很低。没有文化水平做依托,农业生产水平难以提高,收入提升便成了一句空话。

第四,在工农业并存的二元经济体制下,农村老年人口的收入主要源自农业劳动及子女供养,少量来自财物出售、亲友赠予等,而城镇老年人除以上来源外还有退休金。近年来,农业发展水平受限导致农村老年人口收入低微,而城镇老年人收入随着社会发展和经济水平的进步而逐年增加,城乡老年人收入水平差距越来越大。当前河北省九成农村老年人口社会养老保障程度较低,传统的家庭养老观念仍然是农村养老的主流趋势,老年人口养老的物质支持主要还是由子女提供。但老年人数量的增加及计划生育导致的低出生率,老年人口在家庭中所占比重越发加大,家庭经济收入需要消耗在老年人口上的比重也随之加大。另外,随着农村人口老龄化的加剧,在医疗卫生、疾病预防、文化娱乐等方面,资金分配加重,影响着家庭收入分配格局。老年人数量的增加及消费需求的增加必然改变家庭收入的分配状况。所以,增加农民经济收入,降低经济负担,成为当下必须解决的社会问题。

2. 影响农业生产效率的提高

(1) 模型构建。假定农业生产过程的主要投入要素为土地、劳动、资本和技术,建立如下扩展的柯布—道格拉斯生产函数:

$$Y(t) = F[A(t), L(t), K(t)]$$

对等式两端求关于时间的微分,并同时除以 Y(t) 得:

$$DY(t) = \alpha \times A(t)/Y(t) + \beta \times L(t)/Y(t) + \gamma \times K(t)/Y(t)$$

$$\alpha + \beta + \gamma = 1$$

其中,$Y(t)$ 代表农业产出,$A(t)$、$L(t)$、$K(t)$ 分别代表农业生产各个时间段内的技术、劳动、资本投入。

(2) 数据生成。农业产出 $Y(t)$:农业产出以 1990 年为基期,生成第一产业增加值指数。

农业技术水平 $A(t)$:依据农业从业人员人均产值来测算农业技术水平,计算方法为:农业从业人员人均产值 = 农林牧渔业总产值/第一产业实际就业人数。

农业劳动投入 $L(t)$:使用第一产业年末从业人员数量作为农业的劳动投入。

农业资本投入 K(t)：资本存量的估算，采用农村生产性固定资产原值来推算。

（3）回归分析。以转化后的生产函数为基础和表 3 - 22 数据，以 Eviews 进行普通最小二乘法拟合，得到模型的估计结果如下：

表 3 - 22　　　　农业劳动投入及指数　　　　单位：千人、元

年份	产出指数	技术水平指数	劳动投入量	资本投入量
1990	100	100	1780.42	3423.78
1995	135.7721	164.6635	1715.42	3799.94
1996	145.3202	170.6235	1621.83	4216.15
1997	146.0902	177.5677	1620.31	4859.93
1998	151.4047	183.2700	1635.83	5129.75
1999	153.2166	182.8165	1639.90	5898.43
2000	155.1841	184.5415	1665.45	6328.32
2001	162.5706	189.8869	1664.96	7011.26
2002	171.0397	197.5385	1651.97	7983.71
2003	176.9450	212.6293	1660.24	8453.26
2004	207.9967	256.5951	1600.43	8876.35
2005	213.0933	283.7761	1552.75	9335.54
2006	225.1141	301.7350	1513.04	9801.12
2007	254.3334	355.1539	1479.04	10234.58
2008	281.1471	405.8032	1478.23	10767.73
2009	294.7516	437.0649	1472.50	11033.23
2010	303.1678	472.1325	1458.33	11455.36
2011	333.1216	503.8917	1433.17	13256.98
2012	361.2314	548.7866	1419.85	14672.37
2013	372.6879	578.9975	1397.22	15430.19
2014	386.9874	610.6549	1389.29	16428.84

资料来源：《河北农村统计年鉴（2015）》。

$$Y(t) = -21.37988 + 0.659766A(t) + 0.532761L(t) + 0.026335K(t)$$

　　　　　　　（29.372765）　（12.87422）　（1.023851）
$\overline{R}^2 = 0.897245$　$F = 4412.4693$　$S.E = 3.01831$　$DW = 2.143363$

其中，$DW = 2.143363 < dL$，具有较好拟合优度和较小的回归标准方差。估计系数全部在99%的显著性水平下通过了 t 检验。DW 检验显示，模型残差基本不存在自相关。对残差项做不带交叉项的怀特检验及滞后一期的 ARCH 检验，相伴概率分别为 0.8937 和 0.8874，显示模型不存在异方差性。做增加一个解释项的拉姆齐回归设定误差检验，得相伴概率为 0.1554，显示模型设定正确，不存在偏误。

回归方程显示，劳动投入与农业产出存在正相关性。农业投入增加，农业产出上升，农业劳动投入对农业产出具有较大的正向影响力。

3. 影响农业劳动力投入

（1）变量选取。农业劳动投入 L 使用第一产业年末从业人员数量作为农业的劳动投入，以 1990 年为基准。农村人口老龄化对农业劳动力投入增长的影响，反映出人口老龄化对农业产出增长的影响。农业劳动力投入通常受乡村总人口水平、城镇化水平、农村劳动力转移情况以及农村老龄人口比重的影响。因此，选择乡村总人口指数、城镇化率、农村劳动力转移比例以及农村老龄人口比重作为农业劳动投入指数的的基本解释变量。其中，农业劳动力投入指数取自表 3 - 22 中的农业劳动力投入以 1990 年为基期计算得出；农村总人口数据取自历年年末农村总人口数；城镇化率则由年底城镇人口占总人口的比重代表；农村劳动力转移率，本书考虑了以下计算公式：

农村劳动力转移率 =（乡村从业人员 - 第一产业实际就业人数）/乡村年末从业人员数

（2）数据生成。本书主要采集 1990—2014 年的数据。

（3）回归分析。根据表 3 - 23 数据，以 Eviews 进行普通最小二乘法拟合，得到模型的估计结果如下：

$Y = -234.7047 + 1.947715X_1 + 3.7803012X_2 - 0.950854X_3 - 2.0156778X_4$
　　　（20.33674）　（56.44266）　（-26.98146）　（-4.012761）
$\overline{R}^2 = 0.975543$　$F = 878.7329$　$S.E = 0.347103$　$DW = 1.32453$

上式具有很好的拟合优度和很小的回归标准误差，估计系数全部在99%的显著性水平下通过了 t 检验。DW 检验显示，模型残差不存在自相关。对残差项做不带交叉项的怀特检验及滞后一期的 ARCH 检验，相伴概率分别为 0.5399 和 0.4789，显示模型不存在异方差性。做增加一个解释项的拉姆齐回归设定误差检验，得相伴概率为 0.6126，显示模型设定正确，不存在偏误。

表 3-23　　农业劳动投入与各变量指数

年份	农业劳动投入指数	农村总人口增长指数 X_1	城镇化率 X_2（%）	农村劳动力年转移率 X_3（%）	乡村老龄化率 X_4（%）
1990	100	100	20.08	24.574455	6.7
1995	101.678956	109.023936	27.99	33.343177	9.9
1996	91.092551	109.432747	28.51	37.215271	10.1
1997	91.007178	110.715103	29.04	38.000635	10.4
1998	91.78883	111.667443	30.48	37.940597	10.7
1999	92.107480	112.446939	31.91	38.217465	11.0
2000	93.542535	114.683330	33.35	38.478446	11.2
2001	93.515013	115.140013	34.78	38.740489	11.6
2002	92.785410	115.728024	36.22	39.527264	11.9
2003	93.249907	116.417708	37.66	39.584577	12.1
2004	89.890588	117.431900	39.09	40.106350	12.5
2005	87.212568	118.870578	40.53	44.474058	12.9
2006	84.982195	119.373014	41.76	46.304256	13.1
2007	83.072533	120.590129	42.99	48.040597	13.6
2008	83.027039	122.635882	43.9	48.935340	13.9
2009	82.705204	124.734590	44.94	50.470391	14.1
2010	81.909325	126.098284	45.68	51.006030	14.7
2011	80.496175	127.253972	46.55	52.288578	14.9
2012	79.748037	128.081762	47.22	52.761774	15.3
2013	78.476989	128.751112	47.66	54.026264	15.5
2014	78.031588	129.460284	49.33	54.53760	115.9

资料来源：《河北农村统计年鉴（2015）》。

模型中，Y 为农业劳动投入指数，X_1 为乡村总人口增长指数，X_2 为城镇化率，X_3 为农村劳动力年转移比例，X_4 为乡村人口老龄化率。该式显示，农村人口老龄化以及农村劳动力转移对农业劳动投入均具有较大的副作用。农村老龄人口增加 1 百分点，农业劳动投入下降 2.3 个百分点。由前一实证分析可知，劳动投入与农业产出存在正相关性。农业投入增加，农业产出上升。农业劳动投入对农业产出具有较大的正向影响力。老龄化致使农村投入下降，必然导致农业产出下降。老龄化必然减缓农业生产率的提高。

农业生产效率反映的是农业生产过程中产出与投入之比，毫无疑问，比值越高，效益越大。农业生产效率通常分为土地生产效率和劳动生产效率，前者反映一定生产时期内单位面积土地的产出效果，后者反映单位时间内农业劳动者生产农产品的能力。调查数据表明，在所调查的河北省农村中，家庭中从事家庭生产的劳动者年龄在 50—60 岁的 434 人，占调查总老年人口的 81.03%；从事家庭生产的劳动者年龄在 60—70 岁的 77 人，占调查总人口的 14.32%；70 岁以上的主要家庭生产主力 25 人，占调查总老年人口的 4.66%。这说明，河北省农村从事家庭生产的主要为低龄老人，而青壮年劳动人口不再是家庭生产的主力。经济发展离不开劳动生产，而劳动生产离不开劳动力及科学技术。只有劳动力数量和质量双高，才会促进劳动生产率的提高，劳动生产量总值变化必然影响经济发展。农村人口老龄化在以下三个方面影响农业生产率的提高。

首先，削弱了农村家庭的经济组织作用。农村的基本生产和经济发展以农村家庭为基本经济单位。一直以来，年轻劳动力都是农村经济活动的中坚力量，人口老龄化、青壮年劳动力大量外流使农村劳动力资源大量减少，参与农业生产的人数大量减少，家庭经济基础减弱。农村生产方式变化落后、革新较少，农村生产方式仍然主要是体力活动，削弱了的家庭生产功能组织，必然对农业生产效率造成负面影响。

其次，对农业生产率的贡献降低，农村人口老年化对农业产业结构转变和现代农业发展都将产生不利影响。农业生产率提高，农业生产总值才会增加。而生产率提高必须依靠科技发展和社会进步。河北省农业经济的快速发展，得益于农村大量的年轻劳动力资源。随着老龄化的到来及迅速发展以及年轻劳动力流动转移，农村劳动力数量大大减少，导致人口低生育率和劳动力质量快速下降，不利于农业生产率的提高。农村劳动力老化，低龄老年农民逐渐代替青壮年农民成为农业生产的主力，但由于老年人口生理机能下降，记忆力、精力、理解力和接受新事物能力均下降甚至消失，严重影响了科技兴农。经济资本由生产劳动力创造，农业生产劳动力的参与程度直接影响着农业经济的发展水平和质量。同时，农业机械化水平较低，老龄化导致可操作机械的年轻农民队伍严重不足，产业结构不能及时调整，严重阻止了农业生产率提高。

最后，减少农业资本，影响农业生产率提高。老年人随着年龄增大，身体机能呈逐渐退化趋势，抵抗力下降，患病风险提高，增加医疗投入，增加经济负担，农业生产、科技知识、机械更新投入资金必然减少，农业生产规模扩大投入资金必然短缺，从而不利于农业生产率提高。参加农村建设的有效劳动力不足，运用传统生产方式，生产效率低下，受天灾影响大，影响农业生产活动。

4. 有碍农业现代化进程

河北省农村人口老龄化与青壮年劳动力的流失，导致留守老人、空巢老人数量较以往倍增，给农村现代化带来了巨大的阻碍。

首先，青壮年劳动力流失，大量农村老人不得不参与农田耕种。农村生产方式依然依靠体力劳动，大量繁重的农活强压在农村老人身上，但老年人衰落的体力及勉强的精力已不足以支撑农村劳作。调查显示，河北省大部分农村田间劳作的都是50—60岁的低龄老人。本应脱离原来农业劳作的老人并没有及时脱离农业活动，反而由于子女外出而担负更多的农业工作。

其次，农村老年人口一半近文盲，他们已经适应了传统的施肥、牛车耕犁等陈旧的生产技术，一段时间内难以甚至不能变更传统生产方式，仍旧依靠经验来劳动，思想和观念陈旧，意识保守，精力的限制也使他们难以参加新的科学知识讲座和新的农业机械操作业活动。从而达不到农业现代化要求的劳动者高技术、高吸收、高应用的标准。基层政府的科技推广、产业调整布局、培育农村电商、农产品制定等"互联网＋"新业态、土地流转工作难以进行，甚至难以存在。

再次，老龄化带来的一项后果就是粮食产出大大降低，甚至一些地区出现粮食短缺。改善粮食短缺及储存量，为子孙后代的粮食储备打好基础，进而实现农业现代化，就必须早日完成农业专业化、商业化和标准化。但是，老龄化的到来，农业粮食的低输出，农业市场低迷，农业龙头企业、农业相关产业工厂、农村家庭小作坊或亏损或倒闭。这些客观因素严重阻碍农业现代化的到来。

最后，建设新农村，发展现代农业，中年劳动力是主力军及未来希望。但老龄化使中年人口比重下降，巨大的养老负担及农业市场的不景气使农村子女外出打工十分普遍，加入到第二、第三产业中去。老龄化的到来，老年人传统的思想及排外心理使农村基层科技推广人才队伍大大缩小，生产资料难以更新，劳动力老化从根本了杜绝了农业现代化发展，难以推进新农村建设。青壮年劳动力流失是阻碍农业现代化的根本原因。而农村老龄化程度加深又使青壮年劳动力流失加速。

以上表明，河北省农村人口老龄化严重阻碍了农业现代化的实现。

5. 加剧农村从业者供需矛盾

人口老龄化程度加深，人力资源供给的结构势必受到冲击，河北省以农业为主的劳动密集型产业在农村仍然有非常重要的地位，但由于不同年龄阶段劳动力之间的差距，社会年龄结构老化和农村人力资源匮乏是必然结果。且农村经济社会发展缺少青壮年劳动力的参与，导致其缺乏必备的生机和活力，加大了农村人力资源供需不平的矛盾，导致农村社会与经济发展缓慢，与城市的差距越发增大，社会的可持续发展不能展开。人口老龄化引起的劳动年龄人口比重下降和规模萎缩，导致农村劳动力资源不足，进而影响非农产业的劳动力输送，削弱农业及非农产品的出口竞争力，进而影响经济增长。

河北省经济增长一部分得益于农村大量年轻劳动力向非农产业的转移，为非农产业提供了大量低成本劳动力，使产品具备较强市场竞争力。农村人口老龄化将改变这一状况。人口老龄化造成的劳动年龄人口比重下降和规模萎缩，不仅影响农村自身的劳动力供给，同时还将改变非农产业劳动力无限供给的局面，迎来刘易斯转折点，出现劳动力工资上升，生产成本上升，经济增长放缓。

6. 改变农村消费规模和结构

消费是经济发展的重要动力来源，不同的人在不同的环境及生命周期下有着不同的消费水平和消费意识。人口转变严重影响消费，致使其发生巨变。河北省农村老年人口的增加，必定会影响到社会的消费结构。

首先,不断增长的老年人口具有特殊的消费支出,从表 3-24 可知,随着年龄增长,身体健康成为老年人消费重点。这种变化不仅增加预防保健产品的市场需求,降低损害身体消费需要,如烟市场在老年人口中萎缩,还增加卫生医疗方面的消费需求。

其次,农村老年服务业的消费需求提高,老年人随着年纪增大,独自照料能力变弱,需要人工或设备提供消费服务。

再次,老年人口脱离岗位后,空闲大量时间,需要精神文化需求,带动体育业、文化业、娱乐业等第三产业消费需求。

最后,老年人口不同年龄群体具有不同消费需求和消费观念,如低龄老人注重精神文化需求、高龄老人重点需要卫生医疗消费等。

表 3-24　　2000—2014 年河北省农村居民消费结构　　单位:%、元/人

年份	农村老龄化率	食品	衣着	家庭用品及服务	医疗保健	交通和通信	娱乐教育文化服务	居住	杂项商品及服务
2000	11.2	539.33	104.84	65.41	78.28	84.55	130.71	322.04	40.07
2001	11.6	567.95	106.24	66.59	81.33	98.89	139.22	329.39	40.21
2002	11.9	574.59	109.18	68.58	99.14	110.42	156.91	318.99	38.60
2003	12.1	639.10	114.97	71.65	101.63	149.52	186.46	311.46	25.28
2004	12.5	780.09	127.06	80.42	115.97	176.60	182.56	340.88	31.33
2005	12.9	888.37	155.52	101.49	221.96	225.79	134.77	398.9	38.92
2006	13.1	915.50	167.87	115.84	166.34	285.70	265.38	531.66	47.03
2007	13.6	1025.72	185.68	140.45	188.06	318.19	243.30	627.98	57.40
2008	13.9	1192.93	203.74	151.94	219.32	346.73	250.07	696.14	64.68
2009	14.1	1195.65	217.82	170.40	289.27	350.92	263.53	796.62	65.55
2010	14.7	1351.41	250.92	218.90	464.80	296.11	344.25	839.66	78.87
2011	14.9	1579.65	334.10	316.90	434.67	520.18	315.41	1090.29	119.95
2012	15.3	1634.94	362.84	328.30	448.58	529.54	313.83	1126.27	122.76
2013	15.5	2205.22	521.58	470.50	795.27	931.95	648.71	1628.26	175.64
2014	15.9	2421.20	581.61	508.80	788.71	1146.52	758.74	1858.48	184.72

资料来源:《河北农村统计年鉴(2015)》。

用 SPSS 软件对农村老龄化与消费指标进行 Pearson 相关性检验，分析结果如表 3-25 所示。

表 3-25　河北省农村人口老龄化率与消费指标相关性

指标	农村老龄化率（A）	食品（B）	衣着（C）	家庭用品及服务（D）	医疗保健（E）	交通和通信（F）	娱乐教育文化服务（G）	居住（H）	杂项商品及服务（I）
A	1								
B	0.947	1							
C	0.898	0.989	1						
D	0.907	0.987	0.997	1					
E	0.904	0.978	0.979	0.979	1				
F	0.863	0.973	0.985	0.971	0.948	1			
G	0.820	0.943	0.958	0.942	0.946	0.971	1		
H	0.915	0.992	0.995	0.993	0.994	0.980	0.956	1	
I	0.879	0.974	0.991	0.995	0.966	0.964	0.933	0.989	1

资料来源：SPSS19 软件统计分析。

由表 3-25 可知，农村人口老龄化与消费各指标相关性很高（均达极显著性水平）。老龄化与消费各指标相关性显著性水平从大到小依次为：食品、居住、家庭用品及服务、医疗保健、衣着、杂项商品及服务、交通和通信、娱乐教育文化服务。老年人由于身体素质下降，需要购买营养品，因此食品需求很大；而娱乐教育文化服务的相关性最小，说明娱乐文化服务水平低，娱乐文化服务事业有很大不足之处。

由于老年人的消费倾向相对保守、节俭，消费目标相对集中，所以，对中高档实用、耐用消费品的需求会随着老龄化程度的加深而逐渐下降，药物和医疗领域的消费则大幅上涨，这使消费结构处于失衡状态，进而限制消费水平的稳步提升。另外，自产自销、自给自足的小农经济仍然广泛地存在于农村，而中青年消费群体的流失更使本就缺乏活力的农村经济发展陷入一潭死水，急需补充新的动力。

（二）农村人口老龄化对社会发展的影响

深入研究河北省农村人口老龄化对社会发展的影响，对新型农村建设、社会和谐稳定及经济社会快速、健康发展具有划时代的重要意义。河北省农村人口老龄化对社会发展的主要影响具体表现在以下五个方面：

1. 增加农村社会保险及医疗支出

作为人口基数大省份，河北省老龄化程度同样较高，其普遍的社会养老保障、就业和医疗卫生财政支出排在前排。目前，河北省农村老年人口每月养老金为75元，甚至大部分农村老年人口都没有养老金，养老形势严峻。医疗报销制度存在贵药不报销、报销比重小等现象，加重农村老年人看病负担。

河北省经济发展水平处于全国中游水平，经济负担能力较小，但老龄化水平处于全国上游水平，两者的不平衡加大了社会负担。农村未建立统一、健全的农村社会保障体系，农村养老保险制度缺乏社会支撑，而作为农业人口大省，需要把农村养老作为工作重点，同时青壮年劳动力向城市转移，加大了社会养老保险工作的难度，子女外出打工导致空巢老人增多，养老形势不容乐观。省内各地级市农村老龄化程度不尽相同，社会养老保险队伍建设情况也都存在差异，这加剧了政府财政支出分配、完善养老工作任务的难度。

同时，农村人口老龄化区别于城市的生活环境及文化水平差异也加剧了基层政府养老的负担，农村养老、医疗等社会保障压力远大于城镇，经济不发达地区尤为严重。由于河北省农村区域经济空间差异性明显，农村实施统一的基层社会保障制度客观阻力很大。

政府也帮助家庭消化了一部分养老、医疗负担。政府财政收入通过初次分配和再次分配，建立了消费基金和积累基金，而形成的积累资金越多，政府经济投入就越大，增加了政府财政支出负担。据统计，河北省自1999年进入老龄化社会后，养老、医疗保险的财政支出明显增长，并且增速很快。同老龄化水平排名一样，社会保障支出也高于其他省份。对社会保障事业的追加投资，必将减少政府对农村经济发展的资金投入，社会发展必将受限。

2. 加重农村家庭社会赡养负担

农村老龄人口队伍的快速膨胀，加大了"421"型家庭的压力，尤其加重了农村中年居民的赡养负担。虽然河北省的人均国内生产总值达到了不低的水平，但收入水平的增速远低于消费水平，从而导致河北省的生活水平与经济水平极不协调。河北省的社会负担系数将近50%，而老龄化群体的比例达到22.8%，这一数据表明，每三个有效劳动力需要担当一名老年人的抚养。近年来，老年人医疗保健、信息通信、教育娱乐、交通住房等方面的消费持续上升，给农村家庭的赡养带来巨大的压力。随着人口老龄化的发展，社会的各种保障、保险、医疗等的支出不断增加，这就意味着国内生产总值中老龄化群体的资金会提高，从而国民收入的分配会变得很困难，导致基金减少，阻碍社会再生产，影响了资金的投入和经济效益，国民经济的负担再次承重。

由于青壮年劳动力的流失，使赡养老人的重任不得不分担给留守的妇女和孩子，从而会因能力有限而导致老人赡养纠纷问题，家庭矛盾和社会各类案件及不安定、不稳定因素增多，造成家庭及社会不和谐，加重了社会保障的负担。老年人随着年龄的增长，价值观、人生观、生活观和消费理念均发生改变，致使他们的思想日趋保守；相反，年轻人比较容易接受新鲜事物，生产、生活、工作等方面紧随时代潮流，不喜欢安于现状，两个群体在各方面差异明显，导致老年人与年轻人之间缺乏共同语言，产生无法逾越的代沟。代沟的加深和压力的增大直接加快了两代人矛盾的产生，是影响家庭和睦和社会和谐的不稳定因素，这势必会影响家庭与社会的稳定与发展，增加家庭、社会的负担。

河北省在没有预期的状态下早早地进入老龄化社会。在老龄化背景下，相比发达城市较高经济水平，河北省没有丰富的物质资源承托老龄化带来的负担，如表3-26所示，人均国内生产总值河北省仅仅达到北京市、天津市等的一半，人民经济水平远远低于发达城市。北京市以高端的第三产业为主，天津河北省重点仍在第二产业上。河北省城镇化程度是北京市、天津市的一半，北京市、天津市在经济、城镇化率上与河北省呈倍数关系，侧面反映出北京市、天津市发达程度远远高于河北省。但三地老龄化程度相较持平。同样老龄化程度的前提下，北京市、天津市较大的物质基础使老龄化负担减轻，而河北省则负担加剧。河北省社会负担系数远远大于北京市、天津市等发达城市。

3. 增加农村社区服务要求

农村老年人社会组织主要是老年协会，其在维护老年人权益、参与社会公益事务、组织老年群众参与经济社会建设、开展文体活动等方面发挥了积极作用。

表 3-26　　　　　2014 年京津冀 GDP 与抚养比情况

地区	GDP（亿元）	人均 GDP（元）	老年抚养比（%）	抚养比（%）
北京市	21330.80	100855	19.8	33.1
天津市	15722.47	106810	19.4	34.3
河北省	29421.2	6500	22.8	49.6

资料来源：《中国经济年鉴（2015）》。

抽样调查数据显示，80 岁以上的高龄老年人为 61 人，占全部农村老年人口的 11.3%。农村老年人中，不自理或者半自理的比重约为 76.2%，农村"空巢"老年人的比重达到 46.5%。农村高龄化、失能化、空巢化趋势日渐明显。农村对基层社会养老服务需求越发强烈。

实际情况是基层社会养老服务工作进展缓慢，养老保险制度在不断完善但社会基层养老服务组织十分短缺；农村传统家庭子女养老方式不断减少但农村家庭老人养老需求不断上升；农村基层养老服务组织质量不好但农村老年人娱乐精神等各方面需求不断增加；政府加大养老医疗领域的财政支出但社会舆论媒体尚未重视老年人问题，关注度不足。因此，农村人口老龄化日趋严重，使农村养老制度的建立、养老体制的改革困难加大。

另外，46.5% 的河北省农村地区没有老年服务社会组织，41.1% 的农村地区有老年服务组织，但老年服务组织服务质量不佳。许多农村老年人无人管理，存在社会管理的真空。而且，现在许多老年协会存在组织不健全、基础设施薄弱、经费来源短缺等问题。在这种情况下，大多数老年人义务从事活动。在经常开展活动的老年协会中，许多是以老年人家庭为办公地点的，活动场地只能限于室外，极大地制约了基层老年协会的发展，影响了基层老年协会作用的发挥。老年人无事可做、无书可读、无乐可娱、无械可练，致使部分老年人将精神寄托于宗教，使迷信活动猖獗。老年人需要社区增加开展文化活动的数量，所以加强河北省社区养老机构建设刻不容缓。

4. 影响农村社区综合治理能力提高

人口老龄化特别是农村老年人管理社会化，农村老年人需求转向基层社区。在管理中夹杂服务，在服务中落实管理，是河北省农村社区整治的目标。老年人数量加大，使青壮年与老人之间的矛盾增多，产生了大量纠纷，增加社区治理难度。老年人消费需求增加，加大了社区对不同群体利益协调的力度，增加了社区管理工作量。老年人体力的衰减使社区需要花费更大时间、力气去调研、访查老年人需求，了解他们最迫切需求。基层农村政府和街道办事处是农村社区管理的最中坚力量，但老年人口增加及青壮年劳动力的转移，村干部和街道干部领导班子老龄化，思想观念陈旧，开拓创新不足，综合管理能力难以提高。村干部领导班子不能注入新的活力，注入新的思想，跟不上社会的发展，不利于社会发展，削弱社区公共服务能力，农村政府的服务力和执行力大大减弱，无法建立有效的社区治理制度。老龄化使社区参与率降低，社区治理创新力度下降。老龄化使社区综合治理能力减小，不能采取多种办法联合治理。

随着老龄化的到来，老年人思想陈旧、精力有限，即使政府听到农民诉求，但不能提出多种看法、提供广泛意见，不能保证社区政策的客观性、适用性。老年人增加了文化精神需求，使社区文化工程量加大，需要社区大力扩大文化建设，同时增加基层文化人才的需求量，对基层文化宣传人员质量的要求有所提高，加大了社区综合治理的难度，其他各种社会活动也无法顺利进行。老年人的思想老化及墨守成规使他们不参加接受传播新科技技术的活动，不积极参与农业机械化活动，不参与农业新产业实践活动，各种促使社会发展的新事业不能得以保存和发展。

5. 加大村容环境整治难度

村容整洁美观是新农村的必要内容。干净整洁的生态环境对农村人口生活质量有积极作用，有利于农业可持续发展，有利于促进社会和谐与健康。但农村人口老龄化，对农村环境整改带来了巨大的挑战。老年人体力及精力的不足，使农村的公共设施难以维护。例如，农村道路照明设备的更换、排水系统的修护等，均难以依靠老年人来完成。老年人由于年纪较长，在少年时期并没有遇上严重环境污染问题，使他们没有养成良好的环保习惯。由于观念保守、落后，他们没有能意识到农村环境保护的重要性，缺乏环境保护意识。部分老年人由于体力匮乏，走不到固定垃圾投放点。还有农村居住范围较大、较散，基础设施不完善的原因。老龄化的到来，子女的外出使老年人精神孤独，这增加了老年人蓄养家畜家禽的概率，而牲畜、家禽的胡乱放养，无禽舍、畜屋使牲畜家禽排泄物到处堆积，老年人生理机能的原因，没有能力整理这些排泄物，这给农村环境带来了巨大的危害。

同时，河北省大部分农村有秸秆堆积及随意燃烧的现象，如调查中南楼村就有村民私自燃烧秸秆现象，这不仅危害农村维稳工作，还污染农村环境，烟雾萦绕。老年人体力的原因加剧了随意随地燃烧秸秆行为，更由于环保意识缺失，不利于接受政府限制秸秆燃烧宣传，加大了这种现象的产生率，加害于农村生态环境。

三 河北省应对农村人口老龄化影响经济社会发展的建议

人口老龄化是经济、社会、科学发展的产物，一些发达国家早已进入老龄化社会，并且探索总结了一些应对老龄化的对策和经验。因此，大可不必有"恐老症"，必须以积极的、科学的态度。面对河北省农村老龄化问题，针对河北省农村老龄化对经济社会影响，提出如下对策建议。

（一）应对农村人口老龄化影响经济发展的建议

1. 提高农业生产效率，促进农村经济发展

在人类社会进程中，人口发展、社会、经济、环境和资源等条件是统一的，因此，应对河北省农村人口老龄化问题，最根本、有效的方法是以经济发展应对老龄化的承受能力。经济因素从根本上决定了人口老龄化的走向，也能解决老龄化的根源。发达省份地区人口老龄化问题同样严重，有的省份甚至比河北省更为严重，但其解决难度相比河北省较低的原因在于其经济发展水平较高。经济水平决定物质基础，物质资源能否满足老龄化社会的需求是问题的根源所在。河北省农村人口多、土地少，资源相对缺乏，只有提高农业生产效率，加快发展，才是解决老龄化问题的根本出路。

在农村经济非常落后的情况下，河北省农村人口老龄化加深的情况"不适时宜"地出现了，人口老龄化的发展速度远超农业经济，而大力发展农业经济就成为应对人口老龄化问题的有效手段。因此，必须高度重视农业的基础地位，保障农业经济的顺利发展。要通过发展多种形式适度规模经营，提高农业组织化、产业化、市场化水平，提高农业效益和竞争力。

农业经济的增长速度取决于资本、劳动力和技术的投入。在资本总量缓慢增长的前提下，农村人口老龄化使社会消费上升，而劳动力投入

数量却大幅减少。随着老龄化形势的日益严峻，推动科技进步、加大科技投入是农业经济发展的必要保障。教育水平决定提升科技发展速度，提高劳动者的文化素养和专业技能，这样，才能适应农业经济快速增长的大环境，才可以创造更多社会财富。

2. 鼓励农民"离土不离乡"，缓解劳动力供需矛盾

众所周知，青壮年劳动力大量转移的原因是收入不足所致。事实证明，第二、第三产业带来的收入普遍高于第一产业，由于农村地区第二、第三产业缺失，农村青壮年劳动力不得不向城镇第二、第三产业转移，而农村居民年龄结构失衡，农业活动缺少青壮年劳动力，则直接导致农村老龄化问题的加剧。针对农民家庭观念强的特点，应努力扩大农村产业化规模，提高农村地区收入水平，才能有效地解决农村青壮年劳动力过量外流的问题。

在农村优先发展与农业生产相关联的劳动密集型产业的同时，积极推动第二、第三产业发展，不仅可以大量吸收农村剩余劳动力，还可以加速农业产业化进程和农村产业结构调整，改变当前不合理、不科学的局面，以农村经济发展带动老龄化趋势的转变。

3. 创新农村服务业，促进家庭收入分配及消费方式转变

随着老龄化的加剧，老年人对社会的要求也逐渐增多，这为农村新型服务业的产生和发展提供了天然的契机。这种新型的服务业可称为老龄产业或银色产业。目前，河北省老龄产业发展存在严重的先天缺陷，部分地区甚至尚未出现。因此，积极发展老龄产业，既可以满足老年人各方面的需求，也可以为农村经济发展和社会进步创造新的增长点。老龄产业是一种综合的非独立的产业，它涉及三大产业的多个行业，但老龄产业以第三产业为主。老龄产业在人口老龄化情况下获得了形成与发展的契机。与城镇老年人口比，农村老年人虽然经济水平稍低，但消费群体相对集中，群体数量相对较大。因此，农村老年人消费需求不容忽视。要完善政策，加大扶持力度，鼓励发展老龄产业是未来农村老龄化加剧前提下具有重要意义的选择，因为这不仅可以拓宽就业新渠道，吸收农村剩余劳动力，而且妥善解决老年人需求无法满足的问题，更为完成农村产业结构调整迈出坚实的一步。

改善农村医疗报销制度，减少老年人在家庭收入中的分配额。多建设公共文化站、图书馆，减少老年人口的文化消费支出。在城市规划

中，保证公共娱乐场地、设施的建设，使老年人有场地进行室内室外活动，有健身器材锻炼，使老年人在家庭收入分配份额中的比重逐渐减少，减轻家庭负担。

4. 开发农村老年劳动力二次价值，减轻家庭经济负担

人口转变理论认为，在人口变动过程中，会出现未成年人口数和老年人口数在总人口中的比例都比较低的一段时期，这个阶段的特点是劳动力资源充足，社会抚养负担较小，这个时期的人口年龄结构将推动经济发展。此时的年龄结构被称为"人口红利"，有"两头小、中间大"的特点。但"人口红利"情况存在时间很短，并局限于特定时期。由于老龄化程度的加深，河北省的人口优势正在逐渐丧失，随之而来的是严重的人口负担，此时青壮年劳动力严重缺失，为了保持社会发展的良好态势，老年人力资源的再开发与再利用就成为当今社会的必选课题。

借鉴国外经验，发挥老年人余热。许多老龄化国家因为有效劳动力不足，大力吸收外来移民以弥补本国人力的不足。例如，日本宁愿选择本国的老人来工作也不把工作机会让给外国人，在日本经常可以看到勤勤恳恳的老人在工作，而且日本政府还有意把工作机会有选择地交给老年人，比如，日本的出租车司机好多都是年纪较大的人开，因为政府规定，出租车司机必须有多年的驾龄，所以依照这些规定为老年人创造了很多的就业机会。可以成立一些专门机构来为老年人就业提供帮助，同时也可以要求经营业主逐步将退休年龄适当地延长，充分满足老年人二次就业的需求，做到让有特殊能力的专业人员在退休后还可以继续为社会做贡献，让老年人更好地感受到自身的社会价值。

本书所指的老年人力资源主要是50—60岁的低龄老年人，他们身体尚好，思路比较清晰；有独立的经济能力和生活能力，不仅对照顾的需求不大，而且可以替家庭和社会分担一定压力；他们一般不甘寂寞，对再就业的机会非常渴望，需要合适岗位来发挥余热。因此，应该充分发掘各种机遇，在老年人自愿的前提下，吸引低龄老年人重新回到经济活动中来，创造二次价值。

（二）应对农村人口老龄化影响社会发展的建议

1. 发挥舆论作用，加强敬老爱老伦理道德建设

中国传统儒家思想是家庭养老存在的社会基础，以孝为本，以尽孝为荣。在当前的大环境下，经济基础、养老方式、价值观念和道德准则

正在发生改变，家庭养老受到一定冲击。由于中国农村养老形势以单一的家庭养老为主，坚持大力弘扬儒家思想中强调的孝德，充分发挥社会舆论的控制作用成为实现对农民养老行为进行控制的有效手段和必要条件，营造良好的"尊老、敬老、爱老、养老"社会氛围。除此之外，还要从经济和法律等层面对老年人的合法权益进行维护，保障老年人的合法权益不受侵害。

进一步加大对农村养老的宣传教育力度，增强全社会对老年人的责任意识，引导广大农民转变思维定式，为大力推广和普及农村养老保险扫清思想障碍。要以群众易于接受的方式，进行全方位宣传教育，让农民更多地了解政策内涵，彻底推翻农民心中的疑虑，让农民认识到养老保险是家庭养老模式的良好补充，使农民明白参保的益处所在，有效地推广农村养老保险，切实解决农民生活困难。

2. 增加社会养老保险财政投入，减轻农村家庭赡养压力

在保留以"个人缴费、集体补助、政府补贴相结合"的方式缴纳社会养老金的同时，积极寻求新的实用的养老金收集方法，如以实物抵保险费等。同时河北省政府增加财政对农村社会养老保障的投入，视经济情况分配落实各地级市农村社会养老保障资金补贴，对贫困地区财政给予适当补助，从而加快农村社会养老保险体系建设的进程。

农村社会养老保险体系的构建必须由政府引导，加大财政投入力度，建立各级财政补贴资金保障机制。应结合农村经济和社会发展的实际情况，适时上调农村基础养老金的标准，建立有效机制，提高养老金待遇。

3. 整治农村卫生环境条件，重视预防保健

在农村环境方面，可以建立沼气池，消耗掉牲畜家禽排泄物、秸秆、生活污水，发展生态农业。可以树立保护环境的典型，并给予经济奖励，鼓励农村老年人口清理垃圾，打扫公共环境。政府可聘用专业保洁人才，投入一些资金购买机械，使用新人才和专业设备，挨家挨户收取垃圾，要求农村老年人口使用垃圾袋，禁止随地扔垃圾行为，大力整治农村卫生环境工作。

随着农村人口老龄化程度加深，老年人的医疗需求大幅增加，重视老年疾病预防和控制农村老年人的医疗费用同样重要。通过定期体检，尽早发现老年人身上的疾病隐患、及时治疗，通过健康知识讲座等形

式，增强农村老年人的健康意识，推动老年人良好生活方式的形成，减少患病的风险，降低看病开支，这样，可以有效地降低农村老年人的患病率，提高农村老年人的生活质量。要整治农村卫生环境，改善农村卫生条件，增强农村绿色发展意识。

4. 完善农村合作医疗制度，深化医疗卫生体制改革

进一步完善新型农村合作医疗制度，实现大病全覆盖，切实解决农村特别是农村老年人看病难、看病贵问题，有效地防止农村老年人因病致贫因病返贫。

只有医院、药品生产和流通紧密配合，才能使医疗保险制度完美运行。但医院系统和药品领域存在很大问题，如"医生受贿""药价虚高"等造成医疗资金过度增长。政府需采取相应的措施，加大医疗体制改革力度，有效地解决医院管理、药品市场存在的问题，对药品价格规划范围并加以监督。提高基层医疗服务人员整体职业素质，整治医风，加强医德道德建设。用心对待病人，因病施治，杜绝拿回扣等违法行为。尤其要做好对农村老年人的医疗服务。只有这样，才能降低医疗成本，保障农村老年人合理就医，减少医疗费用，确保医疗保险基金得到合理有效的使用。

5. 加强农村养老服务，积极推行社会化居家养老

不仅政府为农村养老服务增加财政投资，而且动员民营企业、社会组织加大投资于养老实体的力度。除国家优惠政策外，政府部门应出台更多更好的优惠政策来吸引社会养老服务组织提供农村养老服务。积极宣传养老志愿者的奉献精神，使更多人参与到志愿者队伍中，为更多独居高龄老年人服务。针对老年人的不同需求，开展"一对一"的特色服务，提高老年人的服务质量。

农村养老应补传统家庭养老方式与社会养老方式之短，扬两者之长，实现最理想的养老方式——社会化居家养老。社会化居家养老物资支持大体由政府获得、精神及生活支持由子女提供的养老方式。宣扬现代家庭养老的具体措施主要有：

（1）经济支持。首先，政府要明确并合理运用当地资源优势，以市场为导向，大力发展市场经济，为未来农村社会保障税的税源充分提供经济保证。其次，政府要以提高农民收入水平为目标，使农民具有养老的经济基础。一方面加快实施各种利农政策，保证农业结构调整的速

度，在资金和人事上加大农业科技的投入、以结构调整为有效途径，增加农民收入结构；另一方面重视增加政府转移性支付力度，为农村社会养老保障机制提供公共支出。

（2）道德制约。宣传部门应重视中华民族传统尊老敬老宣传的持久性。利用网络、广播新媒体等资源宣传孝道，拍摄尊老的公益性广告，努力提高人们尊老、爱老、养老的道德意识，增加对老年人口需求的关注。

（3）政策指引。实施切实可行的具体的利农政策，引导子女积极承担养老义务。如政府可规定进行赡养义务后才保证承包土地使用权的权利；可减免家庭子女上学部分费用，用于赡养老人；发放福利与高龄老人的经济补贴；可在农村树立赡养老人的典型，加强宣传，并施以经济奖励。

（4）法律震慑。加强子女赡养义务的宣传，从法律上明确农民子女应尽什么赡养义务。建立健全的老年保障法律体系是提高农村养老保障水平的关键。政府应制定符合省情的家庭养老方面的具体的地方性法律法规，并使各部门严格执行。

6. 贯彻落实相关政策政策，加强农村社区综合治理

"单独二孩"及"全面放开二孩"政策的遇冷，足以证明目前人们的生育观念已经发生改变。对河北省来说，人口问题还是人口多及人口年龄结构比例不合理。如何在两者之间找到平衡，是政府出台政策的根本。全面放开二孩政策虽不能马上解决河北省老龄化带来的人口问题，但却是缓解老龄化严峻形势的有效解决方法之一。尽快进行人口政策的再调查，在出台这一政策的同时，完善配套设施，消除人们的后顾之忧。

在政策上给予社区基层干部经济补偿，鼓励大学生报考村主任，为村政府和街道办事处注入新的力量。加大驻村人才对积极耐心查询走访老年人的意见及他们需求的工作鼓励，制定适时有效的方法，解决老年人需求。例如，开展建立社区电子阅览室、农家书屋义务捐款活动、引进基层文化义务宣传人员开展文艺活动等。在财政上补贴基层社区干部，保证他们收入及时，调动基层干部的积极性。深化农村敬老院管理体制改革，落实工作人员编制问题，使他们有更大的热情投入工作。

四 结论

（一）河北省农村人口老龄化特点

河北省农村地区人口老龄化数量大、迅速发展、老年化水平严重偏

离经济水平。农村老龄化程度空间差异大；农村老人身体状况仅达及格水平，心理健康问题严重，文化需求增加；农村地区老年人养老及医疗保障水平低，社会服务机构远远低于老年人养老需求。

（二）河北省农村人口老龄化对经济社会带来的负面影响

河北省农村人口老龄化影响农村家庭收入与分配，不利于农业生产率提高，不利于农业现代化进程，加剧了农村劳动力供需矛盾，改变了农村消费规模和结构，增加了农村社会保险及医疗支出，加重了农村家庭社会赡养负担，增加了农村社区服务要求，影响了农村社区综合治理能力提高，加大了村容环境整治难度。

（三）河北省应对农村人口老龄化负面影响的对策建议

应对人口老龄化负面影响的建议：提高农业生产效率，大力发展农村经济；鼓励农民"离土不离乡"，缓解劳动力供需矛盾；创新农村服务业，促进家庭收入分配及消费方式转变；开发农村老年劳动力二次价值，减轻家庭经济负担；发挥舆论作用，加强敬老爱老伦理道德建设；增加社会养老保险财政投入，减轻农村家庭赡养压力；整治卫生环境条件，重视预防保健；完善农村合作医疗制度，深化医疗卫生体制改革；加强农村养老服务，积极推行社会化居家养老；贯彻落实相关政策，加强农村社区综合治理。

第三节　河北省秦皇岛市新型城镇化

本节主要内容包括秦皇岛市新型城镇化水平评价体系构建及应用、秦皇岛市新型城镇化发展现状与问题分析、国内外城镇化发展经验及启示、秦皇岛市新型城镇化发展对策。

一　秦皇岛市新型城镇化水平评价体系构建及应用

（一）评价体系构建

1. 评价体系指标选取原则

城镇化水平并不只是单纯地考虑城镇化率指标，而是一个综合指标。因此，在建立新型城镇化水平评价体系及分析测度时，必须以新型城镇化的内涵为依据，对涉及城镇化发展的人、经济、社会、环境等各个方面要充分考虑，通过建立新型城镇化评价体系，可以更加精准地反映出实际的城镇化水平。

（1）全面性原则：所选取的指标应可以基本覆盖新型城镇化的内涵；

（2）系统性原则：指标应能系统地反映城镇化水平的各个方面，不重复且具有层次性；

（3）科学性原则：定量分析需要对指标进行量化，故指标应便于分析和预测；

（4）可操作性原则：大部分指标应能够通过相关统计年鉴获得，少数指标可以通过其他途径获得；

（5）精简性原则：将每个因素所包含的指标都纳入指标体系是不切实际的，只能选择主要指标列入指标体系中，便于问题的简化处理。

2. 评价体系指标确立

根据对新型城镇化的内涵解读，在分析新型城镇化水平时需要考虑新型城镇化内涵所涉及的各个方面的发展水平。因此，在借鉴学者现有研究成果的基础上，结合秦皇岛市的具体发展情况，笔者选取针对秦皇岛市新型城镇化的 5 个一级指标层，包括居民生活指标、经济发展指标、社会发展指标、城市环境指标和城乡一体化指标。根据以上内容，共选取了 20 个二级指标构建新型城镇化评价体系。

新型城镇化是以人为核心的城镇化，提高居民生活水平是新型城镇化发展的重中之重。居民生活指标主要衡量居民生活状况。主要包括：①城镇居民人均可支配收入，是指城镇居民收入中用于家庭日常开销的收入；②人均社会消费品零售总额，可以反映居民的生活质量和生活水平；③城镇从业人员在岗职工平均工资，可以直接显示城镇职工收入情况，直接关系到职工整体的生活状况；④公共服务支出占财政支出比重，其比重大小直接关系到居民的生活质量与水平。

经济发展指标主要反映经济结构的优化和经济总量的增加情况。主要包括：①人均 GDP，主要衡量该地区的贫富程度和经济发展情况；②GDP 增长速度，是衡量该地区经济发展速度快慢的指标；③第三产业产值比重，衡量该地区产业结构的优化程度；④单位 GDP 能耗，可以直观地反映能源消耗情况；⑤财政收入占 GDP 比重，间接反映在新型城镇化进程中当地政府对社会和经济全面发展的调控力。

社会发展指标主要反映教育、卫生、社会保障等发展情况，同时也是该地区软实力的象征。主要包括：①万人拥有普通中学在校生数，反映该地区人口总体素质及教育事业发展状况；②万人拥有普通中学教师数，反映该地区对教育的受重视程度；③万人拥有卫生机构病床数，反映该地区医疗基础设施的建设水平；④万人拥有卫生机构技术人员数，反映该地区基本医疗服务水平；⑤社会保障覆盖率，反映社会保障制度的完善程度。

新型城镇化的基本要义是拥有优质的城市环境，城市环境指标主要用于衡量生态环境状况、绿化程度、基础设施建设等情况。主要包括以下衡量指标：①森林覆盖率，是反映该地区森林资源面积的占有情况及丰富程度的指标；②建成区绿化率，反映该地区现有绿色环境状况，是反映城镇化生态质量的重要指标；③人均公共绿地面积，是指城镇公共绿地总面积与总人口的比值；④每平方千米公路里程，反映该地区的基础设施建设程度。

城乡一体化指标反映城市与农村之间综合发展水平的差异状况，其主要指标包括：①城镇居民与农村居民人均收入之比，反映城乡之间居民收入的差异程度；②城镇化率，即一个地区城镇人口除以总人口的比值，城镇化率的高低可反映该地区农村人口向城镇人口转化的进程。

3. 测度方法

每一个指标在新型城镇化的评价体系中，都存在一定的价值，而且在整个新型城镇化系统评价中起着各自重要的作用。由于指标的单位不相同且原始数据的处理量比较大，因此确定对每个指标进行权重的处理是非常有必要的，这会对最后的评价结果产生一定的作用。本书确定各指标权重时运用 SPSS19.0 并采用主成分分析法进行分析，这种非人为的规定各指标的权重可以使评价结果更加具有客观性。

主成分分析是将原始数据经过筛选后，确定主成分的指标，这几个综合指标既减少了变量的个数又可以基本概括原始数据。本书在评价新型城镇化的综合水平时，采用主成分分析的方法，首先通过指标选取的原则筛选出可以反映大部分信息量的主成分，然后通过层层转化确定权重值，最后依照权重值对主成分进行计算，这样的测度方法更具有合理性和科学性。

表 3-27　　　　　　　　　新型城镇化评价指标体系

一级指标	二级指标	指标代码
居民生活指标	城镇居民人均可支配收入（元）	X_1
	人均社会消费品零售总额（元）	X_2
	城镇从业人员在岗职工平均工资（元）	X_3
	公共服务支出占财政支出比重（%）	X_4
经济发展指标	人均 GDP（元）	X_5
	GDP 增长速度（%）	X_6
	第三产业值比重（%）	X_7
	单位 GDP 能耗（吨/万元）*	X_8
	财政收入占 GDP 比重（%）	X_9
社会发展指标	万人拥有普通中学在校生数（人）	X_{10}
	万人拥有普通中学教师数（人）	X_{11}
	万人拥有卫生机构病床数（床）	X_{12}
	万人拥有卫生机构技术人员数（人）	X_{13}
	社会保障覆盖率（%）	X_{14}
城市环境指标	森林覆盖率（%）	X_{15}
	建成区绿化率（%）	X_{16}
	人均公共绿地面积（平方米）	X_{17}
	每平方千米公路里程（千米）	X_{18}
城乡一体化指标	城镇居民与农村居民人均收入之比*	X_{19}
	城镇化率（%）	X_{20}

注：* 为逆向指标（下同）。

资料来源：笔者整理。

（二）秦皇岛市新型城镇化评价

1. 秦皇岛各县（区）新型城镇化水平测度

（1）运用主成分分析法。由于通过查阅《秦皇岛统计年鉴（2015）》《河北经济年鉴（2015）》等收集的所需的数据资料的数量级不同，单位也不相同，因此需要将所有原始数据转变成无量纲化的指标数据。对于数据中的正向指标，我们采用正向指标的数据标准化公式：

$$X'_{ij} = (X_{ij} - \overline{X}_j)/\sigma_j$$

其中，$\bar{X}_j = \frac{1}{n}\sum_{i=1}^{n} x_{ij}$；对于标注 * 的逆向指标，需要先将指标值转换为1/指标值，然后再运用正向指标标准化公式进行计算，秦皇岛市各县（区）无量纲化指标结果如表3-28所示。

表3-28　　　　秦皇岛市各县（区）无量纲化指标

指标	海港区	山海关区	北戴河区	青龙县	昌黎县	抚宁县	卢龙县
城镇居民人均可支配收入(元)	1.08	0.95	1.17	0.98	0.91	0.99	0.92
人均社会消费品零售总额(元)	1.16	1.85	2.63	0.21	0.40	0.45	0.30
城镇从业人员在岗职工平均工资(元)	1.16	1.04	1.09	0.93	0.88	0.92	0.98
公共服务支出占财政支出比重(%)	0.98	0.88	1.10	1.00	1.08	1.09	0.88
人均GDP(元)	0.79	3.93	0.79	0.26	0.49	0.43	0.31
GDP增长速度(%)	0.79	3.93	0.79	0.26	0.49	0.43	0.31
第三产业值比重(%)	1.13	1.11	1.40	0.89	0.64	0.92	0.90
单位GDP能耗(吨/万元)*	1.20	1.20	1.37	1.07	0.96	0.51	0.8
财政收入占GDP比重(%)	1.32	0.18	2.29	1.02	0.68	0.89	0.63
万人拥有普通中学在校生数(人)	1.06	1.00	0.94	0.51	1.16	1.10	1.22
万人拥有普通中学教师数(人)	1.48	1.01	0.92	0.54	0.73	1.20	1.12
万人拥有卫生机构病床数(床)	1.32	1.03	1.42	0.68	1.24	0.73	0.58
万人拥有卫生机构技术人员数(人)	1.63	1.28	1.43	0.37	1.02	0.75	0.52
社会保障覆盖率(%)	1.03	0.99	1.06	0.93	1.01	0.94	1.04
森林覆盖率(%)	1.29	1.02	1.71	1.38	0.50	0.44	0.66
建成区绿化率(%)	1.30	1.02	1.31	1.00	0.78	0.80	0.79
人均公共绿地面积(平方米)	0.57	0.78	3.05	0.67	0.55	0.74	0.62
每平方千米公路里程(千米)	1.17	1.23	1.12	0.49	1.07	0.82	1.10
城镇居民与农村居民人均收入之比*	0.91	1.21	1.12	0.65	1.21	1.02	0.99
城镇化率(%)	1.81	1.36	1.54	0.50	0.71	0.56	0.52

资料来源：《秦皇岛统计年鉴（2015）》《河北经济年鉴（2015）》。

通过两种检验方法的检验，对表3-28中的指标进行显著性水平检验。检验结果如表3-29所示，Bartlett的P值为0.000，小于要求的1%的显著性水平，这说明适合做主成分分析。

表 3-29　　　　　　　　　　KMO 和 Bartlett 的检验

取样足够度 KMO 度量	0.899	
Bartlett 的球形度检验	近似卡方	11.848
	自由度	6
	P 值	0.000

资料来源:《秦皇岛统计年鉴(2015)》《河北经济年鉴(2015)》。

表 3-30　　　　　　　　　　解释的差总方

成分	初始特征值			提取平方和载入		
	合计	方差贡献率(%)	累计方差贡献率(%)	合计	方差贡献率(%)	累计方差贡献率(%)
1	8.926	44.614	44.614	8.926	44.614	44.614
2	4.323	21.613	66.227	4.323	21.613	66.227
3	2.711	13.554	79.781	2.711	13.554	79.781
4	1.853	9.263	89.044	1.853	9.263	89.044
5	1.064	5.321	94.365	1.064	5.321	94.365

资料来源:《秦皇岛统计年鉴(2015)》《河北经济年鉴(2015)》。

根据主成分分析法的原则,需要满足累计方差贡献率在 80%—95%且主成分的特征值必须大于 1。从表 3-30 可以看出,1—5 的主成分特征值全部大于 1;第 1 主成分的方差贡献率为 44.614%,第 2 主成分的方差贡献率为 21.613%,第 3 主成分的方差贡献率为 13.554%,第 4 主成分的方差累计贡献率为 9.263%,第 5 个成分的方差累计贡献率为 5.321%,1—5 的主成分的累计贡献率为 94.365%,符合累计贡献率 80%—95%的要求,表明 1—5 主成分的数值变化基本可以代表上述数据的变化。

根据公式 $W_x = \lambda_x (\sum_{x=1}^{5} \lambda_x)^{-1}$,其中,$W_x$ 为第 x 个主成分的权重,λ_x 为第 x 个主成分对应的特征值。根据表 3-30 整理计算得如下:

$W_1 = 8.926/(8.926+4.323+2.711+1.853+1.064) = 0.472851$

$W_2 = 4.323/(8.926+4.323+2.711+1.853+1.064) = 0.267727$

$W_3 = 2.711/(8.926+4.323+2.711+1.853+1.064) = 0.167894$

$W_4 = 1.853/(8.926+4.323+2.711+1.853+1.064) = 0.098162$

$W_5 = 1.064/(8.926+4.323+2.711+1.853+1.064) = 0.056365$

运用四次方最大法对主成分载荷矩阵进行旋转,从而得到旋转成分矩阵和成分的分系数矩阵,如表3-31和表3-32所示。

表3-31　　　　　　　　　　旋转成分矩阵

指标/系数	成分				
	1	2	3	4	5
城镇居民人均可支配收入（元）	0.839	-0.382	0.213	0.286	0.147
人均社会消费品零售总额（元）	0.909	0.057	0.047	0.259	0.210
城镇从业人员在岗职工平均工资（元）	0.861	-0.036	-0.425	0.269	0.006
公共服务支出占财政支出比重（%）	0.125	-0.214	0.908	0.903	0.186
人均GDP（元）	0.289	0.382	-0.489	-0.599	0.408
GDP增长速度（%）	0.129	0.573	0.684	-0.415	0.089
第三产业值比重（%）	0.873	-0.218	-0.141	0.083	0.259
单位GDP能耗（吨/万元）	-0.623	0.197	0.268	0.501	0.488
财政收入占GDP比重（%）	0.670	-0.476	0.469	0.296	-0.105
万人拥有普通中学在校生（人）	0.032	0.908	0.118	0.370	-0.114
万人拥有普通中学专任教师数（人）	0.352	0.452	-0.331	0.705	0.225
万人拥有卫生机构病床数（床）	0.816	0.188	0.306	-0.188	-0.123
万人拥有卫生机构技术人员数（人）	0.871	0.339	-0.017	-0.024	0.094
社会保障覆盖率（%）	0.638	0.410	0.089	0.168	-0.579
森林覆盖率（%）	0.724	-0.647	-0.146	-0.157	-0.090
建成区绿化率（%）	0.904	-0.361	-0.164	0.043	0.022
人均公共绿地面积（平方米）	0.713	0.246	0.467	-0.084	0.041
每平方千米公路里程（千米）	0.586	0.777	-0.144	-0.003	-0.156
城镇居民与农村居民人均收入之比	-0.322	-0.874	-0.281	0.119	-0.105
城镇化率（%）	0.933	0.118	-0.219	0.056	0.068

资料来源:《秦皇岛统计年鉴（2015）》《河北经济年鉴（2015）》。

根据表3-32成分的分系数矩阵,通过各个主成分的加权分来计算各个一级指标的综合得分。用F_1、F_2、F_3、F_4、F_5分别代表居民生活、经济发展、社会发展、城市环境和城乡一体化5个一级指标。计算过程如下:

表 3-32　　　　　　　　　　成分的分系数矩阵

指标/系数	成分				
	1	2	3	4	5
城镇居民人均可支配收入（元）	0.351	0.262	0.159	-0.031	0.034
人均社会消费品零售总额（元）	0.369	0.010	-0.049	0.015	0.170
城镇从业人员在岗职工平均工资（元）	0.398	-0.305	0.014	-0.087	0.100
公共服务支出占财政支出比重（%）	-0.030	0.813	0.395	-0.072	0.102
人均 GDP（元）	0.253	0.599	0.078	-0.150	0.234
GDP 增长速度（%）	-0.009	0.249	0.026	-0.017	-0.988
第三产业值比重（%）	0.466	-0.075	-0.090	-0.015	-0.652
单位 GDP 能耗（吨/万元）	-0.410	-0.137	0.018	0.269	-0.030
财政收入占 GDP 比重（%）	0.277	-0.471	0.072	-0.149	0.004
万人普通中学在校生（人）	-0.146	0.562	-0.0248	-0.183	0.192
万人拥有普通中学教师数（人）	-0.085	0.491	-0.085	0.252	0.232
万人拥有卫生机构病床数（床）	0.514	-0.234	0.070	-0.003	0.208
万人拥有卫生机构技术人员数（人）	0.420	-0.046	0.074	-0.004	0.298
社会保障覆盖率（%）	0.220	0.175	-0.156	-0.065	-0.168
森林覆盖率（%）	0.410	-0.242	0.233	-0.121	-0.098
建成区绿化率（%）	0.377	0.057	0.171	-0.230	-0.430
人均公共绿地面积（平方米）	0.324	0.076	0.113	0.297	0.006
每平方千米公路里程（千米）	0.020	0.950	0.363	0.013	-0.262
城镇居民与农村居民人均收入之比	0.618	-0.006	0.157	0.091	0.028
城镇化率（%）	-0.618	0.154	0.210	0.056	-0.364

资料来源：《秦皇岛统计年鉴（2015）》《河北经济年鉴（2015）》。

$$F_1 = W_1(0.351X_1 + 0.369X_2 + 0.398X_3 - 0.030X_4) + W_2(0.262X_1 + 0.01X_2 - 0.305X_3 + 0.813X_4) + W_3(0.159X_1 - 0.049X_2 + 0.14X_3 + 0.395X_4) + W_4(-0.031X_1 + 0.015X_2 - 0.087X_3 - 0.072X_4) + W_5(0.034X_1 + 0.17X_2 + 0.1X_3 + 0.102X_4)$$

$$F_2 = W_1(0.253X_5 - 0.009X_6 + 0.466X_7 - 0.41X_8 + 0.277X_9) + W_2(0.599X_5 + 0.249X_6 - 0.075X_7 - 0.137X_8 - 0.471X_9) + W_3(0.078X_5 + 0.026X_6 - 0.09X_7 + 0.018X_8 + 0.072X_9) + W_4(-0.15X_5 - 0.017X_6 - 0.015X_7 + 0.269X_8 - 0.149X_9) +$$

$$W_5(0.234X_5 - 0.988X_6 - 0.652X_7 - 0.03X_8 + 0.004X_9)$$

F_3、F_4、F_5 的计算方法与 F_1、F_2 的相同,依此类推得秦皇岛市新型城镇化综合得分表,如表 3-33 所示。

表 3-33　　　　　　　　秦皇岛市新型城镇化综合得分

县（区）	居民生活	经济发展	社会发展	城市环境	城乡一体化	综合得分	排名
海港区	0.8712	0.1635	0.9758	0.8912	-0.1325	2.7692	3
山海关区	0.9182	1.0776	0.7790	0.8655	0.1712	3.8115	2
北戴河区	1.1763	0.2752	0.8837	1.4922	0.0315	3.8589	1
青龙县	0.6602	-0.003	0.4171	0.6755	0.0294	1.7792	7
昌黎县	0.6912	0.0595	0.7471	0.6471	0.4305	2.5754	4
抚宁县	0.7278	0.1698	0.6273	0.6107	0.2104	2.346	5
卢龙县	0.6333	-0.0027	0.5574	0.6973	0.2042	2.0895	6

资料来源:《秦皇岛统计年鉴（2015）》《河北省经济年鉴（2015）》。

2. 秦皇岛市各县（区）新型城镇化评价分析

（1）城镇化率不足以衡量新型城镇化水平。城镇化水平不是完全由城镇化率决定的,城镇率不能完全衡量城镇化水平,只是可以衡量一部分的城镇化水平。如表 3-34 所示,海港区的城镇化率位居全市第 1 位,其城镇化水平居全市第 3 位;山海关区的城镇化率居第 3 位,其城镇化率居第 2 位;北戴河区的城镇化率居第 3 位,其城镇化水平居第 1 位。城镇化水平是一个综合指数,它包含着居民生活、经济发展、社会发展、城市环境和城乡一体化等方面。城镇化水平和城镇化率之间并不存在正相关或者负相关关系。因此,我们不能仅以城镇化率作为评价秦皇岛市新型城镇化水平的衡量标准。

（2）各县（区）间新型城镇化水平存在较大的差异性。根据以上分析结果可以看出,秦皇岛市各县（区）的新型城镇化水平综合测度总得分为 1.7792—3.8589 分,城镇化水平排名分别是北戴河区第 1 位、山海关区第 2 位、海港区第 3 位、昌黎县第 4 位、抚宁县第 5 位、卢龙县第 6 位、青龙县第 7 位,新型城镇化水平综合得分分别是 3.8589 分、3.8115 分、2.7692 分、2.5754 分、2.3460 分、2.0859 分、1.7792 分,北戴河区和青龙县的综合得分差距是 2.0797 分。这说明,秦皇岛市各县区之间的新型城镇化水平存在明显差异,这与各县(区)的区域位置、资源条件、基础设施的完善程度等方面都有着相当大的关系。显然,各县(区)的新型城镇化的发展状况各不相同。因此,应根据县(区)的实际发展情况,制定具有地方特色的政策与建议,使各县(区)尽快实现各自的新型城镇化发展目标。

表3-34　　秦皇岛市城镇化率与新型城镇化水平对比

县域	城镇化率	城镇化率排名	综合得分	新型城镇化水平排名
海港区	0.941	1	2.7692	3
山海关区	0.705	3	3.8115	2
北戴河区	0.803	2	3.8589	1
青龙县	0.259	7	1.7792	7
昌黎县	0.368	4	2.5754	4
抚宁县	0.292	5	2.3460	5
卢龙县	0.273	6	2.0895	6

资料来源:《秦皇岛统计年鉴(2015)》《河北经济年鉴(2015)》。

(3)新型城镇化的质量与区位优势相关。秦皇岛市新型城镇化发展呈现明显的"沿海地带发展迅速,内陆地带发展缓慢"的区域格局。所谓"沿海地带"是指秦皇岛市沿海的5个县(区),分别是海港区、北戴河区、山海关区以及抚宁县、昌黎县,其新型城镇化水平居于前列。而"内陆地带"的卢龙县和青龙县处于新型城镇化发展排名后两位。

北戴河区享有充分的生态资源,自新中国成立起至今,一直作为党和国家领导人的暑期办公地,享有"夏都"的称号。北戴河区借助独特的人文优势,不断完善城市的基础设施建设,助力北戴河加速腾飞,综合得分位居秦皇岛市的第1位。

山海关区拥有悠久的历史文化以及旅游资源,依托现有的优势不断发展,综合得分排名第2位。

海港区是秦皇岛市的主城区,它享有充分的港口资源以及海洋资源,通过不断发展经济,综合得分居第3位。

昌黎县的葡萄产业发展较好,重点发展与葡萄种植相关的深加工产业建设，助力昌黎县特色产业的快速发展，其综合得分居第4位。

抚宁县和卢龙县培育和建立了良好的产业基础，以现代产业的发展推动新型城镇化进程，其综合得分分别居第5位和第6位。

青龙县位于秦皇岛市的西北角，燕山山脉横贯，山林面积比较大，交通不发达；与主城区距离较远，信息和知识不流畅，不利于引进人才和相关产业；并且人口居住分散，城镇化建设缓慢。整体的区位条件阻碍着经济社会发展，新型城镇化排名位于全市的最后一位。

（4）各县（区）新型城镇化发展的优势与不足。根据指标分析的结果，各县（区）新型城镇化的发展具有优势，但也存在一些不足。

北戴河区在城镇化水平测度中得分最高，居民生活、社会发展和城市环境这三项指标都处于全市的优先水平。这表明北戴河区在秦皇岛市新型城镇化发展中的重要地位，今后应不断突出北戴河区的综合优势。在不破坏生态条件的前提下，不断辐射带动其他县区同步发展。

山海关区的经济发展指标较为突出，这主要是因为其丰富的旅游资源带动经济发展。山海关区应充分运用自身的发展优势，不断完善配套设施，进一步提升城镇的发展水平与发展质量。

海港区的社会发展指标居于前列，说明海港区充分调动了卫生、教育、科学和文化等方面的因素，利用主城区的区位优势，进一步促进社会的全面发展。相比较而言，海港区的城乡一体化指标却很落后，这就表明海港区城乡间的差距非常大，城乡发展极不平衡。海港区应不断加强港口建设，充分发挥港口优势，全面促进海港区新型城镇化发展。

昌黎县的城乡一体化指标数较好，其他综合指标处于中游位置，抚宁县的新型城镇化水平各项指标值也均处于中段。昌黎县与抚宁县应以加快发展特色农业产业，做大做强特色农业产业，使新型城镇化发展步伐加快。

卢龙县的制约因素主要表现在居民生活、经济发展和社会发展指标方面，需要引进生态环保的特色产业，调动人们生产生活的积极性，使县域经济可以快速持续地发展。

青龙县的新型城镇化水平各项指标值均比较低，城镇化水平综合得分处于末位。青龙县的居民生活、经济发展以及社会发展程度相对落后，发展新型城镇化的难度较大，应结合青龙县的资源承载能力，着重开发和发展具有当地特色且具有优势的产业。同时，政府要在财力和政策等方面倾斜,促进各县区的同步发展。

二 秦皇岛市新型城镇化发展现状与问题分析

目前,秦皇岛市已经处于新型城镇化发展的关键时期。为了加快推进新型城镇化的发展,必须充分了解新型城镇化发展过程中遇到的各种问题。在京津冀协同发展和促进环渤海地区加快崛起的宏观形势下,需要研究秦皇岛市在新型城镇化发展的新趋势与新特点,找准机遇与挑战,为提出行之有效的发展对策奠定基础。

(一)秦皇岛市新型城镇化发展现状

改革开放以来,秦皇岛市的新型城镇化水平有了显著提升,城市滨海特色日益突出,承载能力有所提高,社会事业协调推进,城镇经济显著增强,城镇建设的步伐明显加快。

在对城镇化发展阶段的判断中,一般使用美国城市经济学家的诺瑟姆(Northam)理论,该理论将城镇化发展过程划分为三个阶段,其图形的形状像一条平缓的"S"形曲线。该理论认为,在10%—30%的城市化率所属的城市化阶段为起步阶段;在30%—70%的城市化率所属的城市化阶段为加速阶段;而在70%—90%的城市化率所属的城市化阶段为后期阶段。2013年,秦皇岛市的城镇化率首次突破50%,达到50.81%;2014年秦皇岛市城镇化率达到52.02%。因此,参照城市化发展的"S"形曲线,秦皇岛市处于城镇化发展的加速阶段。

1. 城镇化水平不断提高

总体来看,秦皇岛市的城镇化发展水平不断提高。2014年,秦皇岛市的城镇化率为52.02%,较2004年的41.7%的城镇化率提高了约10个百分点,城镇化率逐年攀升。秦皇岛市以城市区和县城为中心、小城镇为支点的城镇体系基本形成,初步构建起以功能区、聚集区为支撑,沿海、沿山、沿重大交通干线拓展的城镇发展格局。2014年,秦皇岛市的城镇化发展综合水平在全省11个设区市排名中居第2位,与河北省平均水平相比秦皇岛市的新型城镇化综合发展水平处于上游位置,秦皇岛市的城镇化发展速度与质量均高于河北省平均水平。

2. 城镇经济显著增强

2014年,秦皇岛市完成全年生产总值为1200.02亿元,城镇经济显著增强。产业园区、开发区进一步向城镇集中,经国家、省认定的开发区、园区、新区已达到15家,集聚了占全市50%的GDP和80%以上的工业总产值。2014年，秦皇岛市城乡居民的生活水平进一步提升，全市城镇居民人均可支配收入为26053元，农民人均纯收入为9964元，城镇居民人均可支配收入和农民人均纯收入均高于全省平均水平。随着秦皇岛市城镇居民收入的不断提高，居民的消费结构也不断完善和升级，城镇居民的家庭耐用消费品拥有量一直在递增，截至2014年年末，每百户城镇居民家庭拥有家用汽车数量为31辆、家用电脑数量为92台。

3. 滨海特色日益凸显

秦皇岛市作为我国首批14个沿海开放城市之一，近年来，相继被确定为国家服务业综合改革、创新城市、旅游综合改革等国家级试点城市和中国最具幸福感城市等。随着近几年秦皇岛市的快速发展，秦皇岛港作为世界上第一大的能源输出港，其综合服务功能不断完善。2014年，秦皇岛港口吞吐量达到2.73亿吨，居全国第11位。通过大力建设京津滨海后花园，秦皇岛市的城区绿化覆盖率达到52.47%，森林覆盖率达到47.3%，人均公共绿地面积为20.74%，这些绿色生态指标的排名全部排在河北省前列。秦皇岛市空气中的负氧离子含量非常高，高于全国平均水平10倍以上，天然氧吧的城市特色更加突出。

4. 承载能力大幅提高

秦皇岛市市政公用设施体系日趋完善。2014年，秦皇岛市的城市建成区面积达到130.6平方千米；公交车拥有量为8.12标台/万人；日生活用水量平均值为195.2升/人；城市生活垃圾无害化处理率以及全市污水集中处理率均达到100%。在交通基础设施建设方面，秦皇岛市的海陆空全立体交通网络已经高速地发展，西港搬迁作为河北省的一号工程，它与京唐高铁、承秦铁路等重大工程一起正在加快推进；北戴河机场、津秦客专、承秦高速、新火车站、西部快速路均已投入运营，秦皇岛市联通国际、对接全国、融入京津的综合交通体系已初步形成。

5. 社会事业协调推进

2014年，秦皇岛市的文化卫生事业稳步发展。2014年，秦皇岛市的公共图书馆总藏书量为124.74万册，比2013年增加29.43万册；年末卫生机构拥有床位16959张，拥有卫生机构技术人员19102人，其中执业医师（执业助理）8347人，注册护士7758人。科技教育事业稳步发展，2014年，秦皇岛市规模以上工业企业研发支出14.98亿元，占规模以上工业增加值的 42.73%；全市专利申请、授权量分别达到 4371 件和 2980 件；普通高校在校生达到 15.53 万人，比上年增长 7.3%。社会保障工作有序推进。年末社区服务中心（站）覆盖率达到 87.2%；全市 7.48 万人享受居民最低生活保障，其中，城镇居民 2.45 万人，农村居民 5.03 万人；2014 年城镇登记失业人员为 2.24 万人，比 2013 年增加 0.24 万人。

（二）秦皇岛市新型城镇化发展存在的主要问题

总体来看，秦皇岛市城镇率高于河北省城镇率的平均水平，但与全国高水平地区相比仍然略低，与京津以及其他沿海开放城市相比，秦皇岛市还存在一定差距。因此，秦皇岛市与建设京津冀世界级城市群特色功能城市的总体要求还不相称。那么，在新型城镇化加速发展进程中，秦皇岛市还存在诸多需要着力解决的突出问题和矛盾。

1. 新型城镇化成果惠及面局限

秦皇岛市在之前的城镇化发展中只是单纯地注重空间发展，并没有将已转变为城镇居住的农村居民转化为城市居民。农村转移人口到城市工作，虽然他们人在城市，但不能与城镇居民享受一样的社会服务。例如，在就医、上学、社会保障等方面，因此，可以看出秦皇岛市新型城镇化的成果惠及面有局限。2014 年，秦皇岛市的城镇居民人均可支配收入为 26053 元，农村居民人均可支配收入为 9964 元，城乡收入差距为 16089 元；而 5 年前的秦皇岛市城乡收入差距为 11009 元。五年间秦皇岛市的城乡收入差距就扩大了 5080 元，可见，秦皇岛市的城乡居民物质生活和收入差距在日益扩大。新型城镇化进程中，秦皇岛市主要是对城区的基础设施建设投入资金。由于政府资金的匮乏，城郊区的基础设施建设并不能加快推进，导致其设施依旧不完善，这种严重的城乡间环境的差别也影响着城乡间居民的生活质量与水平。

2. 产城融合发展不同步

秦皇岛市产业集聚与人口集聚不同步，产业发展与城市功能提升衔接不紧密，城镇"造血"功能不足，产城"割裂"现象仍很突出，新型城镇化内生动力有待增强。

目前，秦皇岛市主导产业和基础产业培育不足、支撑能力也不强，现有的优势和资源整合发挥不够。秦皇岛市四个支柱工业，即装备制造、金属冶炼及压延加工、粮油食品加工、玻璃及玻璃制品制造，新兴工业如医药、汽车和电子等产业存在产业链比较短的问题，基本上都是代工工厂，并没形成规模化生产。另外，服务业整体发展水平比较低，现代服务业和高端服务业发展明显滞后，尚未出现产业整合协同发展的局面。尽管2014年秦皇岛市已拥有国家、省级等园区或新区17家，各区县都形成一些产业聚集区，但大多产业园区存在规模较小、分散发展、主导产业不突出、发展同质化严重、无序发展、产值贡献低、园区之间缺乏有效协调等问题，有些园区占地多、污染严重，严重影响着城市的生态环境。因此可以看出，秦皇岛市的产业空间与城市空间没有形成合理布局，产业没有和城市形成良性互动，产业发展布局与秦皇岛市美丽港城、旅游度假胜地建设与发展问题的矛盾依然突出。

3. 城镇空间布局不合理

秦皇岛市的城镇整体规划水平比较低，没有形成"一张蓝图干到底"的意识。全市的空间布局不尽合理，城镇布局总体上比较分散，中心城市所辖的海港区、北戴河区和山海关区三个主城区空间布局分散，沿海的区位优势发挥不充足，城市空间布局没有形成有很鲜明的特色形态，这都制约着城市聚集和扩散作用的发挥，同时也制约着中心城市的做强做大。总体上看，全市的城镇空间布局较为分散，城市区域之间功能定位同质化现象十分突出，区域内部之间的功能定位不清晰，且整体之间的串联既不顺畅也不协调，集聚优质发展要素的能力较弱，承接北京功能疏解和产业转移的城镇承载体系不够健全。

4. 生态环境资源整合利用不充分

秦皇岛市地处京津冀都市圈的核心地带和环渤海经济区，依山傍海，气候适宜，具有优质的海洋岸线资源和独特的生态地质条件。虽然秦皇岛具有非常独特的区位、生态、文化、港口优势，尤其是中央暑期办公地的独特优势，但这些优势近年来并未得到充分的发挥与运用，因此，也严重阻碍秦皇岛市新型城镇化的快速发展。

目前，秦皇岛市城市发展的特色品质不突出，优质的生态环境尚未转化为城镇发展的有利竞争优势。秦皇岛市的城市生态环境与城镇互促互融不紧密，城市发展品质有待进一步提升。

5. 体制机制不健全

目前，制约秦皇岛市新型城镇化发展的体制机制障碍依然存在。秦皇岛市社会治理体制改革滞后，不能完全适应经济新常态下城镇化快速发展与人口流动激增的新形势。农业企业作为推进新型城镇化建设的技术创新主体的主体地位没有确立，产学研用结合得不够紧密，没有充分发挥整体效能。企业创新的体制机制障碍导致企业创新能力仍旧薄弱，没有自己研发的核心技术。而且，长期形成的城乡二元利益格局以及"先城市、后农村"的制度安排，阻碍了新型城镇化健康快速的发展，同时也制约了城乡一体化的发展进程。政策创新力度不够，尚没有形成破解城乡二元结构体制机制障碍的政策体系。体制机制上的"城乡有别"也严重抑制了城乡一体化的进程。

三 国内外城镇化发展经验及启示

为了顺利推进秦皇岛市新型城镇化，需要借鉴国内外城镇化发展的经验。本书对国外一些典型的城市和地区的城镇化发展经验进行了梳理，总结了国内城镇化发展的先进经验，借鉴国内外城镇化发展经验，旨在促使新型城镇化更好、更快地发展，为新型城镇化的发展提供方向性指引。

（一）国外城镇化发展经验教训

1. 美国

美国是当今世界上经济最发达的国家，也是城镇化水平较高以及发展城镇化较早的国家之一。美国的城镇化模式是高耗能的低效模式，成本比较高、资源浪费也比较严重。但是，在美国的西北部有几个城市的城镇化模式是比较高效合理的，例如，波特兰、西雅图、旧金山等城市。波特兰的城镇化模式是可持续发展模式，该城市也是比较成功地运用了合理的区域规划。20世纪20年代，美国的经济发展水平有所下降，美国的刘易斯在波特兰的城镇化建设中融入了他的创新理论，即城市建设不是为了车而建设，而是为了取悦人的生产生活要求。该城市对土地的使用进行了长远规划，其合理的城市土地规划和可以根据城镇发展情况不断更新的城市交通系统和能源体系，是非常值得学习和借鉴的。

2. 日本

日本在城镇化发展的进程中，城镇化已经由最初的建设到现在的完善。在这期间，日本也遇到了生态破坏、人多地少等城镇化发展问题，根据上述问题，日本采取措施积极应对，解决发展问题。主要经验有：一是政府主导依法建设。日本通过制定相关法律法规，既有部门法规，也有专项法规,以此借助国家强制力来保障规划的顺利实施。二是采取集约型战略。通过运用农村集约化和城市集约化,使资源的使用效率得到了很大的提升,这也很好地解决了日本地少人多的矛盾,同时也起到了保护农地的作用。三是大力发展地下城市与公共交通。日本的城市地下工程建设堪称世界之最,这不仅扩大了城市的容量,同时也缓解了地面拥挤、混乱的矛盾。四是打造智能城市。构建环保、节能、智慧、便捷、完善的城市体系。

3. 韩国

韩国的城镇化发展过程,可以分为三个发展阶段。第一阶段是起步和成长阶段(1960—1977年)。这个阶段,韩国农业生产开始了机械替代劳动力,这一举措使韩国的农业生产力与之前相比得到了很大的提升,从而造成了农村的劳动力出现了大量的剩余。在韩国首尔等地实行开发工业园区的计划,这也成为农村劳动力转移到城市的一个转折点。第二阶段是加速发展阶段(1977—1990年)。这个阶段,韩国国内的经济形势良好,实现了韩国历史上的又一次经济迅猛发展时期。韩国经济的发展,极大地促进了城镇化发展。韩国城镇化在政策的指引下,开始从大规模城市向新城和一般规模城市分散。三是后城镇化阶段(1990年至今)。这个阶段,韩国城镇人口的增长速度一直非常缓慢,由原有的增速100万人/年左右下降到40万人/年左右。其原因,一是农村地区的人口已经呈现老龄化的状态,输出的能力不足;二是城市人口在进入信息化时代后,其就业结构发生了很大的改变。

韩国政府针对人口从农村向城市流动的问题,一直都在强调政府的指引;由于韩国政府在资金上的缺口,使韩国在城镇化发展中会选择投入资金较少的地方来发展,这就使有区位优势的地方发展得越来越好,而偏僻的地方越来越贫穷。

4. 巴西

据有关部门预测,2050年巴西的城镇化率有可能超过90%。[①] 巴西用了50年左右的时间推进的城镇化进程,相当于英国、美国等国家用了一二百年的时间推进的城镇化进程。巴西快速推进城镇化,从农村社会急转为城市社会,导致了巴西的基础设施建设相对滞后、收入分配差

---

① 张沛灏:《巴西过快城镇化是一面镜子》,《中国青年》2014年第1期。

距过大等社会问题。巴西城镇化的最突出问题就是农村的劳动力大量快速地涌入城市。由于农村劳动力素质低下，这直接导致了农村劳动力只能做一些没有技术含量的简单工作，因此，这也造成了他们收入低微，使农村劳动力本就不富裕的生活变得更加贫困。在城镇化过程中，巴西为城镇化更好地发展提供的经验教训是：第一，在农村人口大量进入城镇前要保证其具备必要的基本生活条件；第二，一定要提前认识并规划好城镇化进程中社会流动性问题，并对收入进行合理的统筹分配，全面倾听居民的意见，了解他们的真正需求。

（二）国内城镇化发展经验

1. 示范小城镇为主导的天津模式

天津市以建设示范小城镇为主导，努力使新型城镇化步伐加快，形成具有天津特色的新型城镇化发展道路。天津市在推进新型城镇化发展进程中实行了"四步走"战略，逐渐解决了新型城镇化进程中亟须解决的问题。"四步走"战略是：第一步，政府引导帮助农村居民用手中的宅基地置换房楼房，解决农民的居住问题；第二步，用实施示范工业园区、农业产业园区和农村居住社区联动发展的方法，解决小城镇可持续发展和农民就业以及增收的问题；第三步，实施集体改成股份、村民改成居民、农业改成非农业的改革，全面推进天津市新型城镇化发展；第四步，深化农村金融改革，大力兴办农村银行。[①]

2. 小城镇为主导的苏南模式

苏南城镇化模式是以小城镇为主要组成部分，是一种自下而上的城镇化模式，苏南地区先将农村居民的职业进行转变，然后通过大量的资金与资本投入，使乡镇企业不断壮大来发展非农业生产活动，借助乡镇企业的不断壮大与发展，使农村土地逐渐变成城镇土地，进一步实现新型城镇化发展。目前，苏南地区的乡镇企业仍处在竞争劣势的地位，农村剩余劳动力不能全部进入乡镇企业工作。高新技术开发区主要以外资推动，该模式已经成为苏南地区最主要的经济增长方式。未来以外资推动力为主的多元推动模式将是苏南地区城镇化的主要模式。

3. 私人资本推动型的温州模式

我国改革开放后，温州地区的大量私人资本投入带动了该地区乡镇

---

① 杨维成、张涛：《天津的三个关键词——专访天津市市长黄兴国》，《瞭望》2013 年第 3 期。

企业的快速发展，个体经济的迅速崛起与发展大大推进了城镇化进程。目前，温州的小电器以及皮具的专业化生产小城镇已经颇具规模，已经形成了以私人资本为推动力，以民营经济发展为主动力的温州城镇化发展模式。温州城镇化发展模式有以下几点经验：第一，私人资本的大量投入加快了温州城镇化发展；第二，专业化分工生产以及专业市场的集聚推动了温州城镇化发展；第三，集资建设城镇加快了温州城镇化发展。

4. 外资推动型的珠江三角洲城镇化模式

珠江三角洲及珠江三角洲经济区，位于广东省东南部，与香港、澳门相邻，交通非常便利，区域内集聚了很多港澳同胞和海外华侨。改革开放以来，通过政府政策引导，使珠江三角洲成为香港和澳门劳动密集型产业的外迁地，外资企业发展迅速，同时也带动了外向型乡镇企业的发展，以外资推动为主的珠江三角洲城镇化规模也逐渐增大。珠江三角洲城镇化主要有以下两点经验：第一，技术引进和外部资本的注入促进了珠江三角洲城镇化发展；第二，政府支持，设立经济特区，加速了珠江三角洲城镇化发展。

5. 城市融合扩张型的长株潭地区城镇化模式

长株潭是以长沙市为核心区域，向株洲和湘潭地区扩张，从而扩充成为有一定规模的城市群。该城市群处于南方最核心、最重要的地理位置，城市与城市之间距离近，轨道交通非常方便，是全国资源节约、环境友好综合配套改革的试验区。长株潭一体化发展辐射带动了周边城市的发展，其城市结构不断地向周边扩张，中心城区不断融合发展，各城市间的资源可以互相利用，逐渐演变成了城市融合扩展发展的城镇化发展模式。其主要经验是：第一，各城市间通过密切的合作奠定了长株潭一体化城镇化条件；第二，通过大规模的城市辐射中小城市发展，带动了周边地区不断发展；第三，以"可持续、绿色低碳、生态环保"为第一理念，使长株潭地区成为生态城镇化发展的典范。

（三）国内外城镇化经验对秦皇岛新型城镇化发展的启示

启示一：新型城镇化是一个与经济、空间、社会、政治等多方面有联系的体系，需要在政府的宏观调控下充分发挥市场配置资源的功能，并且需要根据秦皇岛市区域内人地关系的实际情况，探索出符合市情的新型城镇化发展道路。尽管国内外城镇化的发展模式多种多样，但是，没有哪一种城镇化模式供秦皇岛市直接照搬,因为秦皇岛市是首批沿海开放城市且作为京津冀协同发展节点城市,这样的特殊定位决定我们只能够借鉴其经验,不能"复制粘贴"。

启示二:坚持以人为本的核心理念,稳步推进秦皇岛市的基本公共服务体系,使其实现覆盖所有市域,并使全体居民能够共同享受现代化的建设成果。坚持生态环境是第一品牌的理念,在城镇化进程中把生态文明是第一品牌的理念融入新型城镇化发展中,着力推进绿色可持续的发展空间与环境,全面提升城镇幸福宜居水平。

启示三:把提升秦皇岛市城市特色品质作为新型城镇化的重要突破口,顺应京津冀协同发展的大趋势,根据自身资源禀赋、产业发展、历史文化等特征,推动与京津冀城市群其他城市的错位发展、良性互动,推进城市内部功能互补,促进比较优势加快转变为城镇跨越发展的竞争优势。

启示四:坚持以做大做强现代产业体系引导人口集聚,增强秦皇岛市城市载体功能和辐射带动能力,统筹城市组团、功能新区、特色乡镇建设,着力构建布局合理、产城融合、绿色发展、城乡一体的新型城镇体系。

启示五:严格遵循新型城镇化发展一般规律,加强秦皇岛市全局性顶层设计,推动发展模式创新。加快构建与新型城镇化相适应的政策体系,充分调动市场主体的积极性,提高资源要素配置效率,不断增强城镇化发展合力。

四 秦皇岛市新型城镇化发展对策

近年来,秦皇岛市城镇化发展水平有所提高,但是,新型城镇化整体综合水平与全国平均水平相比,仍然存在一定差距。因此,制定行之有效的新型城镇化发展对策是推进秦皇岛市经济快速发展的必然要求。推动秦皇岛市新型城镇化,要顾全大局,因地制宜,既要从整体出发,也要顾及各区县的实际情况,针对秦皇岛市新型城镇化建设中面临的问题,制定符合该区域特征的新型城镇化对策。秦皇岛市应以京津冀协同发展为契机,依托滨海城镇资源,以建设承接首都功能疏解为重点,引领滨海城镇转型升级,构建高端要素集聚、滨海特色突出,具有国际化、现代化水平的滨海城市群,全面增强城市辐射带动能力。

(一) 整体新型城镇化发展对策

1. 推进基本公共服务均等化，提高城乡一体化水平

秦皇岛市新型城镇化成果惠及面不够，严重制约着新型城镇化综合水平的提升，因此，必须加快推进城乡公共服务均等化进程。实现基本公共服务均等化需要一个非常大的系统工程建设，因而推进城乡公共服务均等化建设应该由浅入深、按步骤实现。根据城乡发展一体化的要求，推进基本公共服务均衡化，促进城乡的协调发展和共同繁荣。

（1）教育均衡化发展。秦皇岛市要科学制定学校布局和建设规划，统筹城乡教育资源配置，使学校位置、专职教师与城镇建设、人口变动相协调。健全和完善学前教育公共服务体系，注重城乡学前教育统筹规划，增大对学前教育的财政投入，加快农村幼儿园建设力度，提高农村幼儿园办园质量。调整城乡义务教育学校的布局规划，全面优化整合教育资源，推进义务教育学校校长交流制度。应在义务教育发展上做到城乡一体化，在资金和政策等方面，向贫穷的地区倾斜。积极推进教育机构战略性调整，建设以就业为导向的现代职业教育体系。逐步实行农民工随迁子女享受与秦皇岛户籍子女同等待遇。

（2）医疗卫生事业均衡发展。秦皇岛市应根据常住人口配置城镇基本医疗卫生服务资源，推进农业转移人口享有基本医疗卫生服务。在城市郊区边上多设立医疗结构，增派更多有能力的卫生人员入驻城郊医院，形成规模，打造品牌，使基本医疗服务水平不断提升，解决了城乡间迁移人口看病难问题。加大农村卫生事业发展倾斜力度，加大对农村基本医疗设施建设的资金投入与政策支持，使城市的优质医疗卫生资源逐渐过渡到农村。建立城乡医院长期对口支援和协作关系，统筹城乡医疗事业均衡发展。

（3）完善公共就业创业服务体系。秦皇岛市应加强县、镇基层公共就业服务平台建设，完善公共就业服务网络布局，促进县区和重点镇的就业和社会保障服务设施基本达标。大力开展订单式培训和定向培训，完善劳动力转移就业实名制动态管理制度，培育劳务品牌，提供就业信息咨询，促进就业服务进村入户。

（4）健全社会保障体系。秦皇岛市应加快城乡养老保险制度衔接，加快职工基本养老保险与城乡居民社会养老保险之间的转移接续，使城乡居民享有同质同量的社会养老保险，制定实施社会保障的实施意见，

使城镇职工和城乡居民享受同等的养老保险待遇，从而使城乡居民社会养老保险制度覆盖到全市域。

2. 推动产城互动融合发展，增强新型城镇化内生动力

加快城镇高端要素集聚、港产城协调联动、产业集群支撑和特色产业引领，推进产业与城镇功能上集约集成，利用各自优势相互融合发展，不断增强城镇内生发展动力。

（1）集聚高端发展要素。加快京津冀滨海高端商务区建设，集聚高端业态，带动西港新城区由中央活力区向国际滨海新城区转型，打造国家形象新窗口。加快京津科研院所转移基地、产学研协同创新基地等载体建设，促进高新技术、高端制造等产业集聚发展。吸引北京高新技术企业和各类研发机构入驻；完善产权交易、创业扶持等综合服务功能，培育技术创新决策、研发投入、科研组织、成果转化、金融服务等市场化创新服务主体，建设国家重要的区域创新中心。

（2）推动港产城协调联动。发挥西港搬迁改造的引擎带动作用，加快集装箱码头、杂货码头建设，增强港口对城区腹地空间的带动能力。建立健全以国家煤炭交易中心和港航服务中心为重点、以临港物流产业聚集区为支撑的港口综合服务体系，统筹带动生产、办公、生活、商业等城市功能向内陆腹地拓展，构建港城联动发展新格局。

坚持产城互促，以构建产业和城市为一体的空间复合体为重点，加快功能化产业载体建设，引导企业在自身能力的允许范围内，不断扩张，形成多元化生产的产业区。

（3）加强资源整合。整合利用交通区位、产业集聚等综合优势，按照城市标准，对镇域内的规划进一步规划设想，做一个可持续发展的规划体系，加大对基础设施和配套体系建设的投入，使区域内的特色主导产业发挥龙头带动作用，积极培育特色产业，不断使优势产业生产集群化，并使战略性新兴产业等主导产业优势突出的产业重镇。

3. 加强规划引领，优化城镇布局空间

一个非常完善的城镇发展规划体系，是一个地区优化城镇空间布局的重要条件。秦皇岛市要根据自身的实际发展情况，制定推进新型城镇化进程的可持续发展的规划蓝图。适度调整秦皇岛市各县区的行政区划，不断扩大城市发挥在那空间。合理拓展中心城市规模，有序推进撤县设区、撤县设市。有关部门应综合考虑自然生态、空间结构、土地资

源、综合承载能力等因素，按照依托沿海承接北京功能疏解、建设城市新区拓展发展空间和推动特色城镇集群发展的总体思路，进一步优化秦皇岛市的城镇空间布局。

（1）完善城镇总体规划。秦皇岛应以规划引领城乡一体化发展，牢固树立城乡一体化的规划理念，编制总体规划。重视新城规划布局的优化，编制区域内的城镇发展规划，加强对不可开发区域周边的规划，保障区域内在不破坏生态环境的前提下的可持续发展，从而实现城乡之间的协调发展。围绕秦皇岛市的发展目标，科学编制城乡统筹发展的省级规划、城区发展规划、县发展规划、乡镇发展规划，编制重点示范村村庄规划。确立重点城乡产业发展空间格局，逐渐将完善并形成可持续发展的规划体系并覆盖全市域。

（2）改造提升空间结构。秦皇岛市应以充分发挥城市的特色优势，使中心城区的布局结构合理化、便捷化为原则，改造提升中心城区功能。划定生态敏感区并加强对其保护，使农业用地免受污染，并发展以特色农业为创新载体的第三产业。加强生态补偿的资金返还，建设城乡间的绿化隔离地区，形成良好的生态平衡圈。

4. 提升城镇环境品质，增强辐射带动能力

坚持生态环境是第一品牌的发展理念，以可持续发展为原则，传承和发扬历史文化，塑造现代城市人文气质，塑造滨海生态、历史文化和包容创业的城市品质。

（1）强化生态环境竞争优势。加强北部防护林带、山区水源涵养、农田水利等项目建设，加大自然保护区保护力度，构建山清水秀、生态多样、物种丰富的陆地生态系统。推动国家渤海环境治理示范区建设，健全北戴河近岸海域环境综合整治长效机制，加大海岸生态资源修复力度，推广水产养殖业清洁生产，增强碧海金沙沿海环境优势，优化陆海生态系统。严格执行国家环境空气质量新标准，加快淘汰"三高一低"落后产能。加快推广使用无污染的新能源，使生态环境更加清洁。使重点的行业养成节能减排的观念，促进能源资源集约利用。积极开展循环经济试点，努力营造空气清新的生态环境。推动绿色低碳发展。

（2）加强文化载体建设。秦皇岛市应深度挖掘长城文化、燕赵文化、孤竹文化、秦皇文化、葡萄酒文化等历史文化资源，加强历史文化街区、名镇以及特色乡村的整体保护，保护城乡历史文脉。逐步修缮具

有传统建筑风貌和历史文化价值的设施资源，保护和弘扬民俗风情、民间演艺等非物质文化遗产，保护城乡民俗文化。推进旅游文化展示平台、旅游电子信息平台等新型载体与相关的产业共同发展。塑造开放包容的城市人文气质，坚持人文气质是重要城市发展资源的理念，以营造敢为人先的创业环境和公正透明的企业发展环境为重点，着力塑造与时俱进、跨越赶超、开放包容的城市精神气质。

（3）加强城镇基础设施建设。按照方便、快捷、高效的原则，使基础设施建设可以使城市生活更加便捷，秦皇岛市完善城市道路体系，加密步行和自行车网络，优先发展快速、大运量公共交通系统，重点发展轨道交通。推进城市畅通工程建设，合理布局秦皇岛市中心城区的主要道路，拓展支路的建设，建设智能交通体系，使居民的出行更加安全和舒适。依据海绵城市的标准，改造城市的供排水设施。使城市的水源地远离污染物，加快水循环系统的建设。按照区域基础设施共建共享的原则，加强各类地下设施、管线布局，推进地下综合管廊建设。

5. 加快体制机制创新，形成健全制度环境

坚持政府引导、市场运作，以推进重点领域和关键环节体制机制创新为重点，通过解决秦皇岛市新型城镇化进程中体制机制的问题，有利于秦皇岛市新型城镇化发展的制度环境更加健全。

（1）创建协同发展机制。在税收方面，探索与北京、天津等功能疏解和产业移出地的税收分成，调动各方积极性。对于由京津整体搬迁到秦皇岛市的重点企业进行头筹协调，在一定年限内，实现搬迁企业的税收共享。在配套产业方面，与京津共同合作，共建产业园，促进科技成果到秦皇岛转化，增加产业关联度，带动产业链环节疏解，带动京津企业总部和科研院所向河北各城市转移生产基地、后台中心和配套服务基地。在公共服务对接方面，推动秦皇岛与京津公共服务的有效对接，探索针对随产业迁入人群实行定向落户安置，在住房、教育和看病等方面，提供非常优惠的政策。建立秦皇岛与京津产业转移人口的住房置换服务平台，给予住房置换相应的税费减免。

（2）加快土地管理制度改革。规范土地制度，严格控制城镇新增建设用地规模，保障城镇基础设施和公共服务用地。规范土地市场交易，推进市场化配置改革。建立秦皇岛市土地要素交易中心，实施土地要素的市场差别化配置机制。加快经营性用地的市场化配置，明确经营

性集体建设用地在一级市场的出让、租赁、入股方式。积极探索土地债券、土地基金等低风险融资新途径，形成相应的价格机制和流转市场。

（3）创新资金保障机制。秦皇岛市应灵活运用多种融资工具，拓展城乡建设投融资渠道，完善统筹城乡的金融服务体系。在完善法律法规和健全地方政府债务管理制度基础上，探索地方政府通过市政债券等多种形式，拓宽城市建设融资渠道。重点加大各级财政对经营性基础设施项目的投入力度。创新发展贴近"三农"特点的金融产品和服务方式，不断加大对"三农"的金融支持力度，积极争取金融机构融资渠道对新型城镇化项目的贷款支持，重点用于城市棚户区、公租房等改造。

（二）区域新型城镇化发展对策

秦皇岛市是河北省地级市之一。2014年年底，辖3区4县，包括海港区、山海关区和北戴河区3个市辖区，抚宁县、昌黎县和卢龙县3个县以及1个青龙满族自治县。综合考虑自然生态、空间结构、土地资源、综合承载能力等因素，按照依托沿海承接北京功能疏解、建设城市特色城镇集群发展的总体思路，秦皇岛市根据上述发展思路，可以划分为两大区域：一是中心城市，包括海港区、北戴河区、山海关区；二是小城镇群，包括昌黎县、抚宁县、卢龙县、青龙县。中心城市负责承接北京功能疏解的任务，而小城镇群的建设任务是建设多层次的特色城镇集群。各县（区）应该根据具体情况，采取适应当地的发展对策，以促进新型城镇化快速发展。

1. 中心城市新型城镇化

（1）海港区。以实施西港搬迁改造工程为契机，适时推进行政区划调整，全力优化海港区空间布局。加快推进西港新城区的建设，打造京津冀滨海高端商务区。以东扩港区为依托，统筹港口腹地区域，构建大临港产业园区。积极推进功能分区规划和建设，逐步实现主城区内部布局科学化。充分发挥秦皇岛经济技术开发区的龙头带动作用，继续推进开发区扩张，加快各类创新平台建设，完善智能化、个性化、生态化配套支撑体系。

（2）北戴河区。发挥全国著名的旅游避暑胜地优势，整合现有休闲疗养资源，完善职业培训、文化创意、休闲旅游、会议会展等服务功能，主动承接北京二、三级行政机构和事业单位入驻。充分发挥政策、生态、空间等方面的比较优势，按照统一规划、组团开发、功能协调原则，加快国际健康城、滨海体育基地、国际医疗服务聚集区等重大项目建设，完善健康养老、休闲健身、医疗保健等配套服务体系，打造主体功能突出、综合配套集聚的滨海田园城市。

（3）山海关区。发挥历史文化特色突出优势，完善文化旅游休闲功能，加强古城保护与修复，建设京津冀城市群中山、海、关、城特色相融的历史文化名城。依托文化创意产业园区，推动山海关古城修复保护与旅游文化产业互动发展。加快图书馆、群艺馆、博物馆等文化设施的建设，增强山海关区的文化品质。

2. 小城镇群新型城镇化

（1）昌黎县。实施县城东部综合区、南部工业区建设和中心区的更新改造，构建"一体两翼、三级拉动"的区域空间结构，打造山水宜居的滨海文化旅游名城。以推动产业园区转型升级为重点，加快完善昌黎空港物流园通用航空、航空快递、区域分拨、商务服务等功能，培育壮大空港新城。借助葡萄酒产业聚集区品牌优势，优化贸易集散、文化旅游休闲、体育养生休闲、高端商务配套等综合服务功能，建设现代国际酒庄。加快圆明山文化旅游休闲产业聚集区的山地运动康体、疗养度假、田园文化体验等功能设施建设，打造京津冀文化旅游功能区。

（2）抚宁县。实施"一带两翼"城镇空间发展战略，加快洋河生态景观维护提升、中心区内部改造等重大工程，强化与主城区的交通联系及功能承接，形成与主城区互通互联、错位发展的卫星城。结合县城扩容体质，引导抚宁县传统工业外迁，推动县城文化创意、体育健身、休闲旅游等产业集聚发展。

（3）卢龙县。以历史文化资源和产业为优势，加快新城区建设，推进龙河湾旅游度假区、古城遗址公园、龙城工业区等城市功能区建设，打造冀东地区重要的宜居文化名城。应鼓励和支持卢龙县城优化产业功能区布局，提升县城综合服务功能，促进县城空间形态与生态环境协调、与历史文化相融。

（4）青龙县。充分发挥生态资源优势，以拓展"一城三核"空间结构为重点，加大交通基础设施建设，推动中心区改造提升，引导县城人口集聚，形成生态主导、资源支撑的小城镇。

第四章　黔冀农民收入比较

农村发展的核心是农民增收，农民增收是农村发展的集中表现。所以，本章以贵州、河北两省农民增收比较来间接反映农村发展差异。本章有五节，分别是贵州农民增收态势、贵州农业产值与农民收入、河北农民增收态势、河北农业产值与农民收入和黔冀农民收入比较。

第一节　贵州省农民增收态势

本节主要内容如下：根据贵州省农民人均年收入的时间序列统计数据（绝对值与指数），分析增长趋势；运用自回归单整移动平均（ARIMA）模型预测2020年（同步建成小康社会之年）贵州农民人均年收入水平。

一　数据及模型说明

基于1978—2015年贵州省农民人均年收入绝对值统计数据，运用ARIMA模型预测2016—2020年值。

基于ARIMA模型的预测步骤如下：首先，检验1978—2010年贵州农民人均年收入绝对值统计数据的"时间序列"平稳性；其次，建立、检验、选择相应ARIMA模型预测2011—2015年贵州农民人均年收入绝对值，并将其与实际值（统计数据）比较；最后，运用ARIMA模型预测、分析2016—2020年贵州农民人均年收入绝对值。

二　贵州省农民人均年收入增长态势

（一）贵州省农民人均年收入历年变化趋势

1978—2015年贵州省农民人均年收入绝对值（元）及指数（基于1978年=100）变化趋势如图4-1所示。

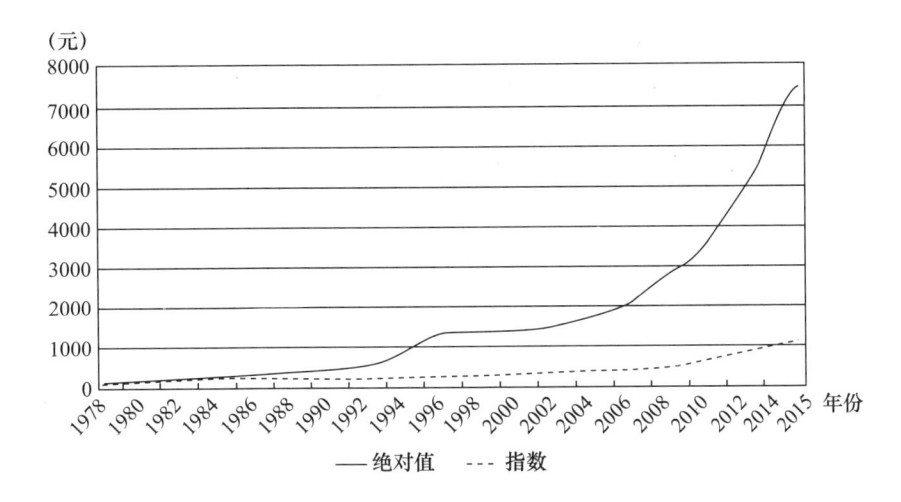

图 4–1　1978—2015 年贵州农民人均年收入绝对值及指数变化

资料来源：贵州省统计局网站。

从图 4–1 看出，贵州省农民人均年收入，无论是绝对值还是指数，1978—2015 年均表现为在波动中增长的态势。绝对值曲线波动较明显，2006 年后增长明显加快；指数值在一定程度上兼顾了物价上涨因素，变化较为平稳。

（二）基于 ARIMA 模型的贵州农民人均年收入绝对值预测

1. 贵州省农民人均年收入绝对值时间序列数据的平稳性分析

对 1978—2010 年贵州省农民人均年收入绝对值时间序列数据进行自相关和偏自相关分析表明，存在异方差且不平稳。因此，为了消除异方差，对绝对值取对数，记为 lnaiy。对数值 lnaiy 的 ADF 单位根检验结果如表 4–1 所示。

表 4–1　贵州省农民收入绝对值 lnaiy 的 ADF 单位根检验结果

项目		t 统计量	概率
增广 Dickey–Fuller 检验统计量		-3.215682	0.0999
检验临界值	1% 水平	-4.284580	
	5% 水平	-3.562882	
	10% 水平	-3.215267	

资料来源：运用 Eviews 7.2 软件计算。

如表4-1所示，t统计量高于1%和5%水平临界值，表明贵州省农民人均年收入对数值时间序列数据不够平稳。为此，进行一阶差分，记为Dlnaiy。一阶差分的ADF单位根检验结果如表4-2所示。

表4-2　贵州省农民收入绝对值Dlnaiy的ADF单位根检验结果

项目		t统计量	概率
增广Dickey-Fuller检验统计量		-3.990481	0.0003
检验临界值	1%水平	-3.670170	
	5%水平	-2.963972	
	10%水平	-2.621007	

资料来源：运用Eviews 7.2软件计算。

如表4-2所示，t统计量低于所有水平（1%、5%和10%）临界值，表明贵州省农民人均年收入对数值的一阶差分序列平稳。为此，可基于贵州农民人均年收入对数值的一阶差分进行模型预测。

2. 基于农民人均年收入Dlnaiy的预测模型构建

为了选择拟合度最高的模型预测贵州农民人均年收入绝对值，需要逐步建立以下模型：

（1）ARMA（1，2）模型。ARMA（1，2）模型的回归结果如表4-3所示。

表4-3显示，ARMA（1，2）模型的赤池信息准则值（Akaike info criterion）为-2.696140，D.W.统计值（Durbin-Watson stat）为1.517354。

（2）ARMA（1，1）模型。ARMA（1，1）模型回归结果如表4-4所示。

表4-4显示，ARMA（1，1）模型的赤池信息准则值为-2.576956，D.W.统计值为1.772114。

（3）AR（1）模型。AR（1）模型回归结果如表4-5所示。

表4-5显示，AR（1）模型的赤池信息准则值为-2.264391，D.W.统计值为1.647847。

（4）MA（2）模型。MA（2）模型回归结果如表4-6所示。

表4-3　贵州省农民收入绝对值 ARMA（1，2）模型回归结果

变量	系数	标准误	t统计量	概率
C	0.096738	0.006285	15.39221	0.0000
AR（1）	0.645257	0.133361	4.838436	0.0000
MA（1）	-0.021258	0.071493	-0.297346	0.7685
MA（2）	-0.938583	0.070952	-13.22851	0.0000
R^2	0.571322	因变量均值	0.105696	
调整的 R^2	0.523692	因变量标准差	0.085767	
回归标准误	0.059192	赤池信息准则值	-2.696140	
残差平方和	0.094600	施瓦茨准则值	-2.511109	
对数似然值	45.79017	汉南—奎因信息准则值	-2.635825	
F统计量	11.99480	D.W.统计值	1.517354	
概率（F统计量）	0.000036			
AR 根倒数	0.65			
MA 根倒数	0.98	-0.96		

资料来源：运用 Eviews 7.2 软件计算。

表4-4　贵州省农民收入绝对值 ARMA（1，1）模型回归结果

变量	系数	标准误	t统计量	概率
C	0.108868	0.022970	4.739608	0.0001
AR（1）	0.028814	0.203642	0.141491	0.8885
MA（1）	0.945708	0.068697	13.76644	0.0000
R^2	0.484877	因变量均值	0.105696	
调整的 R^2	0.448083	因变量标准差	0.085767	
回归标准误	0.063717	赤池信息准则值	-2.576956	
残差平方和	0.113677	施瓦茨准则值	-2.438183	
对数似然值	42.94282	汉南—奎因信息准则值	-2.531720	
F统计量	13.17799	D.W.统计值	1.772114	
概率（F统计量）	0.000093			
AR 根倒数	0.03			
MA 根倒数	-0.95			

资料来源：运用 Eviews 7.2 软件计算。

表4-5　贵州省农民收入绝对值 AR（1）模型回归结果

变量	系数	标准误	t统计量	概率
C	0.104515	0.026855	3.891784	0.0005
AR（1）	0.494197	0.159401	3.100330	0.0043
R^2	0.248939	因变量均值	0.105696	
调整的 R^2	0.223040	因变量标准差	0.085767	
回归标准误	0.075600	赤池信息准则值	-2.264391	
残差平方和	0.165744	施瓦茨准则值	-2.171875	
对数似然值	37.09806	汉南—奎因信息准则值	-2.234233	
F 统计量	9.612044	D.W. 统计值	1.647847	
概率（F 统计量）	0.004275			
AR 根倒数	0.49			

资料来源：运用 Eviews 7.2 软件计算。

表4-6　贵州省农民收入绝对值 MA（2）模型回归结果

变量	系数	标准误	t统计量	概率
C	0.108475	0.021975	4.936414	0.0000
MA（1）	0.956228	0.181283	5.274772	0.0000
MA（2）	0.014959	0.183713	0.081424	0.9357
R^2	0.483474	因变量均值	0.108074	
调整的 R^2	0.447852	因变量标准差	0.085438	
回归标准误	0.063486	赤池信息准则值	-2.586934	
残差平方和	0.116884	施瓦茨准则值	-2.449521	
对数似然值	44.39094	汉南—奎因信息准则值	-2.541385	
F 统计量	13.57217	D.W. 统计值	1.981019	
概率（F 统计量）	0.000069			
MA 根倒数	-0.02	-0.94		

资料来源：运用 Eviews 7.2 软件计算。

如表4-6所示，MA（2）模型的赤池信息准则值为-2.586934，D.W. 统计值为1.981019。

（5）MA（1）模型。MA（1）模型回归结果如表4-7所示。

表4-7　　贵州省农民收入绝对值 MA（1）模型回归结果

变量	系数	标准误	t 统计量	概率
C	0.108541	0.021280	5.100744	0.0000
MA（1）	0.941667	0.060565	15.54811	0.0000
R^2	0.483352	因变量均值	0.108074	
调整的 R^2	0.466130	因变量标准差	0.085438	
回归标准误	0.062426	赤池信息准则值	-2.649197	
残差平方和	0.116911	施瓦茨准则值	-2.557589	
对数似然值	44.38715	汉南—奎因信息准则值	-2.618831	
F 统计量	28.06659	D. W. 统计值	1.953956	
概率（F 统计量）	0.000010			
MA 根倒数	-0.94			

资料来源：运用 Eviews 7.2 软件计算。

表4-7显示，MA（1）模型的赤池信息准则值为 -2.649197，D. W. 统计值为 1.953956。

（6）构建 ARIMA 模型。如表4-3至表4-7所示，ARMA（1，2）模型的赤池信息准则值（表4-3中的 -2.69140）低于其他四种模型（分别是表4-4中 ARMA（1，1）模型的 -2.576956、表4-5中 AR（1）模型的 -2.264391、表4-6中 MA（2）模型的 -2.586934 和表4-7中 MA（1）模型的 -2.649197）。为此，基于 ARMA（1，2）模型构建 ARIMA 预测模型。

ARIMA 模型方程式如下：

$$AIY_t = e^{0.096738 + 0.645257 lnaiy_{t-1} - 0.021258 lnaiy_{t-2} + \varepsilon t - 0.938583\varepsilon_{t-1}} \tag{4-1}$$

式中，AIY 代表农民人均年收入绝对值。

ARIMA 模型残差的 ADF 单位根检验结果如表4-8所示。

表4-8显示，t 统计量低于所有水平（1%、5%和10%）临界值，表明 ARIMA 模型残差序列平稳。为此，可对 ARIMA 模型的残差序列进行 LM 检验（见表4-9）。

表4-9显示，F 统计量和 R^2 均大于5%临界值，表明 ARIMA 模型残差序列不存在自相关。为此，ARIMA 模型可用于拟合 2011—2015 年贵州省农民人均年收入绝对值，结果如表4-10所示。

表 4 – 8　　贵州省农民收入绝对值 ARIMA 模型残差的
ADF 单位根检验

项目		t 统计量	概率
增广 Dickey – Fuller 检验统计量		-4.406823	0.0016
检验临界值	1% 水平	-3.670170	
	5% 水平	-2.963972	
	10% 水平	-2.621007	

资料来源：运用 Eviews 7.2 软件计算。

表 4 – 9　　贵州省农民收入绝对值 ARIMA 模型残差序列的
Breusch – Godfrey 相关 LM 检验

F 统计量	1.861551	F 概率（2, 43）	0.1763
R^2	3.823975	χ^2 概率（2）	0.1478

资料来源：Eviews 7.2 软件运行。

表 4 – 10　　2011—2015 年贵州省农民人均年收入绝对值的
拟合值与统计值

年份	统计值	拟合值	差值（%）
2011	4145	3949	4.73
2012	4753	4350	8.48
2013	5434	4792	11.81
2014	6671	5279	20.87
2015	7387	5815	21.28

资料来源：贵州省统计局网站及 Eviews 7.2 软件运行。

表 4 – 10 显示，2011—2015 年贵州农民人均年收入绝对值拟合值比统计值平均低 13.43%，拟合值更平稳。为此，需对运用 ARIMA 模型预测的 2015—2020 年贵州省农民人均年收入绝对值进行调整。

3. 结果与讨论

（1）结果。运用 ARIMA 模型预测的 2016—2020 年贵州农民人均年收入绝对值如表 4 – 11 所示。

（2）讨论。以上运用 ARIMA 模型预测了贵州省农民人均年收入绝对值，为了进一步分析贵州省农民人均年收入 2015—2020 年增长趋势，运用同样方法及步骤，下面对同期贵州省农民人均年收入指数进行预测、分析。

表 4 – 11　运用 ARIMA 模型预测的贵州省农民人均年收入绝对值　单位：元

年份	2016	2017	2018	2019	2020
农民人均年收入绝对值预测值	6406	7057	7774	8563	9433
调整的农民人均年收入绝对值预测值	7266	8005	8818	9713	10700

资料来源：运用 Eviews 7.2 软件计算。

（三）基于 ARIMA 模型的贵州省农民人均年收入指数预测

1. 预测过程

对 1978—2010 年贵州省农民人均年收入指数值时间序列数据进行自相关和偏自相关分析表明，存在异方差且不平稳。因此，为了消除异方差，对指数值取对数，记为 lnaii。对数值 lnaii 的 ADF 单位根检验结果如表 4 – 12 所示。

表 4 – 12　贵州省农民收入指数 lnaii 的 ADF 单位根检验结果

项目		t 统计量	概率
增广 Dickey – Fuller 检验统计量		– 2.151925	0.4988
检验临界值	1% 水平	– 4.273277	
	5% 水平	– 3.557759	
	10% 水平	– 3.212361	

资料来源：运用 Eviews 7.2 软件计算。

表 4 – 12 显示，t 统计量高于所有水平（1%、5% 和 10%）临界值，表明贵州省农民人均年收入指数值的对数时间序列不平稳。为此，进行一阶差分，记为 Dlnaii。一阶差分的 ADF 单位根检验结果如表 4 – 13 所示。

表 4 – 13 显示，t 统计量仍高于 1% 水平临界值，表明贵州农民人均年收入指数对数值的一阶差分序列仍不够平稳，其平稳性低于绝对值。为此，进行二阶差分，记为 D（lnaii, 2）。二阶差分的 ADF 单位根检验结果如表 4 – 14 所示。

表 4 – 13　贵州省农民收入指数 Dlnaii 的 ADF 单位根检验结果

项目		t 统计量	概率
增广 Dickey – Fuller 检验统计量		-3.488879	0.0003
检验临界值	1% 水平	-3.661661	
	5% 水平	-2.960411	
	10% 水平	-2.619160	

资料来源：运用 Eviews 7.2 软件计算。

表 4 – 14　贵州省农民收入指数 D(lnaii, 2) 的 ADF 单位根检验结果

项目		t 统计量	概率
增广 Dickey – Fuller 检验统计量		-9.763412	0.0000
检验临界值	1% 水平	-3.679322	
	5% 水平	-2.967767	
	10% 水平	-2.622989	

资料来源：运用 Eviews 7.2 软件计算。

表 4 – 14 显示，t 统计量明显低于所有水平（1%、5% 和 10%）临界值，表明贵州省农民人均年收入指数值的二阶差分序列平稳。为此，可基于农民人均年收入指数值的二阶差分进行模型预测。

检验结果表明（过程略），ARMA（1，2）模型的赤池信息准则值（-3.298280）低于其他四种模型〔分别是 ARMA（1，1）模型的 -2.970777、AR（1）模型的 -2.906475、MA（2）模型的 -3.157272 和 MA（1）模型的 -3.182227〕。为此，基于 ARMA（1，2）模型构建 ARIMA 预测模型。

ARIMA 模型方程式如下：

$$AII_t = e^{0.041155 + 0.580842 \ln AII_{t-1} + 0.236647 \ln AII_{t-2} + \varepsilon t - 0.747708\varepsilon_{t-1}} \cdots \cdots \quad (4-2)$$

式中，AII 代表农民人均年收入指数值。

ARIMA 模型残差的 ADF 单位根检验结果如表 4 – 15 所示。

表 4 – 15 显示，t 统计量低于所有水平（1%、5% 和 10%）临界值，表明 ARIMA 模型残差序列平稳。为此，可对 ARIMA 模型的残差序列进行 LM 检验（见表 4 – 16）。

表 4-15　贵州省农民收入指数 ARIMA 模型残差的 ADF 单位根检验

项目		t 统计量	概率
增广 Dickey-Fuller 检验统计量		-3.961154	0.0050
检验临界值	1% 水平	-3.679322	
	5% 水平	-2.967767	
	10% 水平	-2.622989	

资料来源：运用 Eviews 7.2 软件计算。

表 4-16　贵州省农民收入指数 ARIMA 模型残差序列的 Breusch-Godfrey 自相关 LM 检验

F 统计量	0.004204	F 概率 (2, 43)	0.9958
R^2	0.000000	χ^2 概率 (2)	1.0000

资料来源：运用 Eviews 7.2 软件计算。

表 4-16 显示，F 统计量和 R^2 均小于 5% 临界值，表明 ARIMA 模型残差序列可能存在自相关。表明 ARIMA 模型用于拟合 2011—2015 年贵州省农民人均年收入指数值效果不及绝对值，其结果如表 4-17 所示。

表 4-17　2011—2015 年贵州省农民人均年收入指数值的拟合值与统计值

年份	统计值	拟合值	差值（%）
2011	670	540	19.40
2012	780	563	27.82
2013	877	587	33.07
2014	968	611	36.88
2015	1069	637	40.41

资料来源：贵州省统计局网站及 Eviews 7.2 软件运行。

表 4-17 显示，2011—2015 年贵州省农民人均年收入指数值拟合值比统计值平均低 31.52%，拟合值更平稳（但效果明显低于绝对值）。为此，需要对运用 ARIMA 模型预测的 2015—2020 年贵州省农民人均年收入指数值进行调整。

2. 结果与讨论

（1）结果。运用ARIMA模型预测的2016—2020年贵州农民人均年收入指数值如表4-18所示。

表4-18　运用ARIMA模型预测的贵州农民人均年收入指数值

年份	2016	2017	2018	2019	2020
农民人均年收入指数值预测值	664	692	721	751	783
调整的农民人均年收入指数值预测值	873	910	948	988	1030

资料来源：运用Eviews 7.2软件计算。

（2）讨论。运用ARIMA模型预测的2016—2020年贵州农民人均年收入，无论是绝对值还是指数值，均不能直接利用预测结果，而需要进行相应调整。相对而言，预测绝对值比预测指数值的可信度高。预测结果显示，到2020"同步小康"之年，贵州农民人均年可支配收入绝对值可达10700元、指数值可达1030。

第二节　贵州省农业产值与农民收入

本节主要内容如下：根据贵州省农业产值及构成（种植业、林业、牧业、渔业及服务业产值）、农民人均年收入的时间序列统计数据，以前者为解释变量、后者为被解释变量，构建协整关系回归模型，分析农业产值因子对农民收入的影响。

一　数据说明

虽然农民收入受诸多因素的影响（耕地面积与质量、年龄、性别、受教育程度、从业技术水平、兼业能力等），但农业产值及构成（种植业、林业、牧业、渔业及服务业产值）无疑与农民收入有相关性，因为除外出打工收入外，农民的其他收入理论上主要来自农业生产、经营活动。限于数据的获得性，本书只考虑农业产值及因子对农民增收的影响。

根据不同变量时间序列数据的长度一致性要求，选择2004—2015年（统计值）贵州省农业总产值及其成分（种植业、林业、牧业、渔业和服务业）产值与农民人均年收入进行分析；介于农民收入绝对值时间序列数据的稳定性高于指数值（上一节的分析），故选择前者，分析其增长受农业产值及因子的影响。

二 指标确定

贵州省农业产值（亿元）及农民人均年收入情况如表4-19所示。

表4-19　　　贵州省农业产值（亿元）及农民人均年收入　　　单位：元

年份	农业（AG）	种植业（CR）	林业（FO）	牧业（AN）	渔业（FI）	服务业（SE）	农民收入（Y）
2004	525	318	23	169	7	8	1722
2005	572	336	24	194	9	9	1877
2006	602	348	26	190	7	30	1985
2007	697	392	28	232	9	36	2374
2008	844	647	36	292	10	41	2797
2009	875	502	37	282	11	44	3005
2010	998	587	41	304	14	52	3472
2011	1165	655	47	382	20	62	4145
2012	1437	865	54	422	28	68	4753
2013	1663	997	70	483	38	75	5434
2014	2118	1322	100	569	47	81	6671
2015	2739	1773	138	665	56	107	7387

资料来源：《贵州统计年鉴》。

三 变量时间序列数据的平稳性检验

对表4-19中的时间序列数据进行自相关和偏自相关分析表明，均存在异方差且不平稳。因此，为了消除异方差，对绝对值取对数，分别记为 lnag、lncr、lnfo、lnan、lnfi、lnse 和 lny。Y 对数值的 ADF 单位根检验结果如表4-20所示。

表4-20显示，t 统计量高于所有水平（1%、5%和10%）临界值，表明 2004—2015 年贵州省农民人均年收入对数值时间序列数据不平稳。为此，进行一阶差分，记为 Dlny。一阶差分的 ADF 单位根检验结果如表4-21所示。

表4-20　贵州省农民收入 lnay 的 ADF 单位根检验结果

项目		t 统计量	概率
增广 Dickey-Fuller 检验统计量		-1.217481	0.8374
检验临界值	1% 水平	-5.521860	
	5% 水平	-4.107833	
	10% 水平	-3.515047	

资料来源：运用 Eviews 7.2 软件计算。

表4-21　贵州省农民收入 Dlny 的 ADF 单位根检验结果

项目		t 统计量	概率
增广 Dickey-Fuller 检验统计值		-5.488050	0.0025
检验临界值	1% 水平	-4.420595	
	5% 水平	-3.259808	
	10% 水平	-2.771129	

资料来源：运用 Eviews 7.2 软件计算。

表4-21显示，t 统计量低于所有水平（1%、5%和10%）临界值，表明2004—2015年贵州省农民人均年收入对数值时间序列数据平稳。

对其他（解释）变量对数值的 ADF 单位根检验结果（过程略）如表4-22至表4-24所示。

从表4-22可知，解释变量对数值时间序列数据（基本）均不平稳。为此，进行一阶差分，分别记为 Dlnag、Dlncr、Dlnfo、Dlnan、Dlnfi 和 Dlnse。一阶差分的 ADF 单位根检验结果如表4-23所示。

表4-22　贵州省农民收入解释变量对数值的 ADF 单位根检验结果

变量	lnag	lncr	lnfo	lnan	lnfi	lnse
平稳性	10%	不平稳	不平稳	不平稳	不平稳	不平稳

资料来源：运用 Eviews 7.2 软件计算。

表4-23　贵州省农民收入解释变量对数值一阶差分的 ADF 单位根检验结果

变量	Dlnag	Dlncr	Dlnfo	Dlnan	Dlnfi	Dlnse
平稳性	10%	5%—10%	不平稳	不平稳	5%—10%	5%—10%

资料来源：运用 Eviews 7.2 软件计算。

从表 4-23 可知，解释变量对数值时间序列数据一阶差分仍然不（够）平稳。为此，进行二阶差分，分别记为 D（lnag，2）、D（lncr，2）、D（lnfo，2）、D（lnan，2）、D（lnfi，2）和 D（lnse，2）。二阶差分的 ADF 单位根检验结果如表 4-24 所示。

表 4-24　贵州省农民收入解释变量对数值二阶差分的
ADF 单位根检验结果

变　量	D（lnag，2）	D（lncr，2）	D（lnfo，2）	D（lnan，2）	D（lnfi，2）	D（lnse，2）
平稳性	平稳	平稳	平稳	平稳	平稳	平稳

资料来源：运用 Eviews 7.2 软件计算。

从表 4-24 可知，解释变量对数值时间序列数据的二阶差分平稳。为此，可对其进行协整检验。

四　协整检验

不仅农业产值及因子对农民收入有影响，而且农业产值因子之间也有相互关联性。其中，农业总产值由各因子（种植业、林业、牧业、渔业及服务业）构成，种植业是牧业和渔业的基础（提供饲料），养殖业对种植业和林业进行反哺（如提供肥料），各种农产品的经营、分销、加工增值、延长价值链等由服务业完成，等等。进行变量之间协整关系分析，在于从定量模型上更清楚地认识它们之间的相互作用。

在利用 2004—2015 年统计数据进行协整检验时，显示样本量不足。为此，只有不可考虑"服务业"因子（虽然可能对农民增收有重要作用），而只研究农业总产值及种植业、林业、牧业、渔业产值对农民收入的影响，并且将数据扩展到 1978—2015 年。

对变量 1978—2015 年时间序列数据进行自相关与偏自相关分析表明，存在异方差且不平稳。为了消除异方差，进行取对数，分别记为 lnag、lncr、lnfo、lnan、lnfi 和 lny。

对 lnag、lncr、lnfo、lnan、lnfi 和 lny 进行单位根检验表明，仍然不平稳。为此，进行一阶差分，分别记为 Dlnag、Dlncr、Dlnfo、Dlnan、Dlnfi 和 Dlny。一阶差分的 ADF 单位根检验结果如表 4-25 所示。

表4-25 贵州省农民收入变量对数值一阶差分的 ADF单位根检验结果

变量	Dlnag	Dlncr	Dlnfo	Dlnan	Dlnfi	Dlny
平稳性	平稳	平稳	平稳	平稳	平稳	平稳

资料来源：运用 Eviews 7.2 软件计算。

从表4-25可知，全部变量对数值时间序列数据一阶差分后平稳。为此，可对变量进行协整检验。协整检验结果如表4-26至表4-30所示。

表4-26显示，迹检验在5%水平下拒绝存在协整向量的原假设（不存在协整关系），并且最多存在两个协整关系。

表4-26 贵州省农民收入变量非限制性协整检验（迹）

假设 协整关系	特征值	迹量 统计量	0.05 临界值	概率**
0个	0.596362	110.5790	95.75366	0.0032
最多1个	0.553793	77.91841	69.81889	0.0098
最多2个	0.524325	48.86740	47.85613	0.0400
最多3个	0.400865	22.11869	29.79707	0.2920
最多4个	0.095956	3.677040	15.49471	0.9279
最多5个	0.001262	0.045472	3.841466	0.8311

资料来源：运用 Eviews7.2 软件计算。

表4-27显示，最大特征根检验在5%水平下接受存在协整向量的原假设。

表4-27 贵州省农民收入变量非限制性协整检验（最大特征根）

假设 协整关系	特征值	最大特征值 统计量	0.05 临界值	概率**
0个	0.596362	32.66055	40.07757	0.2682
最多1个	0.553793	29.05101	33.87687	0.1691
最多2个	0.524325	26.74870	27.58434	0.0637
最多3个	0.400865	18.44165	21.13162	0.1142
最多4个	0.095956	3.631568	14.26460	0.8960
最多5个	0.001262	0.045472	3.841466	0.8311

资料来源：运用 Eviews 7.2 软件计算。

表 4-28　贵州省农民收入变量非限制性协整（标准化）系数

lnag	lncr	lnfo	lnan	lnfi	lny
12.32328	-10.99343	3.517280	-5.409538	-2.218072	4.051368
12.38597	-12.23218	0.821049	-7.050355	3.755009	0.252874
-37.16929	21.89160	-1.902327	3.412477	4.643125	7.091828
28.60864	-12.59403	-9.235711	-10.52255	4.304219	-3.703028
7.417298	4.306551	0.082717	-4.788534	1.208277	-9.217098
7.191429	5.408878	2.874435	-9.466428	-0.399506	-3.378406

资料来源：运用 Eviews 7.2 软件计算。

调整后的非限制性协整系数如表 4-29 所示。

表 4-29　贵州省农民收入变量调整的非限制性协整系数

D(lnag)	0.018692	0.026588	-0.019056	-0.015786	-0.008014	0.000676
D(lncr)	0.020195	0.042575	-0.047079	0.007728	-0.013421	-0.000111
D(lnfo)	0.037217	-0.013859	-0.009430	0.036333	-0.017120	0.003104
D(lnan)	0.043656	0.046114	-0.009920	-0.016460	0.007740	0.000611
D(lnfi)	0.125018	-0.044748	-0.025013	-0.026309	-0.017771	1.67E-05
D(lny)	0.018512	-0.003890	-0.034136	-0.017654	0.003292	0.000768

资料来源：运用 Eviews 7.2 软件计算。

变量间关系协整方程如表 4-30 所示。

表 4-30 显示，贵州省农业产值及因子（种植业、林业、牧业和渔业产值）与农民收入之间存在部分协整关系。

对以上模型的残差序列进行检验，结果如表 4-31 所示。

表 4-31 显示，t 统计量低于所有水平（1%、5% 和 10%）临界值，表明贵州"农业产值与农民收入"协整关系模型残差序列通过了单位根检验，在 1% 水平下平稳。为此，进行变量间格兰杰因果检验。

五　格兰杰因果检验

贵州省农民收入变量间的格兰杰因果检验结果如表 4-32 所示。

表4-30 贵州省农民收入变量协整方程（对数似然：297.1593）

标准化的协整系数（括号中为标准误）					
lnag	lncr	lnfo	lnan	lnfi	lny
1.000000	0.000000	0.000000	0.000000	0.000000	-1.033184
					(0.03607)
0.000000	1.000000	0.000000	0.000000	0.000000	-1.027814
					(0.05698)
0.000000	0.000000	1.000000	0.000000	0.000000	-0.972841
					(0.06815)
0.000000	0.000000	0.000000	1.000000	0.000000	-1.008966
					(0.04298)
0.000000	0.000000	0.000000	0.000000	1.000000	-1.554552
					(0.06935)

调整的 R^2（括号中为标准误）					
D(lnag)	0.756925	-0.783602	0.268958	-0.149122	-0.107730
	(0.47574)	(0.28625)	(0.09494)	(0.14080)	(0.07317)
D(lncr)	2.647643	-1.928556	0.123063	-0.587123	-0.086471
	(0.71195)	(0.42837)	(0.14208)	(0.21071)	(0.10950)
D(lnfo)	1.549953	-0.977374	-0.199513	-0.436136	-0.042676
	(1.11279)	(0.66954)	(0.22208)	(0.32935)	(0.17115)
D(lnan)	1.064361	-1.020525	0.362946	-0.458986	-0.031229
	(0.63125)	(0.37981)	(0.12598)	(0.18683)	(0.09709)
D(lnfi)	1.031624	-1.119779	0.692077	-0.084224	-0.696177
	(1.23831)	(0.74506)	(0.24713)	(0.36649)	(0.19046)
D(lny)	0.968106	-0.666701	0.290176	-0.019396	-0.286176
	(0.46223)	(0.27811)	(0.09225)	(0.13680)	(0.07109)

资料来源：运用 Eviews 7.2 软件计算。

表4-31 贵州省农民收入变量协整模型残差的 ADF 单位根检验结果

项目		t统计量	概率
增广 Dickey-Fuller 检验统计值		-5.042421	0.0003
检验临界值	1%水平	-3.653730	
	5%水平	-2.957110	
	10%水平	-2.617434	

资料来源：运用 Eviews 7.2 软件计算。

表 4-32　　　贵州省农民收入变量格兰杰因果检验结果

原假设	观察值	F 统计量	概率
lny 不是 lnag 的格兰杰原因	36	1.38230	0.2660
lnag 不是 lny 的格兰杰原因	0.71515	0.4970	
lny 不是 lncr 的格兰杰原因	36	6.91926	0.0033
lncr 不是 lny 的格兰杰原因	0.38154	0.6860	
lny 不是 lnfo 的格兰杰原因	36	1.65155	0.2082
lnfo 不是 lny 的格兰杰原因	1.03443	0.3674	
lny 不是 lnan 的格兰杰原因	36	0.50676	0.6073
lnan 不是 lny 的格兰杰原因	0.48815	0.6184	
lny 不是 lnfi 的格兰杰原因	36	5.13544	0.0118
lnfi 不是 lny 的格兰杰原因	1.41012	0.2593	

资料来源：运用 Eviews7.2 软件计算。

从表 4-32 可知，农民收入与农业总产值及种植业、林业、牧业、渔业产值之间，对数值一阶差分后相互存在一定因果关系。为此，建立回归模型。

六　回归模型分析

贵州省农民收入变量间关系回归结果如表 4-33 所示。

表 4-33　　　贵州省农民收入变量间关系回归结果

类别	系数	标准误	t 统计量	概率
C(1)	0.867644	0.543168	1.597379	0.1200
C(2)	1.856817	0.454907	4.081750	0.0003
C(3)	-0.357596	0.321339	-1.112832	0.2741
C(4)	-0.185895	0.114278	-1.626684	0.1136
C(5)	-0.506820	0.181683	-2.789583	0.0088
C(6)	0.090563	0.080672	1.122605	0.2700
R^2	0.993377	因变量均值	6.831696	
调整的 R^2	0.992343	因变量标准差		1.163037
回归标准误	0.101773	赤池信息准则值		-1.588204
残差平方和	0.331448	施瓦茨准则值		-1.329638
对数似然值	36.17588	汉南—奎因信息准则值		-1.496208
F 统计量	959.9920	D.W. 统计值		0.563957
概率（F 统计量）	0.000000			

资料来源：运用 Eviews 7.2 软件计算。

表4-33中，C(1)、C(2)、C(3)、C(4)、C(5)和C(6)分别代表常数项、农业产值(lnag)系数、种植业产值(lncr)系数、林业产值(lnfo)系数、牧业产值(lnan)系数和渔业产值(lnfi)系数。即 $lny = C(1) + C(2)lnag + C(3)lncr + C(4)lnfo + C(5)lnan + C(6)lnfi$。对模型进行LM检验，结果如下：

表4-34显示，F统计量和R^2均大于5%临界值，表明回归模型残差序列不存在相关性。进一步对回归模型残差的自相关和偏自相关函数分析表明，都处于置信区间。

表4-34 贵州省农民收入变量回归模型残差序列的 Breusch-Godfrey 自相关 LM 检验

F统计量	18.72365	F概率 (2, 30)	0.0000
R^2	21.09792	χ^2概率 (2)	0.0000

资料来源：运用 Eviews 7.2 软件计算。

对回归模型进行异方差怀特检验结果如表4-35所示。

表4-35 贵州省农民收入变量回归模型异方差怀特检验

F统计量	1.624406	F概率 (20, 17)	0.1582
观察值R^2	24.94636	χ^2概率 (20)	0.2035
规模解释的SS	14.61896	χ^2概率 (20)	0.7978

资料来源：Eviews 7.2 软件运行。

表4-35显示，F统计量和R^2均大于5%临界值，表明回归模型不存在异方差。为此，可进行最后的回归方程估计分析。

由于农业总产值由组分产值构成，故在进行最后的回归方程估计时，不再将农业总产值作为解释变量之一；农业服务业产值由于样本量太少（始于2004年），所以未通过"平稳性"检验，也不作为解释变量之一，即它对农民增收的贡献被"分摊"到农业的其他4个组分上；介于有农业（组分）产值对"农民收入"的影响的格兰杰因果检验有的未达到显著性水平，所以，不能将农业（中的种植业、林业、牧业和渔业）产值作为农民收入的影响因子直接进行回归方程估计，而需要引入"残差"修正项,即进行"误差修正"回归模型估计。贵州种植业、林业、牧业、渔业对农民收入影响的(误差修正)回归模型估计结果如表4-36所示。

表4-36 贵州省农民收入模型修正后的变量间关系回归结果

变量	系数	标准差	t统计量	概率
C	3.339648	0.184106	18.13979	0.0000
cr	0.302650	0.043371	6.978217	0.0000
fo	0.092486	0.044984	2.055981	0.0576
an	0.377528	0.055128	6.848221	0.0000
fi	0.322468	0.056801	5.677192	0.0000
残差	1.077035	0.114446	9.410860	0.0000
R^2	0.998923	因变量均值		7.734639
调整的 R^2	0.998564	因变量标准差		0.599155
回归标准误	0.022707	赤池信息准则值		-4.497288
残差平方和	0.007734	施瓦茨准则值		-4.198853
对数似然值	53.22152	汉南—奎因信息准则值		-4.432520
F统计量	2781.842	D.W.统计值		2.040451
概率(F统计量)	0.000000			

资料来源:Eviews 7.2 软件运行。

从表4-36可见,最后的回归方程的 R^2(决定系数)为0.998923、P值(F统计量)为0.000000、D.W.统计值为2.040451(接近2.0),模型拟合优度较高;除"林业"对"农民收入"的影响达显著水平(P值为0.0576)外,"种植业""牧业"和"渔业"均达极显著水平(P值均低于0.01),"常数项"和"残差项"也达极显著水平,表明回归方程的信度较高;"种植业""林业""牧业"和"渔业"对"农民收入"的贡献率(回归方程系数)分别为0.30、0.09、0.38和0.32,均为正值,表明均为促进作用,符合常理。也就是说,贵州省农业发展对农民增收入的贡献中,牧业贡献最大、林业贡献最小,渔业和种植业介于两者之间。

第三节 河北省农民增收态势

本节主要内容如下：根据河北省农民人均年收入的时间序列统计数据（绝对值与指数），分析增长趋势；运用自回归单整移动平均（ARIMA）模型预测2020年（建成全面小康社会之年）河北省农民人均年收入水平。

一 数据及模型说明

下面将基于1978—2014年河北省农民人均年收入绝对值统计数据，运用ARIMA模型预测2015—2020年值。

基于ARIMA模型的预测步骤同前：首先，检验1978—2010年河北农民人均年收入绝对值统计数据的"时间序列"平稳性；其次，建立、检验、选择相应ARIMA模型拟合2011—2014年河北省农民人均年收入绝对值，并将其与实际值（统计数据）比较；最后，运用ARIMA模型相应地预测分析2015—2020年河北省农民人均年收入绝对值。

二 河北省农民人均年收入增长态势

（一）河北省农民人均年收入历年变化趋势

1978—2014年河北省农民人均年收入绝对值（元）及指数（基于1978年=100）变化趋势如图4-2所示。

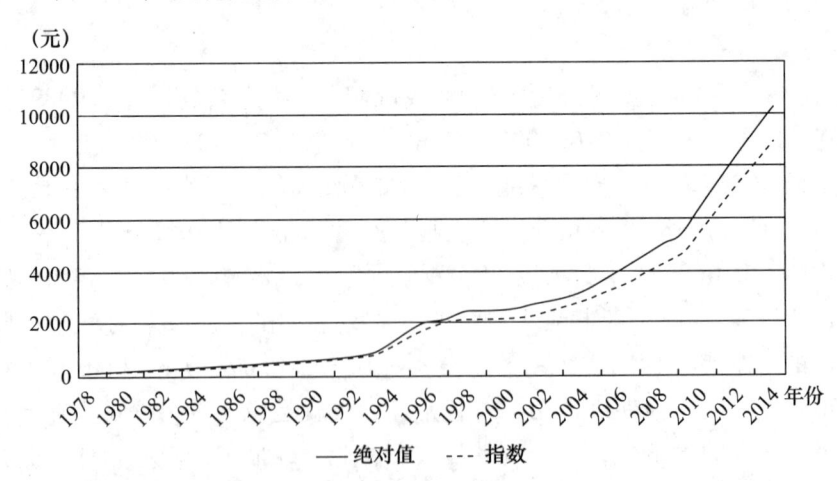

图4-2 1978—2014年河北省农民人均年收入绝对值及指数变化

资料来源：河北省统计局网站。

从图 4-2 看出，河北省农民人均年收入，无论是绝对值还是指数，1978—2014 年均表现为在波动中增长的态势，两者增长趋势比较接近（1994 年之后，前者增长略快于后者且两者差异有增大趋势）。在 2000年之后两者增长明显加快，而指数值在一定程度上兼顾了物价上涨因素，变化稍平稳。

（二）基于 ARIMA 模型的河北省农民人均年收入绝对值预测

1. 河北省农民人均年收入绝对值时间序列数据的平稳性分析

对 1978—2010 年河北省农民人均年收入绝对值时间序列数据进行自相关和偏自相关分析表明，存在异方差且不平稳。因此，为了消除异方差，对绝对值取对数，记为 lnaiy。对数值的 ADF 单位根检验结果如表 4-37 所示。

表 4-37　　河北省农民收入 lnaiy 的 ADF 单位根检验结果

项目		t 统计量	概率
增广 Dickey–Fuller 检验统计量		-2.836493	0.1958
检验临界值	1% 水平	-4.284580	
	5% 水平	-3.562882	
	10% 水平	-3.215267	

资料来源：运用 Eviews 7.2 软件计算。

表 4-37 显示，t 统计量高于所有水平（1%、5% 和 10%）临界值，表明河北省农民人均年收入对数值时间序列数据不平稳。为此，进行一阶差分，记为 Dlnaiy。一阶差分的 ADF 单位根检验结果如表 4-38 所示。

表 4-38　　河北省农民收入 Dlnaiy 的 ADF 单位根检验结果

项目		t 统计量	概率
增广 Dickey–Fuller 检验统计量		-3.017788	0.0442
检验临界值	1% 水平	-3.661661	
	5% 水平	-2.960411	
	10% 水平	-2.619160	

资料来源：运用 Eviews 7.2 软件计算。

表4-38显示，t统计量仍高于1%水平临界值，表明河北省农民人均年收入对数值的一阶差分序列不够平稳。为此，进行二阶差分，记为D(lnaiy,2)。二阶差分的ADF单位根检验结果如表4-39所示。

表4-39　河北省农民收入D（lnaiy，2）的ADF单位根检验结果

项目		t统计量	概率
增广Dickey-Fuller检验统计量		-5.586291	0.0001
检验临界值	1%水平	-3.670170	
	5%水平	-2.963972	
	10%水平	-2.621007	

资料来源：运用Eviews 7.2软件计算。

表4-39显示，t统计量低于所有（1%、5%和10%）水平临界值，表明河北省农民人均年收入对数值的二阶差分序列平稳。为此，可基于农民人均年收入对数值的二阶差分进行模型预测。

2. 基于河北省农民人均年收入D(lnaiy，2)的预测模型构建

为了选择拟合度最高的模型预测河北省农民人均年收入绝对值，需要逐步建立以下模型：

（1）ARMA(1,2)模型。ARMA(1,2)模型的回归结果如表4-40所示。

表4-40　河北省农民收入绝对值ARMA（1，2）模型回归结果

变量	系数	标准误	t统计量	概率
C	0.110815	0.009948	11.13908	0.0000
AR(1)	0.778147	0.110274	7.056487	0.0000
MA(1)	-0.219172	0.134674	-1.627423	0.1153
MA(2)	-0.780787	0.142880	-5.464620	0.0000
R^2	0.472383	因变量均值	0.121904	
调整的 R^2	0.413759	因变量标准差	0.091455	
回归标准误	0.070024	赤池信息准则值	-2.360041	
残差平方和	0.132391	施瓦茨准则值	-2.175010	
对数似然值	40.58063	汉南—奎因信息准则值	-2.299725	

续表

变量	系数	标准误	t 统计量	概率
F 统计量	8.057832	D. W. 统计值	1.924050	
概率（F 统计量）	0.000542			
AR 根倒数	0.78			
MA 根倒数	1.00	-0.78		

资料来源：运用 Eviews 7.2 软件计算。

表 4-40 显示，河北省农民收入绝对值 ARMA（1，2）模型的赤池信息准则值为 -2.360041，D. W. 统计值为 1.924050。

（2）ARMA(1，1)模型。ARMA(1，1)模型回归结果如表 4-41 所示。

表 4-41　河北省农民收入绝对值 ARMA（1，1）模型回归结果

变量	系数	标准误	t 统计量	概率
C	0.122436	0.023884	5.126280	0.0000
AR（1）	0.026131	0.242751	0.107647	0.9150
MA（1）	0.755500	0.158031	4.780705	0.0001
R^2	0.387119	因变量均值	0.121904	
调整的 R^2	0.343342	因变量标准差	0.085767	
回归标准误	0.074110	赤池信息准则值	-2.274757	
残差平方和	0.153786	施瓦茨准则值	-2.135984	
对数似然值	38.25873	汉南—奎因信息准则值	-2.229520	
F 统计量	8.842944	D. W. 统计值	2.009350	
概率（F 统计量）	0.001055			
AR 根倒数	0.03			
MA 根倒数	-0.76			

资料来源：运用 Eviews 7.2 软件计算。

表 4-41 显示，河北省农民收入绝对值 ARMA（1，1）模型的赤池信息准则值为 -2.274757，D. W. 统计值为 2.009350。

（3）AR(1)模型。AR(1)模型回归结果如表 4-42 所示。

表 4-42　　河北省农民收入绝对值 AR（1）模型回归结果

变量	系数	标准误	t 统计量	概率
C	0.120793	0.029963	4.031354	0.0004
AR（1）	0.526823	0.156796	3.359929	0.0022
R^2	0.280203	因变量均值	0.121904	
调整的 R^2	0.255382	因变量标准差	0.091455	
回归标准误	0.078918	赤池信息准则值	-2.178474	
残差平方和	0.180614	施瓦茨准则值	-2.085958	
对数似然值	35.76634	汉南—奎因信息准则值	-2.148316	
F 统计量	11.28912	D.W. 统计值	1.704673	
概率（F 统计量）	0.002198			
AR 根倒数	0.53			

资料来源：运用 Eviews 7.2 软件计算。

表 4-42 显示，河北省农民收入绝对值 AR（1）模型的赤池信息准则值为 -2.178474，D.W. 统计值为 1.704673。

(4) MA(2)模型。MA(2)模型回归结果如表 4-43 所示。

表 4-43　　河北省农民收入绝对值 MA（2）模型回归结果

变量	系数	标准误	t 统计量	概率
C	0.125077	0.023447	5.334476	0.0000
MA(1)	0.771585	0.187162	4.122555	0.0003
MA(2)	0.023283	0.187712	0.124033	0.9021
R^2	0.371036	因变量均值	0.123618	
调整的 R^2	0.327660	因变量标准差	0.090489	
回归标准误	0.074198	赤池信息准则值	-2.275109	
残差平方和	0.159653	施瓦茨准则值	-2.137696	
对数似然值	39.40174	汉南—奎因信息准则值	-2.229561	
F 统计量	8.553796	D.W. 统计值	1.941986	
概率（F 统计量）	0.001202			
MA 根倒数	-0.03	-0.74		

资料来源：运用 Eviews 7.2 软件计算。

表4-43显示，河北省农民收入绝对值AR（1）模型的赤池信息准则值为-2.275109，D.W.统计值为1.941986。

（5）MA(1)模型。MA（1）模型回归结果如表4-44所示。

表4-44　河北省农民收入绝对值MA（1）模型回归结果

变量	系数	标准误	t统计量	概率
C	0.125022	0.022515	5.552747	0.0000
MA（1）	0.752097	0.122610	6.134057	0.0000
R^2	0.370596	因变量均值	0.123618	
调整的R^2	0.349616	因变量标准差	0.090489	
回归标准误	0.072976	赤池信息准则值	-2.336909	
残差平方和	0.159765	施瓦茨准则值	-2.245300	
对数似然值	39.39054	汉南—奎因信息准则值	-2.306543	
F统计量	17.66413	D.W.统计值	1.899865	
概率（F统计量）	0.000218			
MA根倒数	-0.75			

资料来源：运用Eviews 7.2软件计算。

表4-44显示，河北省农民收入绝对值AR（1）模型的赤池信息准则值为-2.336909，D.W.统计值为1.899865。

（6）构建ARIMA模型。如表4-40至表4-44所示，ARMA（1，2）模型的赤池信息准则值（表4-40中的-2.360041）低于其他四种模型（分别是表4-41中ARMA（1，1）模型的-2.274757、表4-42中AR（1）模型的-2.178474、表4-43中MA（2）模型的-2.275109和表4-44中MA（1）模型的-2.336909）。为此，基于ARMA（1，2）模型构建ARIMA预测模型。

ARIMA模型方程式如下：

$$AIY_t = e^{0.110815 + 0.778147\ln AIY_{t-1} - 0.219172\ln AIY_{t-2} + \varepsilon_t - 0.780787\varepsilon_{t-1}} \cdots \cdots \quad (4-3)$$

式中，AIY代表农民人均年收入绝对值。

ARIMA模型残差的ADF单位根检验结果如表4-45所示。

表4-45　河北省农民收入绝对值ARIMA模型残差的ADF单位根检验

项目		t统计量	概率
增广Dickey-Fuller检验统计量		-5.185237	0.0002
检验临界值	1%水平	-3.670170	
	5%水平	-2.963972	
	10%水平	-2.621007	

资料来源：运用Eviews 7.2软件计算。

表4-45显示，t统计量低于所有水平（1%、5%和10%）临界值，表明ARIMA模型残差序列平稳。为此，可对ARIMA模型的残差序列进行LM检验（见表4-46）。

表4-46　河北省农民收入绝对值ARIMA模型残差序列的Breusch-Godfrey自相关LM检验

F统计量	1.030113	F概率（2,43）	0.3716
R^2	2.315226	χ^2概率（2）	0.3142

资料来源：运用Eviews 7.2软件计算。

表4-46显示，F统计量和R^2均大于5%临界值，表明ARIMA模型残差序列不存在自相关。为此，ARIMA模型可用于预测2011—2014年河北省农民人均年收入绝对值，结果如表4-47所示。

表4-47　2011—2014年河北省农民人均年收入绝对值的拟合值与统计值

年份	统计值	拟合值	差值（%）
2011	7120	7524	5.67
2012	8081	8406	4.02
2013	9188	9391	2.21
2014	10186	10492	3.00

资料来源：河北省统计局网站及Eviews 7.2软件运行。

表 4-47 显示，2011—2014 年河北省农民人均年收入绝对值拟合值比统计值平均只高 3.73%，拟合值更平稳，效果优于贵州省的情形。为此，对运用 ARIMA 模型预测的 2015—2020 年河北省农民人均年收入绝对值稍加调整即可。

3. 结果与讨论

（1）结果。运用 ARIMA 模型预测的 2016—2020 年河北省农民人均年收入绝对值如表 4-48 所示。

表 4-48　运用 ARIMA 模型预测的河北省农民人均年收入　　单位：元

年份	2015	2016	2017	2018	2019	2020
农民人均年收入预测值	11721	13095	14630	16345	18260	20400
调整的农民人均年收入预测值	11284	12607	14084	15735	17579	19639

资料来源：运用 Eviews 7.2 软件计算。

以上分析表明，到 2020 "全面小康社会" 建成年，河北省农民人均年收入可达 19639 元。

（2）讨论。为了进一步分析河北省农民增收态势，有必要同样运用 ARIMA 模型预测河北省农民人均年收入指数增长趋势。

（三）基于 ARIMA 模型的河北省农民人均年收入指数预测

1. 预测过程

对 1978—2010 年河北省农民人均年收入指数时间序列数据进行自相关和偏自相关分析表明，存在异方差且不平稳。因此，为了消除异方差，对指数取对数，记为 lnaii。对数值的 ADF 单位根检验结果如表 4-49 所示。

表 4-49　河北省农民收入 lnaii 的 ADF 单位根检验结果

项目		t 统计量	概率
增广 Dickey-Fuller 检验统计量		-3.090194	0.1261
检验临界值	1% 水平	-4.284580	
	5% 水平	-3.562882	
	10% 水平	-3.215267	

资料来源：运用 Eviews 7.2 软件计算。

表4-49显示，t统计量高于所有水平（1%、5%和10%）临界值，表明河北省农民人均年收入指数的对数时间序列不平稳。为此，进行一阶差分，记为Dlnaii。一阶差分的ADF单位根检验结果如表4-50所示。

表4-50　河北省农民收入Dlnaii的ADF单位根检验结果

项目		t统计量	概率
增广Dickey-Fuller检验统计量		-2.732947	0.0800
检验临界值	1%水平	-3.661661	
	5%水平	-2.960411	
	10%水平	-2.619160	

资料来源：运用Eviews 7.2软件计算。

表4-50显示，t统计量仍高于1%和5%水平临界值，表明河北省农民人均年收入对数值的一阶差分序列仍不够平稳。为此，进行二阶差分，记为D（lnaii，2）。二阶差分的ADF单位根检验结果如表4-51所示。

表4-51　河北省农民收入D(lnaii,2)的ADF单位根检验结果

项目		t统计量	概率
增广Dickey-Fuller检验统计量		-5.185728	0.0002
检验临界值	1%水平	-3.670170	
	5%水平	-2.963972	
	10%水平	-2.621007	

资料来源：运用Eviews 7.2软件计算。

表4-51显示，t统计量明显低于所有水平（1%、5%和10%）临界值，表明河北省农民人均年收入指数值的二阶差分序列平稳。为此，可基于农民人均年收入指数值的二阶差分进行模型预测。

结果表明（过程略），MA（2）模型的赤池信息准则值（见表4-52）低于其他四种模型（分别是ARMA（1，2）模型的-2.344722、ARMA（1，1）模型的-2.309446、AR（1）模型的-2.287974和MA（1）模型

的 -2.337233)。

表 4-52　河北省农民收入 D(lnaii,2) 的 MA (2) 模型回归结果

变量	系数	标准误	t 统计量	概率
C	0.091681	0.009895	9.265419	0.0000
MA (1)	1.235435	0.216129	5.716184	0.0000
MA (2)	-0.288651	0.267622	-1.078579	0.2897
R^2	0.633142	因变量均值	0.123617	
调整的 R^2	0.607841	因变量标准差	0.090668	
回归标准误	0.056779	赤池信息准则值	-2.810257	
残差平方和	0.093490	施瓦茨准则值	-2.672844	
对数似然值	47.96410	汉南—奎因信息准则值	-2.764708	
F 统计量	25.02480	D. W. 统计值	1.200045	
概率（F 统计量）	0.000000			
MA 根倒数	0.20	-1.44		

资料来源：运用 Eviews 7.2 软件计算。

如表 4-52 所示，河北省农民收入 D(lnaii,2) 的 MA (2) 模型的赤池信息准则值为 -2.810257，D. W. 统计值为 1.200045。进而，基于 MA (2) 模型构建 ARIMA 预测模型。

ARIMA 模型残差的 ADF 单位根检验结果如表 4-53 所示。

表 4-53　河北省农民收入指数 ARIMA 模型残差的 ADF 单位根检验

项目		t 统计量	概率
增广 Dickey – Fuller 检验统计量		-4.041301	0.0039
检验临界值	1% 水平	-3.661661	
	5% 水平	-2.960411	
	10% 水平	-2.619160	

资料来源：运用 Eviews 7.2 软件计算。

表 4-53 显示，t 统计量低于所有水平（1%、5% 和 10%）临界值，表明 ARIMA 模型残差序列平稳。为此，可对 ARIMA 模型的残差序

列进行 LM 自相关检验（见表 4-54）。

表 4-54　河北省农民收入指数 ARIMA 模型残差序列的 Breusch-Godfrey 自相关 LM 检验

F 统计量	21.75633	F 概率 (2, 43)	0.0000
R^2	18.43904	χ^2 概率 (2)	0.0001

资料来源：运用 Eviews 7.2 软件计算。

表 4-54 显示，F 统计量和 R^2 均显著高于 5% 临界值，表明 ARIMA 模型残差序列不存在自相关。表明 ARIMA 模型可用于拟合 2011—2014 年河北省农民人均年收入指数，其结果如表 4-55 所示。

表 4-55　2011—2014 年河北省农民人均年收入指数的拟合值与统计值

年份	统计值	拟合值	统计值/拟合值
2011	6242	2060	3.03
2012	7085	2258	3.14
2013	7980	2475	3.22
2014	8847	2713	3.26

资料来源：河北省统计局网站及 Eviews 7.2 软件运行。

表 4-55 显示，2011—2014 年河北省农民人均年收入指数"统计值/拟合值"平均为 3.16，拟合值更平稳，但效果远低于贵州的情形。为此，需要对运用 ARIMA 模型预测的 2015—2020 年河北省农民人均年收入指数进行调整。

2. 结果与讨论

（1）结果。运用 ARIMA 模型预测的 2016—2020 年河北省农民人均年收入指数值如表 4-56 所示。

表 4-56　运用 ARIMA 模型预测的河北省农民人均年收入指数

年份	2015	2016	2017	2018	2019	2020
农民人均年收入指数预测值	2973	3259	3571	3914	4290	4702
调整的农民人均年收入指数预测值	9404	10309	11296	12381	13570	14874

资料来源：运用 Eviews 7.2 软件计算。

表4-56显示，到2020（"同步小康"）年，河北省农民人均年收入指数可达14874。

（2）讨论。运用ARIMA模型预测的2015—2020年河北省农民人均年收入，无论是绝对值还是指数值，均不宜直接利用预测结果，而需要进行相应调整。比较而言，预测绝对值比预测指数值的可信度高。预测结果，到2020年"同步小康"之年，河北省农民年均可支配收入绝对值可达19639元、指数值可达14874。

总的来说，运用ARIMA模型预测（贵州省、河北省）农民人均年收入，绝对值效果优于指数值；其中，预测绝对值，河北省效果优于贵州省；预测指数值，贵州省效果优于河北省。

第四节　河北省农业产值与农民收入

本节主要内容如下：根据河北省农业产值及构成、农民人均年收入的时间序列统计数据，以前者为解释变量、后者为被解释变量，构建协整关系回归模型，分析农业产值因子对农民收入的影响。

一　数据说明

同样，介于农民收入绝对值时间序列数据的稳定性高于指数值，故选择前者，分析其增长受农业产值及因子的影响。根据不同变量时间序列数据的一致性要求，以2004—2015年（统计值）河北省农业总产值及其成分（种植业、林业、牧业、渔业和服务业）产值与农民人均年收入（元）为基础进行分析。

二　指标确定

为了数据时段的一致性，选取2003—2015年（农业服务业统计值始于2003年）河北省农业（组分）产值与农民人均年（可支配）收入为基础数据进行分析（见表4-57）。

三　变量时间序列数据的平稳性检验

对表4-57中的时间序列数据进行自相关和偏自相关分析表明，均存在异方差且不平稳。因此，为了消除异方差，对绝对值取对数，分别记为lnag、lncr、lnfo、lnan、lnfi、lnse和lny。Y对数值的ADF单位根检验结果如表4-58所示。

表4-57　　河北省农业产值（亿元）及农民人均年收入　　　　单位：元

年份	农业 （AG）	种植业 （CR）	林业 （FO）	牧业 （AN）	渔业 （FI）	服务业 （SE）	农民收入 （Y）
2003	1877	958	41	721	58	99	2853
2004	2286	1136	40	925	72	113	3171
2005	2379	1258	40	879	79	122	3482
2006	2466	1380	46	832	73	135	3802
2007	3076	1639	52	1147	85	152	4293
2008	3505	1761	56	1411	103	175	4795
2009	3641	1959	40	1350	108	184	5150
2010	4309	2470	51	1444	142	202	5958
2011	4896	2775	59	1674	164	224	7120
2012	5340	3095	78	1748	178	242	8081
2013	5833	3473	96	1818	179	266	9188
2014	5995	3453	108	1952	191	290	10186
2015	5979	3441	121	1904	199	313	11051

资料来源：《河北统计年鉴》。

表4-58　　河北省农民收入lnay的ADF单位根检验结果

项目		t统计量	概率
增广Dickey-Fuller检验统计量		-2.428828	0.3486
检验临界值	1%水平	-5.124875	
	5%水平	-3.933364	
	10%水平	-3.420030	

资料来源：运用Eviews 7.2软件计算。

表4-59显示，t统计量高于所有水平（1%、5%和10%）临界值，表明河北省农民人均年收入对数值时间序列数据不平稳。为此，进行一阶差分，记为Dlny。一阶差分的ADF单位根检验结果如表4-59所示。

表 4-59　　河北省农民收入 Dlny 的 ADF 单位根检验结果

项目		t 统计量	概率
增广 Dickey-Fuller 检验统计量		-1.867145	0.6048
检验临界值	1% 水平	-5.124875	
	5% 水平	-3.933364	
	10% 水平	-3.420030	

资料来源：运用 Eviews 7.2 软件计算。

表 4-59 显示，t 统计量仍然高于所有水平（1%、5% 和 10%）临界值，表明河北省农民人均年收入对数值一阶差分时间序列仍然平稳。为此，进行二阶差分，记为 D(lny,2)。二阶差分的 ADF 单位根检验结果如表 4-60 所示。

表 4-60　　河北省农民收入 D(lny,2) 的 ADF 单位根检验结果

项目		t 统计量	概率
增广 Dickey-Fuller 检验统计量		-1.867145	0.6048
检验临界值	1% 水平	-5.124875	
	5% 水平	-3.933364	
	10% 水平	-3.420030	

资料来源：运用 Eviews 7.2 软件计算。

表 4-60 显示，t 统计量仍然高于 1% 的水平，表明河北省农民人均年收入对数值二阶差分时间序列仍不够平稳。因此，只有放弃考虑农业服务业对农民收入的影响，利用现有连续统计数据（2000—2015年），分析农业产值其余因子对农民人均年收入的影响。

对变量（2000—2015 年）数值进行自相关和偏自相关分析表明，时间序列存在异方差且不平稳。为了消除异方差，进行取对数处理。变量对数值的 ADF 单位根检验结果（过程略）如表 4-61 所示。

从表 4-61 可知，变量对数值时间序列数据均不平稳。为此，进行一阶差分，分别记为 Dlnag、Dlncr、Dlnfo、Dlnan、Dlnfi 和 Dlny。一阶差分的 ADF 单位根检验结果如表 4-62 所示。

表4-61　河北省农民收入变量对数值的ADF单位根检验结果

变量	lnag	lncr	lnfo	lnan	lnfi	lny
平稳性	不平稳	不平稳	不平稳	不平稳	不平稳	不平稳

资料来源：运用Eviews 7.2软件计算。

表4-62　河北省农民收入变量对数值一阶差分的ADF单位根检验结果

变量	Dlnag	Dlncr	Dlnfo	Dlnan	Dlnfi	Dlny
平稳性	不平稳	不平稳	5%—10%	平稳	5%—10%	不平稳

资料来源：运用Eviews 7.2软件计算。

从表4-62可知，变量对数值时间序列数据一阶差分仍然不（够）平稳。为此，进行二阶差分，分别记为D(lnag, 2)、D(lncr, 2)、D(lnfo, 2)、D(lnfi, 2)和D(lny, 2)。二阶差分的ADF单位根检验结果如表4-63所示。

表4-63　河北省农民收入变量对数值二阶差分的ADF单位根检验结果

变量	D(lnag, 2)	D(lncr, 2)	D(lnfo, 2)	D(lnfi, 2)	D(lny, 2)
平稳性	平稳	不平稳	平稳	平稳	不平稳

资料来源：运用Eviews 7.2软件计算。

从表4-63可知，变量对数值时间序列数据的二阶差分仍然不够平稳（尤其是被解释变量）。软件运行过程中显示样本数据量不足，所以无法进行余下的"协整"及"回归"分析。也就是说，介于河北省2000年前的农业产值及农民收入统计数据不连续（间隔5年），样本数据量不足，不能利用2000—2015年数据进行农业产值因子对农民收入影响的协整回归模型分析。

第五节　黔冀农民收入比较

一　黔冀农民收入差距

本节主要内容：基于前面的结果，进行贵州省与河北省农民人均年收入（绝对值）水平的过去（历史）、现状及未来（至2020年）比较。

农民增收致富是农村发展的集中表现和先决条件。从表4-64可见，贵州省与河北省相比，农民收入差距不是在缩小而是在扩大。贵州省农村到2020年要与河北省实现"同步小康"，除自身努力之外，尚需要国家大力扶持。

表4-64　　　　贵州省与河北省农民人均年收入比较

年份	贵州省（元/人）	河北省（元/人）	贵州省/河北省（%）	备注
1978	109	114	95.6	统计值
1979	131	136	96.3	统计值
1980	162	176	92.0	统计值
1981	209	204	102.5	统计值
1982	223	239	93.3	统计值
1983	225	298	75.5	统计值
1984	263	345	76.2	统计值
1985	302	385	78.4	统计值
1986	304	408	74.5	统计值
1987	342	444	77.0	统计值
1988	398	547	72.8	统计值
1989	430	589	73.0	统计值
1990	435	622	69.9	统计值
1991	466	657	70.9	统计值
1992	506	682	74.2	统计值
1993	580	804	72.1	统计值
1994	787	1107	71.1	统计值
1995	1087	1669	65.1	统计值
1996	1277	2055	62.1	统计值
1997	1299	2086	62.3	统计值
1998	1334	2405	55.5	统计值
1999	1363	2442	55.8	统计值
2000	1374	2479	55.4	统计值
2001	1412	2604	54.2	统计值
2002	1490	2685	55.5	统计值
2003	1565	2853	54.9	统计值

续表

年份	贵州省（元/人）	河北省（元/人）	贵州省/河北省（%）	备注
2004	1722	3171	54.3	统计值
2005	1877	3482	53.9	统计值
2006	1985	3802	52.2	统计值
2007	2374	4293	55.3	统计值
2008	2797	4795	58.3	统计值
2009	3005	5150	58.3	统计值
2010	3472	5958	58.3	统计值
2011	4145	7120	58.2	统计值
2012	4753	8081	58.8	统计值
2013	5434	9188	59.1	统计值
2014	6671	10186	65.5	统计值
2015	7387	11284	65.5	统计值/预测值
2016	7266	12607	57.6	预测值
2017	8005	14084	56.8	预测值
2018	8818	15735	56.0	预测值
2019	9713	17579	55.3	预测值
2020	10700	19639	54.5	预测值

资料来源：《贵州统计年鉴》《河北统计年鉴》。

二 促进贵州省农民增收的建议

种植业、林业、牧业、渔业和农业服务业发展对农民增收的贡献存在差异，并不意味着促进农民增收只需要将重点放在贡献较大的（子）产业上，而忽视贡献小的（子）产业（如林业）。农业组分之间是相互依存、相互促进的，共同构成一个大（农业）系统，任何一个子系统的削弱或失灵，都会导致整个系统功能的减退甚至丧失。因此，只有树立全局观念，全面推动农业各子产业的发展，才能使大农业体系维持良性运转，才能全面、可持续地促进农民增收。立足长远，贵州省应通过以下发展路径来促进农民增收：

（一）加强农田水利建设，大力发展山地高效种植业

贵州省传统的以人畜为主的农耕方式，抵御自然风险的能力弱，一旦发生旱灾、洪灾及泥石流等自然灾害，对农业生产和农民生命财产都可能带来危害、损失。此外，由于农业生产的机械化程度低，规模化程度低、生产效率低，不利于农业产业优化升级，农民经营性收入也难以提高。因此，加强农田水利建设，夯实农业生产的基础设施，有利于改善种植业最重要的基础条件，提高抵御自然灾害的能力和生产效益。进而，基于山地特色，发展山地高效种植业，提高产品商品化率，增强市场竞争优势。如通过增加科技投入，鼓励科技创新，促进科技成果转化，培育优质特色新产品，打造名、特、优种植业品牌，以"新、奇、独、特"投入市场，使之成为农民增收的重要渠道。

（二）经济林与生态林并重，提升林业综合效益

虽然林业对于促进农民增收的直接贡献不显著，但是，林业所带来的"隐性"生态效益尤为重要。生态系统存在一个负反馈调节机制（如"狼—羊—草"食物链），因而使系统趋于稳定；经济系统存在一个正反馈运转机制（如科技进步与经济发展的相互促进），如果无视生态系统的支撑，将使系统趋于衰退。表现为人类物质需求的无限性与环境资源供给的阈值性之间的矛盾，若缺乏理性的、自觉的干预，最终将使（区域）"生态—经济"系统崩溃。所以，应树立"守住绿水青山就是守住金山银山"的意识，倡导经济林与生态林并重发展。前者能直接促进农民增收，后者是维系大农业系统功能的内在需要。应根据各地自然环境和气候条件，做到"宜林则林、宜草则草、宜果则果"，提高林业综合效益。

（三）大力发展牧业和渔业，实现农民稳步增收

牧业是贵州省农民增收的主要途径。随着人民物质生活水平的不断提高，对肉、蛋、奶及水产品的需求将随之增加。发展牧业、渔业应注重与种植业形成良性互动，使其形成相得益彰的循环系统，不仅能增加农民收入，而且能同时减轻对农业生态环境的污染和破坏，有利于农业的可持续发展和农民稳步增收。

（四）走山地农业与旅游业融合发展之路，增强服务业对农民增收的促进作用

贵州省山清水秀、气候宜人，独特的喀斯特地貌形成独具特色的自然景观，成为集"山、水、岩、林、洞"于一体的"天然公园"。加之作为少数民族聚居之地、红色革命经典之地，使贵州省拥有丰富多样的旅游资源，每年吸引着大量国内外游客前来观光。所以，应努力将

"神奇秀美的自然风光，千姿百态的山水景色，绚丽多彩的民族风情，激情重温的红色经典"与"农业"集成，因地制宜，使农业"旅游化"、旅游"农业化"。将山地高效农业与旅游业融合发展，分黔东、黔西、黔南、黔北和黔中区别定位，构建相应发展模式，助推农村实现"同步小康"目标。

附录一　调研问卷

尊敬的专家：

您好！

我们是"晴隆县农产品电子商务发展情况研究"项目小组，我们本次问卷调查需要占用您 5 分钟的时间，非常感谢您能在百忙之中抽出时间来填写我们的问卷调查，我将代表项目组全体成员向您表示真诚的感谢，我们做这个问卷调查的目的是深入了解晴隆县农产品电子商务的发展给晴隆县农业农民带来的影响，您的回答将有助于我们向晴隆县政府有关部门提出合理的建议。这份问卷主要用于学术研究，不存在任何商业用途，这份问卷中所涉及的问题都没有对错之分，而且无须署名，请您放心填写，谢谢您的支持与配合！

问卷编号：

一、您的基本信息（请在适当的□内画"√"）

1. 您的性别：□A. 男　□B. 女

2. 您的年龄：□A. 20 岁以下　□B. 20—35 岁　□C. 36—55 岁　□D. 55 岁以上

3. 您的教育程度：□A. 小学以下　□B. 小学　□C. 初中　□D. 高中　□E. 高中以上

4. 您的主要职业是：□A. 农民　□B. 电商企业人员　□C. 政府人员

5. 您的家庭平均年收入：

□A. 1 万元以下　□B. 1 万—3 万元　□C. 3 万—5 万元　□D. 5 万元以上

二、对相关电子商务政策的认识程度

6. 您知道农产品电子商务吗？

　　　　□A. 知道　　　□B. 听说过　　　□C. 不知道
　　7. 您知道我们国家在农产品电子商务方面的相关政策吗？
　　　　□A. 知道　　　□B. 听说过　　　□C. 不知道
　　8. 您知道银行在农产品电子商务方面的政策吗？
　　　　□A. 知道　　　□B. 听说过　　　□C. 不知道
　　9. 您知道有专门负责农产品电子商务的政府部门吗？
　　　　□A. 知道　　　□B. 听说过　　　□C. 不知道
　　三、对相关农产品电子商务的认识和运用程度：
　　10. 您知道利用农产品电子商务平台在网上进行的销售形式有哪些？
　　　　□A. 批发　　□B. 零售　　□C. 批零兼营　　□D. 期货　　□E. 其他_____
　　11. 您知道利用农产品电子商务平台在网上进行的销售方式有哪些？
　　　　□A. 线上联系，线下交易　　　□B. 在线支付
　　　　□C. 委托第三方进行销售　　　□D. 其他_____
　　12. 您所知道的农产品电子商务网络销售的辅助手段有哪些？（可多选）
　　　　□A. 无　□B. 微信　□C. 微博　□D. 论坛　□E. 网络广告　□F. 参与第三方团购、秒杀等活动　□G. 链接交换　□H. 手机短信　□I. 农民信箱"每日一助服务"　□J. 传统媒体推广　□K. 其他
　　13. 您所知道的农产品电子商务进行网上销售的农产品有哪些？
　　　　□A. 生鲜农产品　　□B. 加工农产品　　□C. 食品（取得食品流通许可）　□D. 以农副产品为原料的日用品　□E. 其他_____
　　14. 您认为农产品电子商务销售网站受消费者欢迎的原因有哪些？（多选）
　　　　□A. 网站推广力度大　　□B. 网站信誉度高　　□C. 产品质量好　□D. 低价促销　□E. 产品品牌知名度高　□F. 包装美观，服务完善
　　15. 您认为农产品电子商务对业务的作用有哪些？（多选）
　　　　□A. 没有明显帮助　□B. 提高管理水平　□C. 降低成本　□D. 提升竞争力　□E. 拓展新客源和新市场　□F. 扩大生产规模　□G. 增加利润　□H. 其他

16. 您认为当前农产品电子商务主要存在的问题有哪些?

☐A. 缺乏产品规格,质量标准,无法进行网络销售

☐B. 保鲜期短,易在运输途中受损、变质

☐C. 仓储不足

☐D. 本地农村物流配送体系不健全

☐E. 信用体系不完善

☐F. 物流成本高

☐G. 网站、网店宣传不够

☐H. 企业运作流程不适应

☐I. 售后服务难以保障

☐J. 模式雷同,缺乏很好的盈利突破口

☐K. 技术力量不足、资金不足

☐L. 缺乏政府扶持

☐M. 其他

17. 您对电子商务前景的展望?

☐A. 不看好 ☐B. 不明确 ☐C. 目标可达 ☐D. 非常看好

四、电子商务方面的政府支持力度

18. 您目前所接触的电子商务得到了哪一级政府的支持?(可多选)

☐A. 中央(部委) ☐B. 省级 ☐C. 市级 ☐D. 县级 ☐E. 乡镇级 ☐F. 无支持

19. 您所了解的政府对于农产品电子商务的支持主要是哪些方面?

☐A. 基础设施或者软件平台支持

☐B. 提供相关农产品电子商务方面的政策信息

☐C. 提供预测分析

☐D. 提供网站规划、开发、安全、维护等技术指导

☐E. 提供相应的解决方案

☐F. 提供示范推广

☐G. 帮助与第三方平台对接

☐H. 帮助取得金融机构支持

☐I. 提供农产品质量安全监测服务

☐J. 信息资源共享

☐K. 协助宣传

□L. 人才培训
□M. 人才培训
□N. 用工支持
□O. 试点扶持
□P. 项目扶持
□Q. 物流补贴
□R. 减免税费
□S. 资金补助
□T. 其他

20. 您希望政府进一步支持的具体建议：

再次感谢您的参与，祝您生活愉快！

调查员姓名：
调查时间：　　年　　月　　日

附录二 问卷题目统计表

1. 您的性别：

选项	小计	比例
A. 男		
B. 女		

2. 您的年龄：

选项	小计	比例
A. 20 岁以下		
B. 20—35 岁		
C. 36—50 岁		
D. 50 岁以上		

3. 您的教育程度：

选项	小计	比例
A. 小学以下		
B. 小学		
C. 初中		
D. 高中		
E. 高中以上		

4. 您的主要职业是：

选项	小计	比例
A. 农民		
B. 电商企业人员		
C. 政府人员		

5. 您的家庭平均年收入：

选项	小计	比例
A. 1 万元以下		
B. 1 万—3 万元		
C. 3 万—5 万元		
D. 5 万元以上		

6. 您知道农产品电子商务吗？

选项	小计	比例
A. 知道		
B. 听说过		
C. 不知道		

7. 您知道我们国家在农产品电子商务方面的相关政策吗？

选项	小计	比例
A. 知道		
B. 听说过		
C. 不知道		

8. 您知道银行在农产品电子商务方面的政策吗？

选项	小计	比例
A. 知道		
B. 听说过		
C. 不知道		

9. 您知道有专门负责农产品电子商务的政府部门吗？

选项	小计	比例
A. 知道		
B. 听说过		
C. 不知道		

10. 您知道利用农产品电子商务平台在网上进行的销售形式有哪些?

选项	小计	比例
A. 批发		
B. 零售		
C. 批零兼营		
D. 期货		
E. 其他		

11. 您知道利用农产品电子商务平台在网上进行的销售方式有哪些?

选项	小计	比例
A. 线上联系,线下交易		
B. 在线支付		
C. 委托第三方进行交易		
D. 其他		

12. 您所知道的农产品电子商务网络销售的辅助手段有哪些?(可多选)

选项	小计	比例
A. 无		
B. 微信		
C. 微博		
D. 论坛		
E. 网络广告		
F. 参与第三方团购、秒杀等活动		
G. 链接交换		
H. 手机短信		
I. 农民信箱"每日一助服务"		
J. 传统媒体推广		
K. 其他		

13. 您所知道的农产品电子商务进行网上销售的农产品有哪些？

选项	小计	比例
A. 生鲜农产品		
B. 加工农产品		
C. 食品（取得食品流通许可）		
D. 以农副产品为原料的日用品		
E. 其他		

14. 您认为农产品电子商务销售网站受消费者欢迎的原因有哪些？（多选）

选项	小计	比例
A. 网站推广力度大		
B. 网站信誉度高		
C. 产品质量好		
D. 低价促销		
E. 产品品牌知名度高		
F. 包装美观，服务完善		

15. 您认为农产品电子商务对业务的作用有哪些？（多选）

选项	小计	比例
A. 没有明显帮助		
B. 提高管理水平		
C. 降低成本		
D. 提升竞争力		
E. 拓展新客源和新市场		
F. 扩大生产规模		
G. 增加利润		
H. 其他		

16. 您认为农产品电子商务主要存在的问题有哪些？

选项	小计	比例
A. 缺乏产品规格，质量标准，无法进行网络销售		
B. 保鲜期短，易在运输途中受损、变质		
C. 仓储不足		
D. 本地农村物流配送体系不健全		
E. 信用体系不完善		
F. 物流成本高		
G. 网站、网店宣传不够		
H. 企业运作流程不适应		
I. 售后服务难以保障		
J. 模式雷同，缺乏很好的盈利突破口		
K. 技术力量不足、资金不足		
L. 缺乏政府扶持		
M. 其他		

17. 您对电子商务前景的展望？

选项	小计	比例
A. 不看好		
B. 不明确		
C. 目标可达		
D. 非常看好		

18. 您目前所接触的电子商务得到了哪一级政府的支持？（可多选）

选项	小计	比例
A. 中央（部委）		
B. 省级		
C. 市级		
D. 县级		
E. 乡镇级		
F. 无支持		

19. 您所了解的政府对于农产品电子商务的支持主要是哪些方面？

选项	小计	比例
A. 基础设施或者软件平台支持		
B. 提供相关农产品电子商务方面的政策信息		
C. 提供预测分析		
D. 提供网站规划、开发、安全、维护等技术指导		
E. 提供相应的解决方案		
F. 提供示范推广		
G. 帮助与第三方平台对接		
H. 帮助取得金融机构支持		
I. 提供农产品质量安全监测服务		
J. 信息资源共享		
K. 协助宣传		
L. 人才培训		
M. 人才储备		
N. 用工支持		
O. 试点扶持		
P. 项目扶持		
Q. 物流补贴		
R. 减免税费		
S. 资金补助		
T. 其他_____		

参考文献

[1] 安燕:《加拿大和澳大利亚的农村医学教育》,《国外医学》1999年第4期。

[2] 蔡守琴:《以绿色农业为目标发展特色农业的模式研究》,《商场现代化》2011年第13期。

[3] 蔡鑫:《我国人口老龄化的进程与影响》,《社会事业》2009年第23期。

[4] 曹方超:《韩国:城市乡村协调发展的城镇化》,《中国经济时报》2014年12月3日。

[5] 陈国阶:《贫困山区如何面向21世纪》,《山地学报》1999年第1期。

[6] 陈红英、谢军安、王育红:《电子商务:河北省农产品电子商务发展的挑战与机遇》,《中国商贸》2009第11期。

[7] 陈俊:《浅析医院人才流失的原因和对策》,《中外医学研究》2011年第18期。

[8] 陈礼松:《少数民族地区党的基层组织建设研究》,硕士学位论文,贵州财经大学,2014年。

[9] 陈文涛、祖大敏、王瑾:《陕西省农产品电子商务发展现状研究》,《中国商论》2015年第3期。

[10] 陈锡文、王金营、陈昱阳:《中国农村老龄化对农业产出影响研究》,《中国人口科学》2011年第2期。

[11] 陈晓云、杜常志、刘和平、杨立新、庞旭东、李勇:《河北省南部农村医疗现状——来自河北邯郸四县的调查报告》,《医学与哲学》2015年第8期。

[12] 陈业:《农产品电子商务融合产品创新分析》,《技术经济》2014年第10期。

［13］陈蕴、陈焰犊、董瑞、唐燕：《贵州农经网农产品电子商务运营思考》，《贵州气象》2017年第1期。

［14］陈钊：《山地文化特征及其对山地区域经济的影响》，《山地学报》1999年第2期。

［15］程厚思：《云南山地农业的环境特征及其可持续发展》，《云南社会科学》1999年第6期。

［16］程馨：《中国人口老龄化背景下的老年人力资源开发研究》，硕士学位论文，青岛大学，2008年。

［17］程艳：《山西特色农业产业化发展问题研究》，《经济师》2015年第12期。

［18］次仁顿单：《解决乡村医生待遇稳定乡村医生队伍》，《西藏医药杂志》2010年第31期。

［19］崔海洋：《从侗族传统生计看现代农业内涵的不确定性》，《安徽农业科学》2009年第16期。

［20］董妮：《农业合作社发展问题及措施》，《中国集体经济》2014年第6期。

［21］董学颖：《浅议山地资源开发与保护》，《福建水土保持》1991年第1期。

［22］杜飞轮：《世界电子商务研究》，《宏观经济管理》2009年第7期。

［23］杜帼男、蔡继明：《城市化测算方法的比较与选择》，《当代经济研究》2013年第10期。

［24］杜伊丽：《"三农"背景下大众传媒与农产品电子商务之研究》，硕士学位论文，华中科技大学，2013年。

［25］杜贞旭、郑丽萍、刘昱岗：《经济发展理论》，中国商业出版社2009年版。

［26］段楚红、冉光灿：《黑龙江农垦基地农产品电子商务平台建设研究》，《农业企业管理》2012年第1期。

［27］段晓婧：《我国的现代化与人口老龄化的关系》，《山西师大学报》（社会科学版：研究生论文专刊）2011年第9期。

［28］房艳刚、刘继生、程叶青：《农村与区域经济发展理论和模式的回顾与反思》，《经济地理》2009年第9期。

[29] 冯跃华、李玲、苏跃:《加快发展贵州特色农产品的对策对与措施》,《安徽农学通报》2008年第21期。

[30] 高红艳:《贵州喀斯特地区民族文化生态旅游的开发与保护研究》,硕士学位论文,贵州师范大学,2003年。

[31] 辜胜阳、刘江日、曹誉波:《民间资本推进城镇化建设的问题与对策》,《当代财经》2014年第2期。

[32] 古龙高、朱春江、唐德善:《农业产业集群探析》,《农业经济》2012年第1期。

[33] 顾朝林、于涛方、李王鸣:《中国城市化:格局·过程·机理》,科学出版社2008年版。

[34] 郭熙保、李通屏、袁蓓:《人口老龄化对中国经济的持久性影响及其对策建议》,《经济理论与经济管理》2013年第2期。

[35] 国务院办公厅:《关于农村卫生改革与发展的指导意见》,《中国农村卫生事业管理》2001年第10期。

[36] 韩翠以:《广东省农村卫生人才培养现状及队伍发展对策研究》,硕士学位论文,广州中医药大学,2011年。

[37] 何建宁、朱霄雪:《人口老龄化影响因素的灰色关联度分析》,《税务与经济》2010年第6期。

[38] 何建宁:《人口老龄化影响因素的选择与分析》,《山东工商学院学报》2010年第4期。

[39] 何治江:《武陵山片区特色农业发展研究》,《改革与开发》2012年第22期。

[40] 洪功翔主编:《政治经济学》,中国科学技术大学出版社2012年版。

[41] 胡俊俊:《新型城镇化中农民利益保护问题分析》,《商》2014年第4期。

[42] 胡志:《日本的卫生管理对我国农村卫生发展的借鉴》,《国际医药卫生导报》2002年第11期。

[43] 黄承伟、叶韬、赖力:《扶贫模式创新——精准扶贫:理论研究与贵州实践》,《贵州社会科学》2016年第10期。

[44] 黄健元:《基于Leslie方程预测的江苏省人口老龄化特征分析》,《南京师大学报》(社会科学版)2010年第3期。

［45］黄婧、史琼、欧国武、崔嵬、孙秋：《贵州现代山地高效农业发展的困境与对策》，《贵州农业科学》2015年第8期。

［46］黄山松、黄平芳：《特色农业集群成长中的政府支持》，《改革与战略》2007年第11期。

［47］黄维俊：《褚橙的电子商务发展理念》，《科技情报开发与经济》2014年第3期。

［48］黄小星：《借淘宝天猫出道的张家庄核桃》，《青年记者》2015年第1期。

［49］黄正松：《关于楚雄市农产品电子商务的调查》，《青年记者》2014年第15期。

［50］纪玉山、滕菲：《中国人口老龄化对经济结构的影响研究》，《社会科学季刊》2013年第1期。

［51］简新华、黄琨：《中国城镇化水平和速度的实证分析与前景预测》，《经济研究》2010年第3期。

［52］姜斌：《快速城市化进程中城市居住空间形态演进与发展》，硕士学位论文，辽宁师范大学，2008年。

［53］姜谓：《建平县特色农业发展对策研究》，硕士学位论文，中国农业科学院，2010年。

［54］姜向群、杜鹃：《中国人口老龄化对经济可持续发展影响的分析》，《市场与人口分析》2000年第2期。

［55］焦爱霞、王艳杰、陈惠查：《贵州黎平县侗族村寨香禾糯资源利用与保护现状的考察》，《植物遗传资源学报》2015年第1期。

［56］解保华、陈光辉：《基于Leslie矩阵模型的我国人口总量与年龄结构预测》，《广东商学院学报》2010年第3期。

［57］金莲、王永平、刘希磊：《特色农业发展模式综述》，《安徽农业科学》2010年第11期。

［58］康建英：《我国人口年龄结构变化对综合要素生产率和技术进步的影响》，《科技管理研究》2010年第3期。

［59］孔垂柱：《发展高原特色农业建设绿色经济强省——云南发展农业特色产业的实践与思考》，《云南社会科学》2013年第1期。

［60］赖小玫、刘朝杰、裴丽昆、许艳子、刘雁翔：《澳大利亚全科医生培养使用方法对中国人队伍建设的启示》，《卫生软科学》2009

年第 4 期。

[61] 李东：《论养老问题的主体与责任》，《晋城职业技术学院报》2011 年第 2 期。

[62] 李海青：《中国可持续发展能力的量化分析》，硕士学位论文，天津财经大学，2006 年。

[63] 李洪心、白雪梅：《生命周期理论及在中国人口老龄化研究中的应用》，《中国人口科学》2006 年第 4 期。

[64] 李建民：《后人口转变论》，《人口研究》2000 年第 4 期。

[65] 李建新：《人口转变新论》，《人口学刊》1994 年第 3 期。

[66] 李金叶、袁强、蒋慧：《基于区域适应性的特色林果业发展探讨》，《新疆农业科学》2010 年第 4 期。

[67] 李琳、黄小柱、彭丽芬：《国外特色农业发展模式、经验与启示》，《世界农业》2015 年第 7 期。

[68] 李玲、冯跃华、苏跃：《加快发展贵州特色农产品的对策对与措施》，《安徽农学通报》2008 年第 28 期。

[69] 李强、陈宇琳、刘精明：《中国城镇化推进模式研究》，《中国社会科学》2012 年第 7 期。

[70] 李甜甜：《农村发展中的电子商务——以四川省为例》，硕士学位论文，四川大学，2014 年。

[71] 李文明：《中国农民发展的现实困境与改革路径》，《农业经济问题》2014 年第 6 期。

[72] 李玉虎、韩国珍：《人口老龄化阶段我国农村养老保险的机制创新》，《兰州学刊》2009 年第 4 期。

[73] 李玉萍、刘庆、杨燕、晁娜：《山西新农村建设村级调查报告》，《中国集体经济》2014 年第 18 期。

[74] 李长明：《2002 年基层卫生与妇幼保健工作进展》，《中国初级卫生保健》2003 年第 1 期。

[75] 李佐军、盛三化：《建立生态文明制度体系推进绿色城镇化进程》，《经济纵横》2014 年第 1 期。

[76] 梁振芳：《广西喀斯特地区石漠化治理与特色农业发展研究》，《现代农业》2012 年第 12 期。

[77] 林晓筱：《州特色农产品电子商务发展研究》，《商》2016 年第

7期。

[78] 刘冰、王保郧、卢祖洵：《我国卫生人力资源现状及其研究进展》，《中国社会医学杂志》2008年第5期。

[79] 刘昶焕：《中韩城镇化比较研究》，硕士学位论文，西北农林科技大学，2015年。

[80] 刘海波、李桃：《日本农村医学的建立途径对我国发展农村卫生事业的启示》，《中国农村卫生事业管理》1998年第8期。

[81] 刘家强：《人口经济学新论》，西南财经政法大学出版社2004年版。

[82] 刘金林：《农产品电子商务何去何从》，《新闻界》2014年第13期。

[83] 刘穷志、何奇：《人口老龄化、经济增长与财政政策》，《经济学家》2012年第1期。

[84] 刘文静、郭宁、李美荣：《我国内地城镇化对新疆城镇化的启示》，《改革与战略》2009年第7期。

[85] 刘文怡、吴晓敏：《电子商务解决传统农产品生产销售中的三大难题》，《新闻界》2014年第14期。

[86] 刘燕丽：《农村区域发展规划》，中国农业大学出版社2011年版。

[87] 刘志民、刘华周、汤国辉：《特色农业发展经济学理论研究》，《中国农业大学学报》2002年第1期。

[88] 卢祖洵、金生国：《外国社区卫生服务》，人民卫生出版社2001年版。

[89] 陆大道、陈明星：《〈关于国家新型城镇化规划（2014—2020年）〉编制大背景的几点认识》，《地理学报》2015年第2期。

[90] 鹿艳茹、杨立铭、张明：《秦皇岛市新型城镇化建设的思考》，《经济研究导刊》2017年第2期。

[91] 马程程：《我国农村人口养老保障问题研究》，硕士学位论文，北京交通大学，2011年。

[92] 毛毅：《海南生态省建设中的城镇垃圾污染治理——不同层次生活》，硕士学位论文，华中科技大学，2006年。

[93] 梅瑞江：《社会养老金制度的金融功能研究》，上海财经大学出版社2006年版。

[94] 莫龙:《1980—2050年我国人口老龄化与经济发展协调性定量研究》,《人口研究》2009年第3期。

[95] 那庆兰:《山区经济开发如何实现资源的综合利用》,《现代经济信息》2016年第2期。

[96] 潘盛洲:《中国农业保护问题研究》,中国农业出版社1999年版。

[97] 潘时常、朱菊萍、焦金芝:《发展现代特色农业的若干思考》,《现代经济探讨》2011年第12期。

[98] 彭宗忠:《秦皇岛新型城镇化进程中面临的新问题与对策研究》,《统计与管理》2014年第3期。

[99] 戚晓旭、杨雅维、杨智尤:《新型城镇化评价指标体系研究》,《宏观经济管理》2014年第2期。

[100] 秦成逊、王杰:《西部地区基于生态文明的山地经济发展研究》,《生态经济》2012年第10期。

[101] 邱旭辉、吕盛鸽:《基于VAR模型的浙江省老龄化系数预测》,《中国老年学杂志》2010年第12期。

[102] 曲海波:《中国人口老龄化问题研究》,吉林大学出版社1990年版。

[103] 任庆焕:《河北省新型城镇化问题及发展对策研究》,硕士学位论文,天津财经大学,2013年。

[104] 沙玉霞:《我国农村养老保障的问题与对策研究》,硕士学位论文,山东大学,2010年。

[105] 史育龙:《Desakota模式及其对我国城乡经济组织方式的启示》,《城市发展研究》1998年第5期。

[106] 舒展:《我国农村公共卫生政府补偿政策研究》,博士学位论文,华中科技大学,2010年。

[107] 宋奎勋、孟庆跃等:《乡镇卫生院人员对非经济激励因素的满意度分析》,《中国卫生政策研究》2010年第10期。

[108] 宋申猛:《服务型政府视角下我国农村经济合作组织研究》,硕士学位论文,山东师范大学,2015年。

[109] 孙晓杰、孟庆跃、袁蓓蓓:《乡镇卫生院人员经济激励因素分析》,《中国卫生政策研究》2010年第10期。

[110] 孙晓一、汤青、徐勇:《宁南山区特色农业发展模式探讨》,《水

土保持研究》2013 年第 2 期。

[111] 孙业红、闵庆文、成升魁：《农业文化遗产资源旅游开发的时空适宜性评价——以贵州从江"稻田养鱼"为例》，《资源科学》2009 年第 6 期。

[112] 孙育新、邢玉升：《中国农村耕地保护的新制度经济学研究》，《中国农学通报》2016 年第 14 期。

[113] 谭同学：《参与式理论祛魅、文化自觉与精准扶贫——基于贵州山区县的调查》，《北方民族大学学报》（哲学社会科学版）2017 年第 1 期。

[114] 唐淑云：《论山地经济的发展前景及途径》，《山地学报》2002 年第 2 期。

[115] 唐文豪：《新型城镇化的多元探索与创新发展》，《科技日报》2015 年 1 月 3 日。

[116] 腾文：《安徽省农产品电子商务平台模式研究》，硕士学位论文，南京农业大学，2015 年。

[117] 滕海英、孙宁、汪博、马玉琴：《农村医疗支出型贫困人群住院机构选择及其影响因素分析》，《中国卫生事业管理》2016 年第 1 期。

[118] 万欣：《山地资源合理开发与经济优势》，《读书文摘》2015 年第 9 期。

[119] 汪延明：《贵州山地特色农产品产业链延伸研究》，《经济师》2015 年第 7 期。

[120] 王彬、陈良、高建浩：《贵州农业产业化经营现状、存在问题与对策建议》，《贵州农业科学》2014 年第 2 期。

[121] 王承就：《古巴的家庭医生制度及对中国农村医改的启示》，《社会科学家》2008 年第 7 期。

[122] 王传军：《美国城镇化的启示》，《光明日报》2013 年 12 月 15 日。

[123] 王红玉：《晴隆县农产品电子商务大有作为》，《新闻界》2014 年第 6 期。

[124] 王嘉宝、肖文、范东艳：《基于 SWOT 分析的陆良县特色农业产业化研究》，《现代农业科技》2014 年第 11 期。

[125] 王俭平：《特色农副业发展研究——以山西为例》，《经济问题》2007年第4期。

[126] 王洁、赵莹、郝玉玲：《我国农村基层卫生人才队伍建设的现状、问题及建议》，《中国卫生政策研究》2012年第4期。

[127] 王靖元：《依托乡村一体化管理解决乡村医生养老保险问题》，《卫生经济研究》2007年第11期。

[128] 王昆、管建涛、夏军：《基层经办力量薄弱，新农保"坡脚"难行》，《经济参考报》2013年5月29日。

[129] 王昆、管建涛、夏军：《农村养老保险红利递减》，《经济参考报》2013年5月27日。

[130] 王树新：《论开发利用轻龄老年人口资源》，《中国人口科学》1991年第4期。

[131] 王松全：《区域人口、资源、环境、经济与可持续发展的评价研究》，硕士学位论文，首都经济贸易大学，2011年。

[132] 王天生、张宗义：《加快贵州农产品开发与对策研究》，《贵州农业科学》1998年第5期。

[133] 王文英：《关于人口老龄化若干问题的探讨》，《人口与经济》，1987年第2期。

[134] 王晓东、王秀峰：《贵州省民族地区的贫困问题及其反贫困策略》，《广东农业科学》2012年第14期。

[135] 王艳霞：《特色农业保险精准帮扶"三农"——贵州大力发展特色优势农产品保险》，《当代贵州》2016年第4期。

[136] 王荧、高慧玲：《云南高原特色农业发展模式探讨》，《现代农业科技》2014年第6期。

[137] 王永平、刘希磊、金莲：《特色农业发展模式综述》，《安徽农业科学》2010年第11期。

[138] 王志明、孔旭黎：《美国的全科医生教育及医疗服务现状》，《中国卫生事业管理》2000年第5期。

[139] 王智敏：《秦皇岛市新型城镇化建设中的问题与对策》，《中外企业家》2014年第6期。

[140] 卫生部：《中国卫生人力发展报告》，中国协和医科大学出版社2010年版。

[141] 卫生部、教育部、财政部、人事部、农业部：《关于加强农村卫生人才培养和队伍建设的意见》，《中国农村卫生事业管理》2003年第1期。

[142] 邬沧萍、徐勤：《对中国人口老龄化趋势和特点的新认识及对战略对策的新思考》，《中国人口科学》1990年第2期。

[143] 邬沧萍、穆光宗：《低生育研究》，《中国社会科学》1995年第1期。

[144] 吴昌平、王智刚：《培养基层医院全科医师的思考》，《江苏卫生事业管理》2010年第2期。

[145] 吴丹：《长沙市农村乡镇卫生院卫生人才队伍现状分析与管理对策》，硕士学位论文，中南大学，2010年。

[146] 吴文才：《贵州民俗文化生态旅游资源保护性开发问题研究》，硕士学位论文，华中科技大学，2009年。

[147] 吴晓迪：《借鉴外国经验促进中国特色农业发展的思考》，《世界农业》2014年第2期。

[148] 夏后学、谭清美、吴六三：《新型城镇化与人的全面发展实现相互协调了吗？——基于人的物质水平改善视角》，《农业经济问题》2016年第1期。

[149] 夏兰：《农业政策影响农村经济发展的机制与路径研究》，硕士学位论文，武汉大学，2014年。

[150] 钱福华、吕兆丰：《以创新农村卫生人才培养模式为基础促进农村卫生人才队伍的整体提升》，《医学教育探索》2008年第4期。

[151] 谢丽春：《偏远地区乡村医生队伍建设研究》，硕士学位论文，四川农业大学，2013年。

[152] 徐晓军：《"四化同步"发展新型城镇化：主要困境及推进路径》，《汉江大学学报》（社会科学版）2015年第1期。

[153] 晏月平、段海红：《人口老龄化对养老保险制度的冲击及应对措施》，《四川行政学院学报》2010年第6期。

[154] 杨东升：《论民族贫困山区旅游扶贫开发与问题》，《凯里学院学报》2013年第6期。

[155] 杨佳、吕兆丰、王晓燕：《我国乡镇卫生院卫生人才继续教育现

状及需求分析》,《中国全科医学》2014年第25期。

[156] 杨佳、吕兆丰、王晓燕:《新医改政策实施前后我国乡镇卫生院卫生人才队伍建设比较研究》,《中国全科医学》2014年第16期。

[157] 杨敬宇:《甘肃区域特色农业现代化政策研究》,硕士学位论文,兰州大学,2011年。

[158] 杨丽莎、张明:《贵州山地农业发展中农民合作制约因素分析》,《农业技术经济》2014年第7期。

[159] 杨启智、聂静:《农业特色优势产业竞争力研究》,《农村经济》2012年第6期。

[160] 杨少垒、蒋永穆:《中国特色农业现代化道路上科学内涵》,《上海行政学院学报》2013年第1期。

[161] 杨通明:《从黎平县看黔东南生态文明崛起之路》,《中共贵州省委党校学报》2008年第3期。

[162] 杨维成、张涛:《天津的三个关键词——专访天津市市长黄兴国》,《瞭望》2013年第3期。

[163] 杨艳东:《中国老年社会服务政策的发展与完善》,《郑州轻工业学院学》(社会科学版)2007年第5期。

[164] 杨迎春、刘江华:《推进新型城镇化应加强对能源的集约利用》,《经济纵横》2014年第1期。

[165] 杨中新:《中国人口老龄化与区域产业结构调整研究》,社会科学文献出版社2005年版。

[166] 姚建红:《澳大利亚农村地区全科医生的地位和发展》,《中国全科医学》2006年第9期。

[167] 姚士谋、张平宇、余成、李广宇、王成新:《中国新型城镇化理论与实践问题》,《地理科学》2014年第6期。

[168] 叶菁、刘卫:《湖北省新型城镇化质量时空特征分析》,《统计与决策》2015年第5期。

[169] 叶明德:《中国人口老龄化前瞻》,《南方人口》1994年第4期。

[170] 尹潇潇:《安徽省人口老龄化的影响因素分析》,《老龄化研究》2015年第9期。

[171] 于学军:《中国人口老化的经济学研究》,中国人口出版社1995

年版。

[172] 袁蓓:《人口转变类型对人口年龄结构的影响——兼论我国人口老龄化的原因》,《海南大学学报》2009 年第 6 期。

[173] 原新、刘士杰:《1982—2007 年我国人口老龄化原因的人口学因素分解》,《学海》2009 年第 4 期。

[174] 臧秀清:《秦皇岛新型城镇化发展研究》,《经济论坛》2016 年第 8 期。

[175] 张本波:《我国人口老龄化的经济社会后果分析及政策选择》,《宏观经济研究》2002 年第 3 期。

[176] 张丽琴、唐鸣:《农村社会稳定问题研究》,《社会主义研究》2012 年第 1 期。

[177] 张玲:《提高乡村医生转岗培训合格率》,《江苏卫生事业管理》2010 年第 4 期。

[178] 张攀春:《贵州发展休闲农业的路径与模式选择》,《特区经济》2012 年第 1 期。

[179] 张沛灏:《巴西过快城镇化是一面镜子》,《中国青年》2014 年第 1 期。

[180] 张晓凤、曹志辉、陶四海、王晓阳:《河北省村卫生室卫生人力资源调查与分析》,《中国农村卫生事业管理》2012 年第 2 期。

[181] 张耀华:《贵州农产品物流发展现状研究》,《法制与经济旬刊》2013 年第 6 期。

[182] 张占力:《试述农村家庭保障的历史变迁及其道路选择》,《社会保障研究》2010 年第 5 期。

[183] 张中玉:《安徽省人口老龄化问题的对策思考》,《长春理工大学学报》(社会科学版)2014 年第 4 期。

[184] 张宗光:《深化农村医疗卫生体制改革的几个关键问题》,《河北大学学报》2014 年第 2 期。

[185] 张遵东、姜嵬嵬:《贵州贫困地区农业旅游扶贫开发探讨——以黎平县肇兴乡为例》,《中共贵州省委党校学报》2012 年第 3 期。

[186] 赵兵:《中国农产品电子商务发展模式分析》,《世界农业》2014 年第 7 期。

[187] 赵楠、贾红英：《国外农村卫生人力策略比较及对我国的启示》，《中国初级卫生保健》2008年第2期。

[188] 赵永平、徐盈之：《新型城镇化发展水平综合测度与驱动机制研究——基于我国省际2000—2011年的经验分析》，《中国地质大学学报》（社会科学版）2014年第1期。

[189] 郑雪：《甘肃省农村乡镇卫生院卫生人才队伍建设研究》，硕士学位论文，兰州大学，2013年。

[190] 郑艳萍、胡林波、胡海胜：《传统村落旅游业扶贫开发的路径选择——以江西省新干县燥石村为例》，《老区建设》2016年第6期。

[191] 钟建华：《农村养老的根本出路》，《晋阳学刊》2011年第4期。

[192] 周城君：《加快推进新型城镇化：对若干重大体制改革问题的认识与政策建议》，《中国社会科学》2013年第7期。

[193] 周柏春、娄淑华：《新型城镇化的主体维度分析：来自于政府与农民的考察》，《农业经济问题》2015年第4期。

[194] 周灿芳、傅晨：《我国特色农业研究进展》，《广东农业科学》2008年第9期。

[195] 周令、任苒、廉法奎、李同博：《某县居民对乡村医生服务满意度研究》，《中国社区医师》2010年第27期。

[196] 周令、任苒、马芳春、李同博：《乡村医生的现状研究》，《中国社区医师》2010年第26期。

[197] 周令、周超、任苒、李策：《乡村医生执业资格管理和保障研究》，《中国卫生事业管理》2011年第1期。

[198] 周婷妍：《四川省生态农业建设研究》，《中国集体经济》2014年第18期。

[199] 周衣冰：《农产品电子商务如何打造品牌》，《速读》2014年第4期。

[200] 周艺怡、张京祥、曹荣林：《苏南城镇化模式的回顾与前瞻——以苏州为例》，《城市问题》2002年第6期。

[201] 周治军、唐淑云：《论山地经济的开发》，《零陵学院学报》2003年第6期。

[202] 朱媛媛、李士雪、吴敏、宁博：《我国农村与城市养老现状的比

较分析》,《中国卫生事业管理》2010年第10期。

[203] 朱菊萍、潘时常、焦金芝:《发展现代特色农业的若干思考》,《现代经济讨论》2011年第12期。

[204] 朱坤:《中国农村卫生发展项目创新案例集》,中国协和医科大学出版社2014年版。

[205] 朱莲英、杨俊、段永邦、廖晓云、申学林:《山地农业发展绿色农产品的优势与对策——以凯里市为例》,《河南农业》2015年第14期。

[206] 朱鹏颐:《农业生态经济发展模式与战术探讨》,《中国软科学》2015年第10期。

[207] 朱四海:《电子商务发展模式与中国的选择》,《发展研究》2009年第5期。

[208] 朱贤林:《论特色农业》,《北京农业职业学院学报》2003年第2期。

[209] C. Battista、P. M. Bianchi、M. M. Schiraldi、李会景、周微、蔡承智:《人道主义物流供应链的库存控制策略》,《系统管理学报》2014年第2期。

[210] Catarina Band, "A Low Electronic Business in a Life Cycle", *Electronic Business*, No. 4, 2014, pp. 429 – 435.

[211] D. Chris Ferguson, "Human Capital Investment, Longevity, Health Care and Growth", *Journal of Population Aging*, No. 8, 2011, pp. 45 – 51.

[212] Dharmendra Dhakal, Pawel Mensz, Kamal P., Upad Hyaya, "Urbanization and Economic Growth in South Asia", *SCMS Journal of Indian Management*, No. 7, 2010, pp. 33 – 39.

[213] Divid, E. A., "Technology Insights for Rural Connectivity", *Government Information Quarterly*, No. 5, 2012, pp. 221 – 227.

[214] Donald, W., Gerald, E. T., "Mountain Agriculture: Commercial Cabbage Production in North Carolina", *Journal of Geography*, No. 1, 1979, pp. 12 – 17.

[215] Edvinsson, S., "Developing a Model for Managing Intellectual Capital", *European Management Journal*, No. 4, 1996, pp. 356 – 364.

[216] Edward, L., Laeser, G., *Triumph of the City*, New York: Penguin Press, 2011, pp. 7 – 13.

[217] Emanuele, B., Clara, C., Barbara, P., Silvio, F., "Alternative Food Chains as a Way to Embed Mountain Agriculture in the Urban Market: The Case of Trentino," *Agricultural and Food Economics*, No. 3, 2015, pp. 1 – 13.

[218] Francisco, S. G., Ibán, V. G., Ana, I., García, A., "Mountain Family Farms in Galicia, Spain: Challenges and Strategies", *Mountain Research and Development*, No. 4, 2014, pp. 375 – 385.

[219] G. L. Safarova, N. G. Kosolapenko, V. Arutyunov, "Demographic Aspects of Population Aging in St. Petersburg at the End of the 20th – the Beginning of the 21st Century", Part I. Conventional Measures of Population Aging, *Advances in Gerontology*, No. 2, 2016, pp. 81 – 87.

[220] Geller Howard, "Policies for Electronic Business in Brazil", *Electronic Business Policy*, No. 12, 2014, pp. 1437 – 1450.

[221] Gigliotti, A., "Confirmatory Factor Analysis of Situation Specific nor Beck Social Support Questionnaire", *Nursing Research*, No. 3, 2006, pp. 217 – 222.

[222] Grossman, G. M., Alan, K., "Economic Growth and the Environment", *Quarterly Journal of Economics*, No. 2, 1995, pp. 13 – 24.

[223] Hoardman Brenda, "Electronic Business Through Product Policy: The UK Experience", *Electronic Business and Policy*, No. 3, 2014, pp. 165 – 176.

[224] Ichiro Muto, Takemasa Oda, Nao Sudo, "Macroeconomic Impact of Population Aging in Japan: A Perspective from an Overlapping Generations Model", *IMF Economic Review*, No. 3, 2016, pp. 408 – 442.

[225] Jimert, A., "Broadband Internet and Rural America: The Role of Government in Providing Un – served Communities with Advanced TeleCommunications Services", *Information Technology & People*, No. 6, 2013, pp. 75 – 81.

[226] Joel Jay Kassiola, "Coordinated Rural – Urban Development in China: A New Social Spatial Reorganization Plan for Urbanization, Migration, and Rural Development", *Journal of Chinese Political Science*, No. 1, 2017, pp. 77 – 95.

[227] Lee, M., Kaufman, A., "The University of New Mexico Visiting Physicians Program: Helping Older New Mexicans Stay at Home", *Care Management J*, No. 1, 2006, pp. 45 – 50.

[228] Louis Wirth, "Urbanism as a Way of Life", *American Journal of Sociology*, No. 44, 1938, pp. 1 – 24.

[229] Martin Gonzalez, Eiras Dirk Niepelt, "Agein, Government Budgets, Retirement and Growth", *European Economic Review*, No. 56, 2012, pp. 97 – 115.

[230] Mathews Bruch, "Needs and Trends in Electronic Business Tools", *Electronic Business and Environment*, No. 5, 2014, pp. 461 – 470.

[231] Min Zhao, Weiming Cheng, Qiangyi Liu, "Spatiotemporal Measurement of Urbanization Levels Based on Multiscale Units: A Case Study of the Bohai Rim Region in China", *Journal of Geographical Sciences*, No. 5, 2016, pp. 531 – 548.

[232] Naijun Hu, Yansui Yang, "The Real Old – Age Dependency Ratio and the Inadequacy of Public Pension Finance in China", *Journal of Population Aging*, No. 3, 2012, pp. 193 – 209.

[233] Nepa, S. K., Mountain Ecotourism and Sustainable Development. *Mountain Research & Development*, No. 34, 2009, pp. 104 – 109.

[234] Obasa, J., Barnabas, O., Oloni, F. E., Obadiaru, E. D., Rotimi, M. E., "Macroeconomic Policies and Agricultural Development in Developing Countries: Lessons from Emerging Economies", *International Business and Management*, No. 2, 2014, pp. 84 – 91.

[235] P. Ghosh, "Geographical Indications: A Corner Stone in Poverty Alleviation and Empowerment in the Indian Himalayan Region", *National Academy Science Letters*, No. 4, 2016, pp. 307 – 309.

[236] Peter Daszak, Economic Growth, "Urbanization, Globalization and the Risks of Emerging Infectious Diseases in China: A Review", *Am-

bio, No. 1, 2017, pp. 18 – 29.

[237] Peter, M., "Crossing the Electronic Business: Cost – Effective Broadband Wireless Access for Remote Areas", *Communications Magazine*, No. 2, 2014, pp. 99 – 105.

[238] Prasada Rao, "Urbanization and Income Inequality in China: An Empirical Investigation at Provincial Level", *Social Indicators Research*, No. 1, 2017, pp. 189 – 214.

[239] Ruber, L., "Rethinking Wireless for the Developing World", *Geographical Journal*, No. 23, 2013, pp. 119 – 129.

[240] S. Venkata Mohan, G. N. Nikhil, "Waste Biorefinery Models Towards Sustainable Bioeconomy: Critical Review and Future Perspectives", *Bioresource Technology*, No. 3, 2016, pp. 130.

[241] Schieffer, J., Dillon, C., "The Economic and Environmental Impacts of Precision Agriculture and Interactions with Agro – Environmental Policy", *Precision Agriculture*, No. 1, 2015, pp. 46 – 61.

[242] Shiwei Liu, Pingyu Zhang, Zheye Wang, "Measuring the Sustainable Urbanization Potential of Cities in Northeast China", *Journal of Geographical Sciences*, No. 5, 2016, pp. 549 – 567.

[243] Slumper, J. F., Timerter, C. A., "Electronic Business in Four Rural Towns", *IT&Society*, No. 4, 2012, pp. 107 – 117.

[244] Smith, K. L., Ornstein, K., Soriano, T. et al., "A Multidisciplinary Program for Delivering Primary Care to the Underserved urban Homebound: Looking Back, Moving Forward", *J Am Geriatr Soc*, No. 8, 2006, pp. 12 – 83.

[245] Titus Schleyer, Kenneth A. Eaton, David Mock et al., "Comparison of Dental Licensure, Specialization and Continuing Education in five Countries", *European Journal of Dental Education*, No. 4, 2002, p. 153.

[246] Tiwari Piyush, "Electronic Business Efficiency in India", *Electronic Business*, No. 10, 2014, pp. 1127 – 1135.

[247] Worlfter, J. F., "Creating Demand: Influencing Information Technology Diffusion in Rural Communities", *Government Informa-*

tion Quarterly, No. 2, 2012, pp. 135 – 150.

[248] Yi Zeng, Zhenglian Wang, "A Policy Analysis on Challenges and Opportunities of Population/Household Aging in China", *Journal of Population Aging*, No. 4, 2014, pp. 255 – 281.

[249] Yongjian Li, Chengqing Wang, "Risk Identification, Future Value and Credit Capitalization: Research on the theory and Policy of Poverty Alleviation by Internet Finance", *China Finance and Economic Review*, No. 12, 2017, pp. 5 – 10.

[250] Yuber Tegola, Tiered Mesh, "Network Testbed in Rural Scotland", *American Agricultural Economics Association*, No. 1, 2013, pp. 46 – 52.

[251] Zizingal, A., Tenywa, M. M., Majaliwa, J. G. M., Mugarura, M., Ababo P., "Potential Climate Change Adaptation and Coping Practices for Agricultural Productivity in the Mountain Areas of South Western Uganda", *Journal of Scientific Research & Reports*, No. 1, 2015, pp. 23 – 41.

致　　谢

本书是集体智慧的结晶、共同的劳动成果，主要内容由我指导的贵州大学管理学院农村与区域发展专业2015—2017届硕士生参与完成。各章的写作分工为：第一章：蔡承智等；第二章第一节：潘义飞、蔡承智；第二章第二节：刘金、蔡承智；第二章第三节：李亚丽、蔡承智；第三章第一节：刘娟、蔡承智；第三章第二节：杜书洁、蔡承智；第三章第三节：刘天琦、蔡承智。他（她）们在学位论文课题实施期间，都不同程度地参与了我主持的联合国粮农组织（FAO）项目"山地经济国际合作研究"和"山地产品保护性开发"。他们对本书的贡献是显而易见的，必须在此提及！不仅感谢他们对本书的贡献，感谢他们的愉快"合作"，而且怀念与他们相处的时光……

本书还是我的妻子——贵州大学公共管理学院教师梁颖主持的2017年贵州省科技计划项目"贵州山地高效农业与旅游融合发展研究"（黔科合基础〔2016〕1527-1号）内容的一部分，她不仅参与了我对以上硕士生学位论文的指导，是他们非正式的"副导师"，而且参与了本书的结构设计与内容把关；其中，第四章由我们俩共同完成；在我们身边，是我儿子蔡文驰"默默无闻"的"理解"与支持；其他需要感谢的同事、亲友，限于篇幅，不在这里一一列举。

最后但却是最重要的，要感谢的是贵州财经大学经济学院院长常明明教授提供的资助本书在该重要的出版社出版的机会，没有如此条件，该书内容难以以"著作"形式与读者见面。

需要指出的是,由于本人知识、视野局限,书中难免不足、不妥之处,其中的研究结果(论)不一定完全符合现实,"对策""建议"也不一定都具有参考价值,还望读者海涵、批评指正!

蔡承智于贵阳

2017 年 5 月